梦山书系

敲开
语文的果壳

李明哲 著

海峡出版发行集团 | 福建教育出版社

图书在版编目（CIP）数据

敲开语文的果壳/李明哲著 .—福州：福建教育出版社，2018.1
ISBN 978-7-5334-7876-6

Ⅰ.①敲… Ⅱ.①李… Ⅲ.①语文教学－教学研究 Ⅳ.①H19

中国版本图书馆 CIP 数据核字（2017）第 234557 号

敲开语文的果壳

李明哲　著

出版发行	海峡出版发行集团
	福建教育出版社
	（福州市梦山路 27 号　邮编：350025　网址：www.fep.com.cn
	编辑部电话：0591－83779615　83726908
	发行部电话：0591－83721876　87115073　010－62027445）
出 版 人	江金辉
印　　刷	福建省金盾彩色印刷有限公司
	（福州市晋安区福光路 23 号　邮编：350012）
开　　本	710 毫米×1000 毫米　1/16
印　　张	16.75
字　　数	248 千字
插　　页	1
版　　次	2018 年 1 月第 1 版　2018 年 1 月第 1 次印刷
书　　号	ISBN 978-7-5334-7876-6
定　　价	37.00 元

如发现本书印装质量问题，请向本社出版科（电话：0591－83726019）调换。

目 录

序言　不负语文不负卿/王君 …………………………………… 1
自序　我所思兮在语文
　　　——十年，一个语文人的行走 …………………………… 1

第一编　理念观点

01　警惕：过度阐释与文本误读
　　——文本误读辨正举隅 ………………………………………… 3
02　也说"长文短教，深文浅教"
　　——与王家伦教授等商榷兼谈课程内容开发 ………………… 15
03　作文命题：考查目标的偏失
　　——从"不得套作，不得抄袭"说起 ………………………… 25
04　由教师招考面试想到的
　　——虚拟上课及片段"教学"之弊与改进建议 ……………… 39

第二编　观课评教

05　人间正道是沧桑
　　——李华平教授《背影》课例述评 …………………………… 49
06　时间都去哪儿了？
　　——《孔乙己》课例述评 ……………………………………… 65
07　《口技》教学之技
　　——《口技》课例述评 ………………………………………… 75

第三编　实践反思

08　回到阅读的原点：建构基于问题生成的课堂模型
　　——关于"自问—交流—自评"课型的思考与实践………… 85

09　教解读就是教解写
　　——《木兰诗》教学实录……………………………… 97

10　"这种窃读的滋味"
　　——《窃读记》教学实录……………………………… 116

11　"诗中画"与"画中诗"
　　——《天净沙·秋思》教学实录（片段）…………… 134

12　"我是一个萤火虫"
　　——《我的早年生活》教学实录……………………… 139

第四编　研读备教

13　感受生命的存在、活跃和强盛
　　——跟着刘成章读《安塞腰鼓》……………………… 153

14　巧言令色，鲜矣仁
　　——《好嘴杨巴》述评………………………………… 159

15　"超出了平常的自己"
　　——也谈《荷塘月色》………………………………… 167

16　《〈湖心亭看雪〉误读探析》之探析
　　——与陈金强先生商榷………………………………… 170

17　疑点重重　令人费解
　　——重读《最后一课》………………………………… 174

第五编　创意作文

18　回到写作的原点
　　——作文打假纪实 …………………………………… 179

19　读写一体　互助共生
　　——打通阅读与写作的通道 …………………………… 188

20　真作文　假作文
　　——习作/日记与点评（三篇） ………………………… 204

21　底层劳动者生存纪实
　　——真实语境下的写作实践（一例） ………………… 212

22　写作之道　道法自然
　　——作文：生态的，生活的，生命的 ………………… 219

结语　敲开语文的果壳
　　——还原读写本相，提高教学实效 …………………… 228

附录　怎一个"痴"字了得
　　——传奇教研员李明哲老师 ………………… 阚久丽 241

序　言

不负语文不负卿

清华大学附中/王君

倏忽之间，明哲兄的第三部专著《敲开语文的果壳》又要面世了。惊叹之余，静夜细读。直读到热血奔涌，感慨万端。前尘往事，俱在眼前。深夜难眠，遂举笔记录读明哲兄新书的所见所闻所思所感。

读此书，最不能释怀的，是明哲兄之不变与变。

不变之一，是明哲兄依旧背负的生活重担。

我敬爱明哲兄，一个重要的原因，他不仅活在我的语文世界，是我的"语友"，他也活在我的生活世界，是我的"朋友"。虽然我们至今未曾谋面，没有机会品茗对酒，但论语说文之外，也常常说说家常琐事儿。掀开语文的帘帷，明哲兄是活在万丈红尘之中最真实的那一个。透过他，在看到语文的真相之前，我先看到了一个生命的真相。

而这个真相，给予我的启示是巨大的。那就是：决定一个人成就大小的，乃是他可以在多大程度上超越他生活的那个环境。

明哲兄的生活环境，可谓艰难。这些年来，断断续续，他之不易，我略知一二。他供职于山东一个偏僻小县城的教研机构，待遇菲薄。侍奉年迈的母亲20多年，妻子不幸遭遇车祸，所幸体质较好，孩子成人成家……可以说举步维艰。有时读到明哲兄酒后来邮，倾吐生活中的诸多无可奈何之事，我常常无语凝噎。一个男人，到了知天命之年，正常情况下，该是相对富庶才对。但生活并不公平，常常会以冷面，更长久地面对一个生命。我想，我的明哲兄，就是其中一个吧。

这就是明哲兄投身于语文的背景。

如果从经济利益的角度考虑，他应该选择其他更实惠的活法。

但他没有。他守着他的语文，至今清贫。

不变之二，是明哲兄悉心呵护的语文追求。

和明哲兄相交十年有余。看他，我简直像看一部语文的史诗，语文的传奇。他虽年长于我，但在语文的路上，我居然是"先行者"。他是半路出家，辗转从地理变道至语文世界，年已届不惑，才从零开始，追随在诸多小弟小妹的背后。在我看来，这是多少有点儿尴尬的事情。特别是在咱们这个事事"不能输在起跑线上"的急功近利的国度，明哲兄的选择，是不计得失的险棋。

我为明哲兄捏着一把汗。我甚至怀疑他不能坚持多久。

我的怀疑是有根据的。我亦是语文痴人，曾和许多语文热血人一起奔跑。但跑着跑着，一声不响沉默着悄悄不见了的，声嘶力竭诅咒着离场的，似乎是大多数。就如王小波所言，语文之路确实就是一条荆棘之路，你要想看到牵牛花蓝蜻蜓，你得有穿越荆棘的勇敢。

我低估了明哲兄。十多年跑下来，明哲兄成为了坚持得最久的那几个。

他不仅没有自己淘汰自己，也没有被这个人才辈出的队伍淘汰。他仅仅用十年的时间，就跑到了第一梯队。

成为名师，不是谁谁谁包装得出来的，也不是谁谁谁用钱就可以打造出来的，你需得向语文奉献你的思想，你的实践。名师之路，没有捷径，你得用一堂一堂的课，一篇一篇的文章，一个又一个的报告，一个又一个语文成绩优秀的班级去铺就。在这条路上盛开的每一朵花，都必得用热爱之心血浇灌。

十多年了，我的半路出家的明哲兄，泡在生活的苦水里，对语文的痴心，却一点儿没变。

他还是那个苦行僧。一堂课一堂课地磨。他还是那个语文匠人，像雕琢一个艺术品一样雕琢自己的每一缕语文灵感。读他的论文，赏他的课例，可以发现他向前辈向同行高手学习取经的足迹。他对语文的精妙之处异常敏感，他孜孜不倦地记录反思提升。他超常的语文学习力和思考力让他弯道反超，终于后来者居上。

"鲁派名师""新生代名师"这些称赞，都不是来自官方，而是来自于民间。这更见其可贵。明哲兄的路，因其特殊的经历，在行政的层面，他并没有得到多少支持。他没有什么官方的荣誉称号，也没有任何所谓"课题经费"等资助。他走的，是一条纯草根从最底层开始的崛起之路。这对于很多渴望发展但张嘴就要平台要资源的年轻人，是很有警示意义的。

不管你长在哪里，不管你的环境如何，不管你从什么时候开始，只要你有一颗语文痴心，只要你善于学习，只要你能够坚持，每一个人，都是语文宠爱的孩子。

而且，我觉得，明哲兄用以抵挡生命的风霜刀剑的，恰恰就是他的语文之爱。这份爱，护佑着他，穿越个人生存境地的暗夜，走到了朗朗阳光下。因为语文，明哲兄这个被现实挤兑得经常直不起腰的中年人，获得了另外一种意义上的堂堂正正，顶天立地。

一片痴心在语文的明哲兄，也被语文成全。他和语文，成为了相互的风景。

除了"不变"之外，当然，读这本著作，我最有感触的，还是明哲兄的"变"。

他的变化真的可喜可贺，可赞可叹。

第一变，他终于走进了课堂。

教研员进课堂，并不在大家的期待之中。事实上，部分教师费劲千辛万苦进入教研部门，就是为了逃离课堂。中国成千上万的语文教研员，都在幕后，都在台下。但殊不知，教研员这个工作，是"教"和"研"之间的桥梁铺设者，若有真切的课堂经验，那这份工作，定会更具创造力和帮扶力。道理大家都懂，只是语文教师这个活路，最难的就在于驾驭课堂。所以，直到今天，本着研究教学的目的，能够坚持在课堂上躬耕的教研员，还是少数。

比起余映潮老师进课堂、程少堂老师进课堂、袁源老师进课堂，明哲兄的进课堂，更不容易。因为这样的工作方式，在一个教研气氛很冰冷的小地方，是很另类的，弄得不好还会让同事和领导侧目。所以，明哲兄进课堂，对于他自己的生命，本来是一件开天辟地的大好事，但其实在实际操作中，他却只能左顾右盼，小心翼翼，唯恐成为众矢之的，被误以为动了他人的奶酪，更被排斥被打击。

这是一件多么让人心酸的事情！

但明哲兄最终还是走进去了。课堂的门一旦推开，天光云影，美不胜收。对于一名教研员，教学和教研携手，便似金风玉露相逢，明哲兄的研究境界，豁然开朗。

从研究别人的课，到创造自己的课；从指导别人上课，到自己亲自上课，明哲兄，以自己的勇气和热爱，走上了一条更加布满荆棘，但风景也必然更旖旎的路。

此等勇气，非凡人所有。明哲兄，壮哉！

第二变，他的原创力在显著提升。

读明哲兄的这本专著，精彩之处常常让我拍案叫绝。比如《木兰诗》的，比如《窃读记》的，比如《我的早年生活》的，比如《荷塘月色》的……这些课堂创意，大胆而新锐，精致而熨帖。我很难想象，它们出自于一名半路出家的中年人之手，它们诞生在一片贫瘠的教研土地上。人到某个年龄，中庸之心渐深，创新创造之情渐淡。哪怕并无故步自封抱残守缺之意，但思维节奏的放慢，青春激情的消逝，还是会让大脑迟钝，心神凝滞，于是，步履蹒跚甚至原地打圈成为必然。就是号召"青春语文"的我自己，很多时候也必须有意识地觉知和抵抗中年的虚无和疲惫。

我知道，要长期保持高品质的创造才能，一个人，需要多么决绝地和自己的惰性宣战。

在这方面，我觉得，明哲兄简直太牛了！

作为十多年来一直关注这位兄长专业成长的妹妹，对于其语文教学思想的发展轨迹，我是有所了解的。初期，因为入道迟，他是完全的学习者。在很长一段时间，他都处于模仿阶段。中期，他开始尝试发出自己的声音。他借鉴名家课堂，萃取名家思想，结合自己的思考，形成自己的作品。到现在，他颇有大刀阔斧的气魄了。阅遍名家之后，他获得了一种高瞻远瞩的视角。他开始"素读""素思""素评""素写"……他终于放下"他人"的那个拐杖，明哲兄的文字里，开始有了一种生命盛唐的气象。

从追随别人到成为自己，明哲兄，超越了中年的疲惫慵懒，获得了青春的健康自信。

转引我读明哲兄解读胡适《我的母亲》的感受：

读明哲兄的文字，既读出了他渐趋成熟的文本解读技巧，更读出了他不断把自己的生命体验融合于经典文本的激情和自然。读他最新的一篇对胡适《我的母亲》的解读，这种感受更是扑面而来。这样的极简极朴极淡的文字，于学生，是很难的文本。甚至，对于一般教师，也是很棘手的文本。这样的文字，天生为因经历了生命苦痛，对人生反有了深情的人准备的。且不说明哲兄以一词"忍"切入的勇毅，也不用说他大篇章引用的不可克制，单就他逐字逐句的感受体验分析，我就能够懂他在解读过程中的每一滴泪。这种感觉，在读他的《老王》解读时就已经很鲜明了。在细针密线的语言编织中，在酣畅淋漓的情感倾吐中，我能够感受到明哲兄以他人的文字来解自我心中的块垒的急迫。一个读者，他从别人的文字中看到了自己的影子，他从推敲这些文字中释放了自己对人生的认识。解读，便不再是劳役，而成了自我印证和自我陈说。技巧，其实永远是第二位第三位的东西。人心和文心，这般呼应和交融，解读，便成为了自我的心灵旅行，而且，不孤独。

近一年来，我从明哲兄不断拿出的高质量的作品中看到的，不仅是他作为语文教研员在专业上的突飞猛进，更是他作为一个知识分子的自我完善，自我寻找的成就。他终于真正从低潮中走出来，而且，把那些所有低潮的日子全部炼化为了生命和语文的能量。他从"忍"走向了"韧"。

第三变，他的强大思辨力和批判精神已可论剑。

近两年读明哲兄的文章，常常惊叹：一方面文字渐深渐沉，理论修养渐趋深厚，行文端庄大气，意义表达精准而坚定。另一方面，其文风，也更意气风发血气方刚，他像一名语文的斗士，反思和批评，成为了习惯，成为了信仰。

他的一系列思辨性文章，真的可以称得上振聋发聩。

如果说语文是江湖，那明哲兄就像侠客；如果说语文是战场，那明哲兄就像冲锋的战士。面对语文的是非曲直，他敢怒敢言，从不模棱两可，明哲保身。

仅仅在这本书中，我就闻到了浓浓的火药味儿。

比如，他向高考作文开炮，直击其考察目标的偏失。论证排山倒海，论据呼啸而来。他从平常处看到了荒谬，从温存里看到了狰狞，他撕破中国作文教学温情脉脉的面纱，揭露它的虚妄，斥责它的伪善。我读后，热汗冷汗齐出，酣畅淋漓。虽然不是百分之百赞成他的观点，但对其思考角度，反思的力度，佩服得五体投地。更难能可贵的是，作为初中语文教研员，高中语文并不是他的领域。

除了高考作文，对现在语文江湖里时髦的"深度解读""过度阐释"，对大学教授火极一时的课堂试水、理论建构，对小学教材的分析和批判，对教师考聘培训的误区……几乎在每一个领域，他都睁大眼睛，保持着高度的警惕，用强大的理性去观察去判断去思考去表达自己的观点。他清醒而倔强，勇敢得近乎高调。

我觉得，面对真理，他天真得像一个孩子。

我甚至常常为他的天真而紧张：怕他因为直言而被语文江湖的明枪暗箭所伤。

鲁迅说，我以我血荐轩辕。而明哲兄，是我以我血荐语文。面对语文之殇，他如赤子，一腔热血，一片赤诚。他的一颗语文痴心，苍天可鉴。

第四变，他的教研视野越来越开阔，他的语文生命的场所，越来越高远。

明哲兄自己说：我的教育人生，一句话概括：在理论与实践之间往返，在阅读与写作之间穿梭，在理想与现实之间呼告。

此言真矣！我是见他一路走过来的。他的开疆拓土让人鼓舞。

从内容来看，最开初，他的兴趣是习课评课磨课。"课"是他研究的核心。到现在，他以"课"为原点，已经在原创课堂、文本解读、作文教学、理论探索等方方面面都有了尝试，有了建树。

他的文字，他的思想，得到了越来越多的认同。他的文章，几乎登上了中国所有顶尖的核心期刊。他的每一篇文字，都几乎不愁嫁了。短短十来年的时间，这个半路出家的语文老师，居然有7篇文章被中国人民大学书报资料中心转载，这不能不说，他创造了一个不小的奇迹。

随着文字走向全国，我的明哲兄，也走向了全国。

因为身处偏僻的小县城，缺少志同道合者，更缺少能与之论语着，也没有学习的资源和场地，明哲兄的发展，是一个人的语文之旅，主要靠的是网络自主研修。他的内心涌动着学习的热情，我称他是当代"网络研究生""网络博士生"。他转战各大网络学习媒体，汲取精华，孜孜不倦。他之后的走进课堂，也是他对自我学习场域的勇敢开拓。这两年，在全国的名师中，明哲兄也算是越来越有影响的一位了。

因着令人瞩目的教研成果，明哲兄，冲出了小小的山东鱼台县。

他为语文打拼，语文也最大限度地在成全他。

语文，让他有了一个全新的世界。在这个世界中，他不再清贫局促，他信马由缰，富可敌国，风度超然。

我期待着明哲兄的下一本书。

我期待着他坚守着他的"不变"而获得更多的"变"。

明哲兄对贾平凹的话颇有共鸣：苦于心实，不能仕途，拙于言辞，难会经济；捉笔涂墨，纯属兴趣使然。

我不以为然。

十年的时间已经证明，语文教学，不仅是明哲兄的"兴趣"所在，也是明哲兄的才华所在。语文，就是语文人的"仕途经济"。一个为语文的事业而献身的优秀教师，应该在这条路上，获得更好的生活，获得更多的尊严和幸福。

希望我们的时代，希望我们的语文事业，善待她虔诚的耕耘者。

如果我有机会为明哲兄的下一本书写序，我希望这篇序中"第一不变"已经有所变化。因着语文，明哲兄，不仅内心富庶，而且，生活也真正富庶。

不负语文不负卿。祝愿我的明哲兄痴心不改，继续跨越语文的山山水水，拥有更宏伟更甜蜜的语文事业。

2017年2月2日　于清华园

[作者介绍]

王君，中学语文特级教师。现任教于北京清华大学附属中学。中国高等教育学会学习科学研究分会学术委员会副主任。多届"语参杯"全国优秀语文教师评选大赛评委会主任。

自 序

我所思兮在语文

——十年，一个语文人的行走

[本文系根据2016年11月19日"韩军在线"QQ群首场讲座整理。]

我的教育人生，一句话概括：在理论与实践之间往返，在阅读与写作之间穿梭，在理想与现实之间呼告。套用贾平凹的话说：苦于心实，不能仕途，拙于言辞，难会经济；捉笔涂墨，纯属兴趣使然。

广西师范大学唐子江教授赠诗曰：

半路出家，他仅用十年的时间完成从地理教师到教研员再到语文名师的华丽转身；

上下求索，他以高端的课堂教学和卓越的道德文章书写一个草根教师的传奇人生。

从一次活动说起

2016年4月9日—10日，我县接了一个苏鲁豫皖比邻地区的非官方的语文教研活动。——我县还是第一次接这样大型的活动。与会四省十几个县市区，有几百号人，我主持这样的活动，犹如大姑娘上轿——头一回。

专家的课和报告，相当精彩。其实，函件中介绍很清楚：在全国巡回讲学N场次，公开教学N场次。如果是处女课（讲座），也未必如此。

聆听报告，如果觉得醍醐灌顶，那必须反思自己是不是太浅薄了？如果自己站得高了，就敢于与之对视了。从报告内容看，我与专家们所见略同，感觉我们心意相通，于是对自己还算满意。

我在许多语文群做过讲座。我结合具体案例，以"案"说"法"，将理论性的阐述渗透在具体的教学实例的分析中，兼具感性与理性。所做实实在在，所言是常识常理，切合实际，无包装和藻饰。群友们说"干货""管用""好听"……2015年底我应邀去江苏做讲座。回程晚上才赶到徐州，只能在此住下了。在宾馆，我给妻子发了这样一条短信：

2005年，注册"教育在线"，我还是语文的门外汉，对我来说，朱永新教授麾下众干将犹如神人；想不到10年后，我居然被其团队邀请做学术讲座。10年，感慨万千呢！

专家教授尽管高屋建瓴，往往不接地气；基层教育者，常常仰视星空，也当避免拘囿于局部。形而上可以谈前沿理论，形而下可以谈应试考点。如果说高水平教授的报告是阳春白雪，我的报告就是下里巴人了吧，不凌虚高蹈，是基层的、鲜活的、一线的、第一手的、接地气的。拙著《上学生喜欢的语文课》的"编辑推荐"中写道："本书十分接'地气'，对一线教师具有很强的指导性。书中所体现的实践性语文教研的价值取向，很值得教师学习。""作者直面初中语文教学中的现实问题，其理论性渗透在具体的案例分析中，对中学语文教学很有启示参照意义。"我心里有一种简单的执著：上学生喜欢的语文课，上能让学生在被吸引的同时有所收获有所启迪的语文课。这就是该书名的由来。

我在基层教过课，去年还兼了七年级半个学期的课，感同身受。明明知道语文教学是农业，只有在慢中，学生才能生态地、完全地、自由地成长。但教学任务繁重，时间又极其有限，由不得自己的性子和兴致来，不可能对每一篇课文、每一次作文都能按照自己的想法上课。饶是如此，我仍认为教学研究是有可为的。在保证学生考试成绩处于中上等的前提下，边教边研，边研边教，一边应试，一边对抗应试。不能只问分数不问意义。不做自己讨厌的老师！即使戴着镣铐，也要跳出优美的舞姿！语文教学的境界，就是语文教师的人格境界。兼课结束后，在某商店碰到一个学生，临走时，这个学生给我深深鞠了一躬："李老师，您的教育方式，我终身难忘！我会一辈子记得您!"

坎坷的治学之路

我是"文化大革命"开始那一年出生的。小学时代的语文学习,就一个字,背!中学时代也没有遇到优秀的语文老师。两年师专,老师也无非是照本宣科。近年听过的多场某师大教授们的报告,也是感觉味同嚼蜡——我喜欢听的是我不曾发现过的东西,而不是毫无新意的大众思想,甚至陈词滥调。(我喜欢文化性、思想性甚至有点学术色彩的东西,喜欢思考形而上的问题。)感觉他们只是为前人的文字作注疏、阐释,缺少洞见。百度一下就有的东西,惰性知识、忆记之学那不能叫学问。记住了太多无用的东西,大脑这个硬盘也会死机。苏格拉底就说过:"我教不了别人任何东西,我只能促使他们思考。"《礼记·学记》说得好:"记问之学,不足以为人师。"

那么,我是怎样走上治学之路的呢?

1988年,师专毕业后,我教了十几年的地理,就连本科文凭都是曲阜师大地理专业的。

1997年,申报一级教师职称,急需论文,我没有啊,无奈,我在市级的教育刊物的增刊上"发表"了一篇地理教学论文,花了170元,相当于现在2000多元了吧。

当时,学校有一份《中学地理教学参考》,我就借过来,说实话,和别人一样,我也是想抄论文。但是,我发现,别人的观点没法抄,即便是改变了语言表述,那还是别人的观点。

就是这次(第一次也是唯一的一次"自费"发表的)经历,这点起码的学术良知,让我悟出了一点儿治学的门道。那就是:文章,必须要有自己的观点,观点是需要论证的。这就算是有点儿开窍了吧。1998年始,我的文章也在《中学地理教学参考》等大刊上发表了。

我进入语文世界10年多些。底子虽薄但不自弃,进步虽慢但不停止。遥隔着网络的千山万水,清华大学附中特级教师王君却真切地体味到了,她在

《一位青年教师的专业成长之路》这本书中写到我时是这样说的：

"一个被生活的重担常常压弯腰的中年人，生命过半才得以进入语文世界，但从此对语文爱恨交织、痴心不改，居然在这语文乱世中闯出了一条自己的路子，立行、立德乃至于立言，如不是在生活和事业的油锅中同时受过煎熬，是万万理解不到其中艰辛之一二的。"

最"艰辛"的是什么呢？前述那次活动一位名师在报告中称：差不多一天读一本书。太让人羡慕啦！我深知，开卷有益，阅读滋养生命，根深才能叶茂。语文人怎么能不读书呢？要在课堂上飞翔，首先要在阅读中沉淀。我却苦于无书可读。师专的图书馆，到目前为止，还是我所见到的最大的图书馆。我们这个小县城，连个图书馆还没有。上师专的时候，我基本不读文学名著，只是杂七杂八囫囵吞枣胡乱读了一些杂书。

毕业后就基本上再没读过书。地理教学十余年间，就只把金庸的武侠读了一遍，这些武侠书还是在地摊上租的。拈花亦能为剑，折草当能作刀，无剑胜有剑，无招胜有招，这是武学修为的至高境界，也是教育教学的至高境界吧。

单位每年给订两本杂志。语文教学方面的报刊很多，但看不到。读书梦，对我来说太奢侈，无异于异想天开。若时时有书可读，想想，就觉得够美的！据我所知，大学教授坐拥书城，拿着科研经费，花钱买论文、出书的却不乏其人。

2005年，单位联网。网上有着无穷无尽的好资源。人家说的这一层，我却想到了另一层，这就是所谓思维碰撞吧。感谢网络，让我发现了一个新天地，让我看到了语文的浩瀚与广博。尤其是看高手华山论剑，真是过瘾！他们也让我看明白了：什么样的人，才是真正在做教育的。网络汇聚了天南海北有心于教育、醉心于语文的人。大家彼此温暖，彼此促进。网络，让我吐故纳新，保持了生长的状态。比如，王君老师说："最拙劣的创新也比最完美的守成强一百倍。"这话真是说到我心坎里去了。我本就是一个视创新为语文生命的人。遇到王君，是我专业发展上的关键事件；阅读"写吧"，是我专业发展上的启蒙时期。一路追随到新浪的"王君的博客"。研读名师，也发展自己。

去年兼课的时候，教了一个月后，拿出我作文教学方面的第一篇文章，就走在了这个领域的前沿。《创新作文》主编彭治旗在交流中说："我们走得更远一点。"

我的论文选题和写作灵感，一方面是从课堂中"生长"出来的，比如我的教学实践与反思，比如我听课过程中的思考；一方面来自浏览期刊和网页文章时的灵感触发或批判性思考。我没有什么目标，也没刻意去写过文章，只是有想法的时候不写难受。

这样，我在理论探索、课例研究、文本解读、教学实践（包括作文教学）等几乎语文教学与研究的每一个领域，也都有了能拿得出手的东西。语文教师应该做做专家梦，五四时期的许多教育家，实际上原先就是国文教师，如叶圣陶、夏丏尊等。

种瓜得瓜　种豆得豆

要说我较"得意"的几件事，那就是这样一些碎片。

初教语文，正赶上学校举行教学技能大赛。语文科共同的课题是叶圣陶的《苏州园林》。我自然不甘人后。写了改，改了写，我写了差不多有半个备课本，可还是不满意。这让我陷入迷茫。一篇课文，究竟应该从哪里入手？老虎吃天，从何下嘴啊!？一次次推倒重来，否定是痛苦的，否定否定再否定。最后，我确立了"导入——整体把握——细部品读探究（质疑问难）——延伸迁移、总结提升"的框架。其实，这正暗合了新课改后"整体感知——局部研读——拓展延伸"语文教学的新路。虽然这样的"新路"于今已不新鲜，但当时是我这个"新"语文老师自己摸索出来的。

2016年3月16日，收到一条消息："李明哲老师，'××'微信公众号准备推出'鲁派语文名师'，您是首选之一……"（我连手机上网的概念都没有，更不要说微信了。）

2016年5月30日，翻阅《语文教学通讯·初中刊》2016年第5期赠刊，才知山西教育出版社新近出版了一套堪称为语文教学集大成者的书——《语文名师经典课堂》。每一篇课文自然只能选一个课例入选，每一个课例大都是从全国范围里几十年间难以计数公开发表或获奖的课例中千挑万选的了，称其为"海选"也实不为过，其课例也算代表了全国最高水平了吧。这套书的选编实质上就是做的教育部"一课一名师"的工程——窃以为，这是最俭省、最有效的方式！读着读着，没有想到的是，忽然看到我的名字也忝列其中。刘远主编在《让名课滋养我们的生命》的总序中写到："……这里有曹刚、朱则光、叶映峰、熊芳芳、董水龙、杨聪、李明哲、周丽君、卢望军、吴如厂等一批新生代语文名师的精品课例。……是深得专家好评，广受听众赞誉的精彩之作，称其为经典也实不为过。"入选的《王几何》的那个课例（首发于《中学语文·上旬》2014年第3期），是我在护理因车祸住院的妻子同时还要打官司期间，深夜在病房里敲出来的。真是感慨万千呢！

一不小心，我竟然成了"鲁派语文名师"、全国"新生代语文名师"、《教师博览》）教育传奇人物、感动韩军在线人物、新教育星火教师培训导师……虚名罢了，没有红头文件，没有金灿灿的证书，只是民间口碑，但也算是实至名归吧。不要说与"老一代语文教育家""著名特级教师、知名教育专家"相比，就是与其他"新生代语文名师"相比，人家教语文的时候，我还在教着地理呢。做到这一步，我只用了十年左右的时间，和自己相比，也算知足了。虽然没有官方的一纸证书，但这是一种价值认定，而且是一种非人际关系能力的学术界的客观的价值认定。

最近，就我目力所及，竟然发现期刊文章中，我的某些课例被"抄袭"。"抄袭"的是创意、思路。网上搜索看，也被参加各级各类课堂教学大赛的选手借鉴过。这些，也是值得高兴的事。毕竟，被人仿效至少说明在某些方面达到了难以超越的地步吧？

语文人的生命在课堂

我很清楚，语文人的生命在课堂，教研员也不例外。因此，2014年，我就决定，每年上上下水课，贴近地面安静地实践。目前，我在思考一种基于学生问题生成的课型。（参见本书《回到阅读的原点》一文）我拟实践之，检验之，完善之。本书部分课例，就是这种思考的实践案例。

我进课堂有这样几个"特别"：地理变道语文，一别也；教研员进课堂，二别也；五十岁进课堂，三别也；小乡镇拿大课，四别也；喜欢上处女课，五别也；基于问题生成，六别也；上课感觉之异，七别也；课型分类之迥，八别也。

屈指数算，能拿得出手的"代表课"也有10多篇了吧。（其中3篇被人大复印报刊资料转载）。比之前期的课例，用王君老师的话说，"渐露峥嵘"。一个教师，有没有所教学科学术最前沿的视野，上出来的课是不一样的。

我县中考语文成绩历年来在全市都是稳居第一，倒数。所以，我以前想，教学相长，好学生成就好老师。我亲见，而且不止一次——我市初中语文优质课、教学能手评选，在市直学校举办的时候，我从听课发现，五四制的初一学生（年龄只相当于我县六三制的小六）的水平，几乎相当于我县的初二的学生了。更不要说省城、京城的学生了。课堂真正的精彩源于学生，教这样的学生真让人羡慕！那课例还不又多又好，还不容易发表吗？——但实际情况并非如此。

最近这几年，我的观念渐渐发生了变化。2015年春，我把高中课文《都江堰》拿给乡镇初中的学生上，没有试讲，第一次上，课堂实录整理出来后，在核心期刊发表，并被人大复印报刊资料转载。我喜欢上未"彩排"的"处女课"。我不反对磨课，但我只在心里磨，只在心里"彩排"。从这个层面上来说，我对一课成名、千锤百炼靠炒剩饭N年不变"那一代"的所谓名课不以为然。

诚然，乡镇学校学生的语文基础是薄弱的，因此，上好语文课才更有挑战性。近年，我也听了一些市优质课、教学能手的评选课。赛后总有一些选手抱怨，抽签抽到的班级学生语文素养低。但是，换一个角度看，学生的程度怎样，一看便知；教师启发、点拨、引导的功力如何，也一看便知。什么样的课才是好的语文课，与学生水平高低并不一定呈正相关。教师不是演员，听课也不是看教师如何表演，而是看在教师引导下的学生自主、合作、探究的学习活动效果。值得关注的反而是，学生在原有程度上提高了没有，提高了多少。换句话说，学生现在在哪里，教师把他们带到了哪里。学生有进步就是成功吧，这也是评价教学效果一个重要的原则。

"课堂是师生共同开辟道路的探险过程，是师生共同经历的一段感受分享和思维对话的过程。"（李玉龙语）所以，我追求的教学设计是：什么层次的学生都有提高，师生都有所获。这是语文课的理想境界，也是我所追求的语文教育生命图景。语文学科，门槛很低，但堂奥很深。已然登堂入室初步窥见语文教学的堂奥，我对课堂反更充满了敬畏。

之前，我在听课或浏览网页时，偶有灵感闪现，觉得藉此当能上出一堂很有特色的课来。构想一旦形成，心中就涌动起了渴望尝试的冲动。但是，我不好意思执教——在我们这个小地方，这样做也未免太奇葩了。但又想一观效果，就拿出极其具体详实的设计方案来（包括PPT），邀请我县一线教师执教，我听课、评课、整理、投稿。前期的课例，就是这样拿出来的，因而，这部分课例署名都是两个作者。

近年，我不再满足于那种灵魂不在场的课，就做自己喜欢的事，亲自上阵——走自己的路，让别人去说吧！我就是我，我的所想所思天然与众不同。我很清楚我与别人不一样，但也不因此假装与别人一样。有"我"之课与无"我"之课，感觉大不相同！近年的课例，都是这样拿出来的。

还有一个不同是：之前，一个文本解读或设计，首先看看别人在此方面的研究达到了怎样的高度，然后是设法超越，即使不能超越也要努力寻求别样的路径。为此，设计每一课，我都浏览了大量的网页，有的信息量甚至数以兆计。之后，眼力不济，坐功不济，我不再浏览网页，就只做一件事，素读文本，再素读文本，在这样的独到的解读发现和独特的创新设计的基础上拿出的课例，不看别人的也知道，一定是更与众不同的。（本书只收入了这几课。更多的课例，将收入《别具一格教语文》一书。）

写作，自我修炼的道场

"没有文章，思想就行不远。"（李吉林语）写作，让思想走得更远。写作，也是"为人民服务"，这是一种善举。2015年我市教学能手评选，被淘汰的选手基本上都是抽到说明文的，说明文教学内容的确定上失误。语文教学"不知道教什么"的问题，在说明文这种文体上，体现得更为集中，更为尖锐。他们若是读过我的《警惕：说明文教学的去语文化》一文，当可避免不该出现的失误吧。《在比较中品味语言》一文，给了品读语言一个抓手；《例谈阅读教学拓展的边界问题》一文，指明了拓展的原则……这些也是被人大复印报刊资料转载的。（参见拙著《上学生喜欢的语文课》）。

　　写作是我生命的一部分。我的教育写作从自发走向自觉乃至自由，是一件自然而然的事。写的过程其实就是研究的过程，研究必须以写的形式呈现。写作是个人反思的最好形式，也是进行深入思考的最好方式。叶澜教授说："一个教师写一辈子教案不一定成为名师，如果一个教师写三年的反思，就有可能成为名师。"教育文章是写出来的，但实质上还是做出来的。实践是思想的起点。没有深入课堂，就少有对教育和教学的思考。

　　然而，活在理想又不得不活在当下。"诗意地栖居"，那是写诗。做一个有追求、有理想的人，真的意味着失去很多。但有所不为才能有所为。一辈子总要用心地去做一件自己喜欢的事。这样的生活，虽然平淡，但绝不平庸。贾平凹在《好读书》中说："好读书就得受穷，就别当官，必然没个好身体，甚至没有好人缘。但能识天地之大，有预料之先，绝权欲，弃浮华，潇洒达观，于嚣烦尘世而不卑不畏、不俗不谄。"做点研究又何尝不是如此？"青青子衿，悠悠我心。"尔虞我不诈，我所思兮在语文。我是有对事而不是对人的兴趣。研究文本里的人，却不研究现实的人。做学问需要这种不计功利冥顽不化的傻气。在这个世界上最重要的，不是外在的东西，而是自己内心的真实的追求。我不是一个拥有什么荣誉，担任什么职务，在体制内获得成功的"语文名师"（有不少优秀是虚假的），我称自己为——民间语文人。熊芳芳老师说："我们的心灵视线，也应该投向世界更高远的地方，对某些世俗的东西，应该保持一点高尚的轻蔑。"王君老师说："一个人，如果靠智慧和诚实艰辛的劳动，都不能得到应该得到的，那可能就不是个人的问题，而是社会的问题了。"参透了，就不觉得压抑了。借文字，我收获了很多懂我的人和真诚的心。

"未经省察的人生，并不值得过。"苏格拉底如是说。一个有"自我"的人，常想想我为这个世界做了点什么。我更注重的是精神生活，我认定研究本身就具有无与伦比的美。写作，就是自我修炼的道场。写作，就是让自己一次次开出花来，让灵魂散发出香味来。在完成一篇篇论文的同时，也完成了对人生意义的一次次开掘。一个人只有今生今世是不够的，生命的价值和意义在于：为这个世界留下点什么。思想是永恒之光。一个人能量的大小，最坚实的印证就是他带给别人的积极影响。谁最后也不能活着离开这个世界！这是常被人们遗忘的。生命的价值与现实诱惑并没有多大相关性。安顿好自己的心。仰不愧于天，俯不怍于人。还是做自己生命的主人吧。王君老师说："一个人你怎么活，你就怎么写；你怎么写，反过来会影响你怎么活。"当生命逝去，我的文字还活着，被作为文献资料供人研读，这样想想，也挺自豪的不是？用文字的高度达到生命的高度，这是经由对写作的思考进入到对生命的思考。

山脚下的人看不到山顶上的风景。我在最基层，我的平台很低，只是在做而已。马丁·布伯说："你必须以你自己的方式去揭示你生存的意义。"爱因斯坦说："只要有一天你有一件合理的事情去做，从此你的工作和生活就会有奇异的色彩。"李希贵说："梦想不是用来实现的，而是为了让今天的事情变得有意义。"我很清楚什么东西离我内心最近。

"暮春者，春服既成，冠者五六人，童子六七人，浴乎沂，风乎舞雩，咏而归。"《论语》——语文教学有多难，语文教学就有多美。

这本书收录的 2016 年及其前后一年多来的部分文章（有的作了删节处理）。如果朋友们能从这些粗劣朴拙的文字中有所感悟，对自己的教学有所助益的话，那对我来说，将是一件非常幸福的事；如果我的所思所做，能够造福更多人，那我就是这世界上幸福的人。

代为序。

2017 年 4 月

第一编　理念观点

当今语文世界，名号旌旗猎猎，流派林林总总，论争此起彼伏，"范式"层出不穷，工具性与人文性，"三维目标"到"核心素养"，你方唱罢我登场。拨开迷雾，皈依理性和常识，回到教育的原点，呈现真实的对话，引领对真理的求索，教学是探究，而非布道。

下文中的一些观点也不一定正确。抛出"一家之言"，期待更多思考。

01 警惕：过度阐释与文本误读
——文本误读辨正举隅

丁启阵教授所谓《背影》中的父亲"违反交通规则，形象又很不潇洒"，就是一种典型的误读。孙绍振教授对此作了有力的批驳，[①] 兹不赘录。

关于文本解读中的过度阐释甚至误读的问题，我无意做理论方面的探讨，拟通过一些案例，简单说说文本解读的基本原则。当然，拿例子也难以定出公认的原则或标准，但是，例子应该是讨论的前提或依据。而且，讲反例更能明正理。

窃以为是不是可以这样来看：读出的是否是文本的应有之义。总有一种解读更接近文本之义，虽然"一千个读者就有一千个哈姆莱特"，但读出的如果已经不是"哈姆莱特"了，则是违反了文本解读的基本原则。

"文本的解读没有对错之分"吗？
——以《桃花源记》和《湖心亭看雪》为例

我不认同某名师"文本的解读没有对错之分，只有深浅之分"这个观点。我认为文本解读有深浅之分，也有对错之分，而且最重要的就是对错之分，这是原则问题。

一、关于《桃花源记》

王晓春教授说："其实桃花源中人总会想念故土的，这是所有背井离乡者

---

① 孙绍振.《背影》背后的美学问题 [J]. 语文建设，2010 (6).

的必然心态。如今很多南方的客家人，就是桃花源中人的后代，他们始终没忘记自己祖先是中原人。"（源自某语文论坛）

民风淳朴的"桃花源"是作者构筑的寄托着失意文人某种理想愿望的一个虚幻世界，"世外桃源"本就是一个子虚乌有的理想所在，是作者的一个乌托邦之梦！"如今很多南方的客家人，就是桃花源中人的后代"云云，岂不荒唐？《桃花源记》是艺术的虚构，而非生活的真实。

岳春光老师说（源自某语文论坛）："我们是否可以这样来解读，渔人其实一开始就想把自己的发现说出去，所以并没有直接答应'不足为外人道也'这个要求。后面他所做的标志不能找到桃花源，也说不定是桃花源中人察觉到了他的意图，所以有人跟踪而出，改变了渔人的标志。"也正如岳老师自己所说："解读的依据只有一个——文本。文本中没有说的，我们能认为它有吗？"

杨玉栋老师说："'渔人'是'愚蠢'的。一是因为他入而又出。二是因为他去而做记。三是因为他言而无信。四是因为他急而媚官。"——这样的"新解"[1] 不要也罢。

刘旭平和李丽两位老师说："第二次是在他走出桃源洞时，有意'处处志之'，最后他又'及郡下，诣太守，说如此'，并且带人来寻找桃花源，试图再次进入，这无疑是一次自觉的行为。更为严重的是，当他从桃花源中走出来时，村中人已经叮嘱他'不足为外人道也'，而他出来之后的所作所为，却明显地违约失信……背信弃义的渔人受惩罚就在所难免了。"[2]

这几位老师的解读是一种"阅读错位"。陶渊明是写一种意念的思想的东西，作者只是"借情（节）""借景""借人"而写意，文章不在于塑造什么人物，作者是想象构图，以实（实物）写虚（思想）；而这几位老师却将实读实，去分析"渔人"的人物形象，完全没有必要，用"言而无信""违约失信""背信弃义"等"诚信"的道德观念去评判"渔人"，这样的评判违背了作者和文本的原意，将生命灵动的文本给读死了。

---

[1] 杨玉栋.《桃花源记》"渔人"新解[J]. 语文教学通讯，2005（2B）.
[2] 刘旭平，李丽. 渔人"违禁"与"桃花源"失落[J]. 中学语文教学，2000（2）.

关于"渔人"的人格问题，并不属于陶渊明想要表达的内容。作者的笔触不在"渔人"身上，作者只是通过"渔人"的所见所闻来展示一个刻意创造的"世外桃源"，这个美好的境界存在于想象之中，与"渔人"没有多大关系。"渔人"这个意象，不过是故事情节发展的一个需要，是本文的一种写作技法，是一种铺垫。"渔人"的所作所为，不过是为了引出后文的无法问津，"渔人"只不过是一个"见证人"，一个线索人物，倘若"渔人"果真诚实守信的话，这个故事又该如何编下去呢？

二、关于《湖心亭看雪》

陈金强老师说："作者写作本文的时间的确是在清代，但湖心亭看雪时距明亡（崇祯十七年）还有十多年的时间。故事发生之时并不是在明亡之后。真不知是张岱'崇祯五年十二月'看雪，还是他在明亡入山之后写《陶庵梦忆》时看雪。自己连'当时'与'当下'都分不清。切莫以今天的情绪来解读当年赏美景的情绪。"①

第一人称的回忆性散文，总有双重叙述视角，即两个"我"——写作时的"我"与回忆中的"我"，也总是写到两种时空——"现在"与"过去"。张岱是以今日之魂历昨日之事，是今日之"我"对当日之"我"的感受的再感受。因此，准确的解读的前提，应该是"现在"的"我"的视角与感悟。所以，我认为还是应该以写《湖心亭看雪》之文时的心境来解读《湖心亭看雪》。陈老师好像"真不知是张岱……时看雪"："看雪"之事与《湖心亭看雪》之文，时隔多年。经过时间的过滤和选择，这篇回忆之作，作者哪还分得那么清"当下"的雪湖和"当时"的雪湖，这种双重的自我，心灵的"穿越"，如果说使得读者也"分不清""当时"与"当下"，客观上恰成就了一篇经典之作，给了读者"无限阐释"的可能。

陈小波老师说："'问其姓氏，是金陵人，客此'。金陵就是南京，南明弘光政权的都城就在南京，明太祖也是定都南京，这一问，当然就勾起了作者

---

① 陈金强.《湖心亭看雪》误读探析［J］.语文教学通讯，2014（12B）.

深深的故国之思，他料想亭上的人像他一样来西湖，也许是像他一样痴于故国吧！"①

王桂梅老师说："置身其中，前朝往事历历在目；蓦然回首，一切只待成追忆。……可见一个满是思念故国的苍凉凄苦，一个满是游山玩水的怡然自得。……张岱这个绍兴人'明亡后不仕'，不想给清廷效力，所以说'客此'，心中自是改朝换代的无所依傍和无限凄凉。而身为'金陵人'的湖中之人，却在国仇家恨中有雅兴游山玩水，这也是张岱无意留记其姓名，并与其深交的原因吧！"②

二位老师此言谬矣。"看雪"于"崇祯五年十二月"，《湖心亭看雪》作于明亡入山以后。精神可以穿越，身体怎么可以穿越呢？

又，见王君博客转张宏博文《不以人蔽己，不以己自蔽——王君六年两读〈湖心亭看雪〉，读懂了吗？》（发表时副标题为《王君〈湖心亭看雪〉课例评析》，《语文学习》2016年第6期）"我给王老师的结论是：他应该是心满意足的，他应该是精神自足的，他可能是欢喜的……"③（言外之意，王君老师六年都没有读懂！自己的解读才是确解了！）我忍不住吐槽："文学性文本，自己的个性化解读凌驾于他人的个性化解读之上，余钝，亦不知其可也。"何定琴老师也说："尤其在需要有个孰是孰非的定论来对待《湖心亭看雪》的观点本身就值得推敲。"

例子不胜枚举，兹不赘述。什么叫文本"应有之义"？那就是：不能违背事实、逻辑、常识等。"哈姆莱特"还必须是"哈姆莱特"，而不能是"李尔王"。不管怎样的多元解读，都有着不可逾越的度或边界。

---

① 陈小波.《湖心亭看雪》中"痴"字解读[J]. 中学语文教学参考·中旬，2015(5).
② 王桂梅. 说说张岱之"痴"[J]. 中学语文教学参考·中旬，2016(11).
③ http://blog.sina.com.cn/s/blog_79afc40b0102w2pg.html

一味深挖细抠，也似过度阐释

——以《老王》的解读为例

文本解读追求深读细读并不是坏事，但也不是越深越细越好。现在有些文本细读已经演变到深挖细抠的程度，这样的细读从课程视阈来看已经失去了语文教学的意义。我认为，随意猜读、一味深挖细抠，从严格意义上来说，也是一种过度阐释，而且，这种现象更普遍。且以《老王》的解读为例。

一、无视文本内容，随意推断猜读

如，袁庆国老师这样猜读："作者转身进屋，老王怎么知道作者是给他拿钱呢？很显然转身进屋拿钱这个情景老王已经很熟悉了，再看作者的回答：'不过你既然来了，就免得托人捎了。'联系前面那句'开始几个月他还能扶病到我家来，以后只好托他同院的老李代他传话了'老王生病的'开始几个月''扶病到我家来'干什么？有什么事使三轮车夫和大学教授产生如此密切的来往，甚至病重时还要'托他同院的老李来代他传话'？读到这里我突然明白，是'我'一直在经济上、物质上帮助老王，一开始是老王自己来拿钱，后来病重了，就托同院老李给他捎了。"[①]

无疑，老王最缺的就是钱，杨绛给他钱就是最好的帮助方式。但杨绛是否隐藏了对老王的周济呢？事实是否是"一开始是老王自己来拿钱，后来病重了，就托同院老李给他捎了"呢？杨绛没有强调，也没有暗示，面对作者没有写的内容，读者是否就可以做没有文本依据的猜想呢？我的意见是，作者没有写，读者也不便妄言吧？即使要言，也必须以文本为依据，因为隐性信息的推知要以作者所呈现的外显文字信息为据。

又如，杨富志老师这样猜读："杨绛从干校回来，老王失业，默存把自己

[①] 袁庆国. 走进文本语言中去：阅读教学走向深入的主要途径 [J]. 中学语文教学，2011 (6).

降格为'货'让老王送，其实是给了老王一口饭吃。"①《老王》中是这样写的："他并没有力气运送什么货物。幸亏有一位老先生愿把自己降格为'货'，让老王运送……我问老王凭这位主顾，是否能维持生活，他说可以凑合。"杨富志老师认定这"一位老先生"就是杨绛的丈夫默存，文本根据何在？从紧承的下文来看，"这位主顾"就是指这"一位老先生"。如果就是杨绛的丈夫，老王会不认识吗？（前文有"老王帮我把默存扶下车，却坚决不肯拿钱"）再说，杨绛会称呼丈夫默存"这位主顾""一位老先生"吗？这是脱离文本，一厢情愿的解读了。（杨富志老师这篇文章发表前传过我，我提到过这一点。对他人文章中我认为的不当之处明以告之，当不失在争鸣中求真知的态度。）

黄厚江老师认为："（《老王》一文）'有人说，这老光棍大约年轻时候不老实，害了什么恶病，瞎掉一只眼。'有两个词需要注意。一个是'光棍'，你说光棍不老实会干什么'坏事'呢？还有一个是'年轻'。年轻时候不老实，年轻的光棍不老实，会干什么'坏事'呢？尽管同学们还不是成年人，但从阅读的角度还是应该能理解的。这个'不老实'的说法是否可靠，我们不敢断定，但我们可以由此看出老王在他那个群体中是被人嘲笑的对象，是被人当做笑料的，而这恰恰使我们看到他的'老实'。而且，我以为，一个年轻光棍，有些不老实的事，也不一定是什么坏事；应该是正常的精神需求和情感需求。对不对？"②

窃以为，把"不老实"解读成"男女之事"，是过度解读，而且——

"有人说，这老光棍大约年轻时不老实，害了什么恶病，瞎掉一只眼。"

从这一句话本身来看，"大约""什么"值得咀嚼品味。联系下文看：

"他那只好眼也有病……我女儿说他是夜盲症，给他吃了大瓶的鱼肝油，晚上就看得见了。"

这一情节好像在暗示，老王"瞎掉一只眼"，可能是因为"营养不良"，而不是因为"不老实"而"害了什么恶病"。

---

① 杨富志.用愧怍呼唤愧怍——《老王》的另一种解读[J].中学语文教学参考·中旬，2015（8）.
② 黄厚江.《老王》教学实录及反思[J].语文教学通讯，2012（09）.

"胡同口蹬三轮的我们大多熟识，老王是其中最老实的。"

老王不仅老实，而且厚道。

文本细读的第一要义当然还是以文本为唯一的依据。不然，其细读必然会走向过度阐释的泥沼。

二、无视课程目标，脱离语言细抠

如，黄玉峰老师这样细抠："您为什么在写老王时，一定要表白一下'我们是好欺负的主顾'，我想，这话背后的意思是不是，一、你们一直是被别人欺负的；二、别人都看透了'我们是好欺负的'，要欺负'我们'，但老王除外。我不明白，您怎么会在这里计较自己'是好欺负的'。您是不是在发泄私怨？"①

"发泄私怨"，从何说起呢？如此细抠，有点儿过度阐释之嫌。我们来看原文：

"他送的冰比他前任送的大一倍，冰价相等。胡同口蹬三轮的我们大多熟识，老王是其中最老实的。他从没看透我们是好欺负的主顾，他大概压根儿没想到这点。"

那么，杨绛为什么在写老王时，一定要表白一下'我们是好欺负的主顾'呢？我想，这话背后的意思是不是：其一，所谓"欺负"，其实不过是买卖上沾杨绛点小便宜罢了，暗示（而不是"表白"）"我们"是善良之人，心甘情愿地做"冤大头"而已，这是一种洞彻人性的温厚和看透世情的幽默；其二，"他从没看透我们是好欺负的主顾，他大概压根儿没想到这点"，其实，作者想表达的应该主要是后者——用"胡同口蹬三轮的"衬托老王是"最老实的"。

要说"怨"，"怨"谁？"怨""胡同口蹬三轮的"？这也说不过去啊？那个"最"字表明，"胡同口蹬三轮的"并不是不"老实的"。"文革"前，杨绛一家的经济状况，比"胡同口蹬三轮的"高很多很多。这段话恰恰说明，"我"

---

① 黄玉峰. 我教《老王》[J]. 语文学习，2007（4）.

其实是"看透"的，即便价格高那么一点，即便斤两缺那么一点，以杨绛的善良，怎么会跟蹬三轮的"计较"这些呢？杨绛又不是糊涂人，当然能看到世道人心。对"胡同口蹬三轮的"所谓的"欺负"，"我"是心知肚明的，"我"也并不是"好欺负的"，只是不和他们一般见识，有那么点善意的批评罢了，至于"怨"，好像还说不上吧？

我的分析，是否也是一种过度阐释，也未可知，但我只是顺着黄老师的这一思路做出的推断罢了。

又如，杨绛在《老王》一文结尾写到："几年过去了，我渐渐明白：那是一个幸运的人对一个不幸者的愧怍。"教参给的答案是："结尾一句话，应该这样理解：一个社会总有幸运者和不幸者，幸运者有责任关爱不幸者，关注他们的命运，让他们也过上好日子，帮助改善他们的处境……"（《教师教学用书·练习说明》）窃以为，这个答案，有点'隔'，甚至把文本都晾在了一边了。如果我们在教学《老王》时仅止步于此，那就是浅读、亵渎了这篇经典。

有网友这样细抠："这是错误的'思辨'。以老王这样的条件能住进'大院'也是住有屋了……还是让他自由地单干；我实在读不出老王的死不是病死而是被什么导致的'惨死'，更看不出就凸显了当时不正常的社会；'总'字说明'花钱吃药'不止一次，由此可见，即使当时，老王不仅'维持生活''可以凑合'，还花得起钱看病吃药，这又至少可得出，老王不是没钱治病而病死，很可能是当时的医疗水平限制没治对病的问题。"（源自某语文论坛）

什么叫文本"应有之义"？老王"不是没钱"，文本依据何在？他"花得起"的吃药钱又从何而来？回到文本："我问老王凭这位主顾，是否能维持生活，他说可以凑合。可是过些时老王病了，不知什么病，花钱吃了不知什么药，总不见好。""凭这位主顾"老王真的"能维持生活"吗？真的"可以凑合"吗？就算"能维持"与"可以凑合"，老王还会有能力一直"花钱吃药"吗？品品这个"可是"，再嚼嚼这个"多余"的"花钱"，答案不言自明：老王已经贫病交加，哪还有什么活路啊！

要让他们认识到老王是社会造成的不幸，那还得要老王怎么惨才行呢？我甚至怀疑他们是否读过教参:"体会作者对极'左'思潮的深恶痛绝,了解老王悲惨结局的社会根源。思考:作者一家当时受到了冲击,处境并不好,她为什么还觉得自己是'幸运的人',而感到愧怍?"(《教师教学用书·教学建议》)

其实,他们有所不知,在杨绛暮年的作品中,气度是平和温婉的,那种无声的谴责却是深入骨髓;有所不知,那种含蓄节制隐忍文字后面的忧伤;有所不知,"平静中有抗议,调侃中有悲哀""锋芒内敛后的不动声色"[①];甚至故作不知,"'文化大革命'开始,默存不知怎么的一条腿走不得路了"只一句轻轻带过的作者一家在这10余年间所遭受的浩劫;有所不知,一切达观,都是对悲苦的故意省略;更不知,"幸运者"关心和救助"不幸者",不仅在尽一己之力,更重要的是,促进社会用机制从根本上消除不幸……阅读一个文本,解读一个人,就是一种相遇,遇见灵魂深处的自己,或者自己的一部分。一个冷若冰霜的人,哪能感受到文字里的忧伤。

课程目标决定了我们对文本的细读,是贴着文本语言的细读,是为了培养学生运用语言文字能力的细读,而一旦脱离了语言训练,在语文教学的视阈内,过度是必然的。

三、无视教学语境,随意任性深挖

于保东老师《老李:愧怍的一面镜子》一文发表前曾与我简单讨论过,我不认可题目这个观点。杨绛的《老王》,虽然不能夺人眼球,但是堂堂正正,更接近文本内核。我觉得,"老李"只不过是一个符号,一个线索人物,倘换作同院的"老张""老赵"等也是一样。

于老师后来在文章中写道:"……也有教师认为:老李只是老王临死之时,我和老王之间沟通的桥梁,是一个线索人物,是个普通人。笔者以为,这两种观点显然是误读和浅读,没有对老李这个人物做深入细致地研读……正是由于老李的存在,作者的思考,才更多。'线索'这二字,也只是从文章的结构行文作用来看,而没有看到老李在表达作者思想、精神方面的作用,

---

① 林筱芳. 人在边缘——杨绛创作论[J]. 文学评论. 1995 (5).

也就是说老李对于揭示杨绛内心的作用就忽略了……是老李、老李的话把杨绛先生推进了进一步'愧怍'的境地……老李无疑是当时人性和道德绿洲的一抹绿,是增添社会温暖的一把火。"①

于老师另辟蹊径,能从这么小的一个罅隙宕出一片天地来,着实了得。但最起码,"老李"不是主要人物,解读不可喧宾夺主。于老师"放大语境",所编老李与老王的故事,与杨绛无关,与《老王》无关。《老王》的自我反思,与"老王"并没有多大关系。文中没有写,这正是作者的高明之处。老李一句"就是到您那儿的第二天",顿时让杨绛脑海里映出老王临终告别时的画面,她哪有心情多问?"他还讲老王身上缠了多少尺全新的白布",她哪有兴趣多问?"埋在什么沟里",她哪忍心多问?"过了十多天"才问起,她哪还有勇气多问?——离开了"我",于老师的解读发生了偏移。正如王荣生教授所说:"我们学习散文,是把重点放在散文所描写的对象上呢,还是把重点放在通过对象的描述所抒发的作者的情感上呢?"② 而且,我没说过也不认可,线索在情节的节点上,除了结构行文的作用,就没有表达思想感情的作用。不然,线索也就没有多大必要了。

如果一定要让"老李"介入,可否联系《祝福》中的这段对话:

"祥林嫂?怎么了?"我又赶紧的问。

"老了。"

"死了?"我的心突然紧缩,几乎跳起来,脸上大约也变了色。但他始终没有抬头,所以全不觉。我也就镇定了自己,接着问:

"什么时候死的?"

"什么时候?——昨天夜里,或者就是今天罢。——我说不清。"

"怎么死的?"

"怎么死的?——还不是穷死的?"他淡然的回答,仍然没有抬头向我看,出去了。

在"老李"看来,有人死了这件事没什么大不了。"老李"的回答又何尝

---

① 于保东. 老李: 愧怍的一面镜子 [J]. 语文教学通讯, 2016 (1B).
② 王荣生. 教的根本目的是帮助学生学 [J]. 语文学习, 2009 (9).

不是显示出了一种淡然、冷漠、事不关己的态度？这比来自不同阶层的歧视更伤人。

再看于老师架构全文的三个小标题：

"老李是老王生命终亡时的信任者，'我'却不是。"

"老李是老王生命终亡时的托付者，'我'却不是。"

"老李是老王生命终亡时的关怀者，'我'却不是。"①

于老师还写道："而'我'却恰恰忽视了'老王病重了''需要帮助'这一事实。"

"老王托老李传话，'我'却没有询问一下老王的情况，连对老王起码的一点关心都没有。"

"可'我'竟然连老王是回民这事都不知道，还与老王交往了这么长时间？"

"'我'对老王只是一种表面上的尊重，'我'与老王在精神上没有达到契合。"②

这都很正常，有什么值得大惊小怪的呢？作者可以愧怍，读者还是不便指责吧？但于老师对杨绛也未免过于苛责了吧？——我不是为作者辩解，作者如果害怕指责，何必要写它呢？于老师通过老李对老王、杨绛对老王，让他们形成对比，从而理解作者的"愧怍"之情，不可否认，这个观点的确是够新颖的了，但这番对比，甚无厘头。且不说作者写老李是否为了对比自己的对老王关心的不够，其实最主要的问题是：如果觉得杨绛应该对老王亲如家人一样看待，应该和老王成为知心朋友而"精神契合"，这显然才是一种"误读和浅读"。我们二人对《老王》的理解都不能达到"精神契合"，就更不要说大学教授和人力车夫之间了。还要知道，这是"文革"期间啊，作为"资产阶级反动学术权威"的杨绛敢和"劳动人民"老王走得太近吗？（拙文有详论③，兹不赘录。）

《语文学习》2015 年第 9 期"《老王》课堂教学艺术镜头"，刊发了于保东

---

①② 于保东，老李：愧怍的一面镜子[J]. 语文教学通讯，2016（1B）.

③ 李明哲. 倾听文本细微的声响——细读《老王》[J]. 语文教学通讯，2015（3B）.

老师的《人性和道德沙漠中的一抹绿》，对照其《老李：愧怍的一面镜子》一文，明显感觉"课堂实录"失真，其强按牛头喝水"请君入瓮"的教学进程就不必再说了。解读似偏颇，实录似编造。而且，这样的细读也不是从教学的角度出发的。在课堂有限的时间内，花这么多的时间去细读一个次要人物"老李"，这样的阐释，在语文课程的视阈内，未免有过度之嫌。

文本的解读是为语文教学服务的，所以，在解读的时候，除了必须要考虑文本语境之外，还必须考虑教学语境。若对文本的解读不仅游离在文本之外，还游离在教学之外，这样的解读即使再精彩也无益于培养学生的语文阅读能力，最终做的都是些吃力不讨好的"无用功"。

我想强调的是，不是我们的解读要越惊人越好，越高深越好。2011年的课标修订稿写到："要防止逐字逐句的过深分析和远离文本的过度发挥。"当下，过度阐释实在太多，但若用于教学，不仅无益，甚至有害；不仅无效，简直是负效。这不可不察，而且尤其值得警惕。电影《一代宗师》中的"见自己，见天地，见众生"，同样适用于文本解读。"读懂文学作品，就是读到了世界、作者、文本、读者这四个层次。"[①] 在我看来，读《老王》，见老王的"善"和"苦"，只读出了第一重；见杨绛的"不安"和"愧怍"，读出了第二重；见老王和杨绛背后的"天地""众生""世界"，才是读出了第三重境界。前两者是显性的，后者是隐性的。生命倾注，灵魂在场，才能读出"这一个"文本之义和作者之义。

当然，过度阐释与误读，猜读、细抠与深挖，其区分并不是十分明晰的，只是为了便于叙述，故分而述之。

（第一部分发表于《语文报·初中教师版》2015年10月20日第20期，收入本书有删节；第二部分发表于《语文知识·中学版》2016年第11期，该文题目被列入封面要目。）

[①] 李海林. 什么叫读懂了课文 [J]. 中学语文教学，2009 (1).

02 也说"长文短教,深文浅教"
——与王家伦教授等商榷兼谈课程内容开发

［文章反驳了王家伦教授等"长文短教,深文浅教"的观点,提出了"长文完全可以长教,深文完全可以深教,长短深浅,各得其宜,各尽其妙"的主张,并进一步就如何实践这一主张,从正反两个方面举例阐述了依据课程标准、文本体式和文本特质,合理开发每一篇课文的核心课程内容的基本策略。］

王荣生教授说:"语文科的资源材料有自身的特点,它们往往是综合地散发着多种信息的材料……或者说,语文教材里的材料带有某种自主性,蕴涵或衍生着各种可能的'教什么'。"① 不过,"从教学设计的角度来看,这种综合性很强的学习材料其学科知识不够具体明晰,往往很难确定合适的教学内容,不利于有效教学的开展。"② 语文教材负载的内容包罗万象,语文教科书注定是一个"杂货铺",但是,语文课却不能上成杂烩课、拼盘课,这是语文教学的课程规范。这就需要一线教师对课文进行课程开发,以确定其核心教学价值。

但是,苏州大学王家伦教授说:"从教学目标的'量'的角度考虑,目标的设置应该遵循'一课一得'的原则。'长文短教'要舍得'忽略'(用一个课时解决一篇无论多长的文章);'短文长教'要善于'拓展'(王家伦教授所

---

① 王荣生. 语文科课程论基础［M］. 上海:上海教育出版社,2003.
② 郑桂华. 凸显文本的语文核心价值［J］. 中学语文教学,2008 (3).

说的"拓展",和我们通常的理解不一样,大概单指互文阅读——笔者注)。"①王家伦教授还在多篇文章中反复申述这个观点,如:"我们主张'一课一得'……有时候,需要单课时完成一篇课文的教学任务,如该篇课文涉及的知识能力点较多,应该顾及一点而忽略其余。"②王家伦教授《因文而异 深文浅教——论鲁迅作品教学》③等近期文章中的观点也是一脉相承。他人也多有类似的观点。如,魏华中老师"首先,要做到'长文短教';其次,要做到'深文浅教'"。④

某专家在关于阅读教学的讲座中引用苏轼的"每次作一意求之"。自然阅读可以,阅读教学不可以,一篇课文的教学,能安排几次?

王荣生教授指出:"课堂教学内容的相对集中是一堂好课的最低标准。"⑤一定的教学内容实现一定的教学目标,内容的集中可以集中实现一个集中的目标,所以如果"一课一得",仅仅指的是"一堂课"有"一得"的话,我觉得王教授的论述是有一定道理的。但是如果这里的"课",指的是课文的话,如,"用一个课时解决一篇无论多长的文章"等,我实难认同。长文为什么要短教?短文为什么要长教?深文为什么要浅教?浅文为什么要深教?为什么会出现这样的怪现象,这样偏颇的观点呢?其根本还在于语文学科教学内容的不确定性等。

"实际上,造成一线语文教师大面积、集团性的教学内容选择和确定出现偏差,并非教师本身或者教学本身的问题,而是课程标准、教材编制的问题。"⑥其他学科都有相对严谨的知识体系,并有确定的教学内容:教材内容＝教学内容——有什么就教什么。而语文学科则不同,教材内容＞教学内容,

---

① 王家伦. 论"长文短教"与"短文长教"[J]. 中学语文教学,2008(11).
② 王家伦. 阅读教学"整体性"原则的多元思考[J]. 中学语文教学参考,2008(11).
③ 王家伦. 因文而异 深文浅教——论鲁迅作品教学[J]. 中学语文教学参考·上旬,2015(1—2).
④ 魏华中. 对长文短教、深文浅教的思考[J]. 语文教学通讯,2008(12A).
⑤ 王荣生. 听王荣生教授评课[M]. 上海:华东师范大学出版社,2007.
⑥ 刘冬岩. 台湾康轩版国语教科书插图特征及启示[J]. 语文建设,2014(11).

教材中的文本只是教学的素材，并不是真正的教学内容。而且，语文课标没有确切地告诉教师语文该"教什么"，语文课标作为指导性文件，只有笼统的培养目标而没有明确具体的"指导意见"，即使是2011年12月28日教育部颁布的新修订的《义务教育语文课程标准》，也还是提了点要求，说了点原则。《教师教学用书》也没有告诉教师具体的文本该"教什么"的参考意见，哪怕是笼统的，更不要说拿出具体的可操作的方案了。至于通过何种课程设计和教学实施达成目标，则需要每一位教师去发挥创造力了。"这从好的一面看，是为优秀语文教师创造性地研制适宜的教学内容提供了最广阔的空间；但是在通常的情况下，却往往导致教师们在教的内容选择上随意而杂乱，错误乃至荒唐。"[1]

一篇文章，是一个不可分割的有机整体。不管篇幅有多长，公开课上通常是一课时处理完，我们不能砍下头来，研究开头；砍下脚来，研究结尾……所谓"长文短教""深文浅教"，以及"短文长教""浅文深教"，都是不正常的，这实质上都是怪胎。这是公开课特殊教学情境的制约造成的，戴着镣铐跳舞，那是没有办法的事。常规教学，家常课，则大可不必。

这方面失误的例子非常多。我在相关文章中曾提到过：

如，刘均卓老师教学《从百草园到三味书屋》（《〈从百草园到三味书屋〉教学实录》，《中学语文教学》2012年第2期）[2]，刘老师抓住"摹状词"，很好地把握住了解读文本的关键——语文教学最本质的东西——语言。不可否认，刘老师对教学内容的大胆取舍，的确称得上是独辟蹊径。但是，《从百草园到三味书屋》作为经典名篇，其题目、结构、写法、主题等最基本的教学内容就该丢掉吗？

如，徐老师《背影》的说课稿[3]，通观本课"教学"：望父买橘品感动；

---

[1] 王荣生. 新课标与"语文教学内容"[M]. 南宁：广西教育出版社，2004.

[2] 李明哲. "罗马"在哪里？——由美国母语教材想到的[J]. 语文教学通讯·初中刊，2014（3）.

[3] 李明哲. 寻求教学内容的合宜与到位——《背影》说课稿述评[N]. 语文报·初中教师版，2015-2-20（4）.

写家庭变故是否多余？如此丰厚的文本，仅抓这两点（而且主要还只是前一点，后一点也没怎么着力）教学则内容略显单薄，还缺乏一种深层设计意识。学习《背影》一文，仅仅只是这样简单"感动"一下是很难到位的。正如王荣生教授所说："是看父亲的形象呢，还是看体察父亲的那个人、那个人的心情呢？"[①] 对比分析父之"窘"和父之"爱"，分析其中的"冷"与"暖"，也许会使学生对文章的理解更加透彻。

如，程老师教学《我的叔叔于勒》[②]，内容也有些单薄，问题缺乏真正的探究价值，仅表层的讨论是远远不够的，显现不出全篇教学的关键点。比如，主题的多元阐释、人物品评、删节问题、叙述视角等都应纳入文本观照的视域，要瞄准文本的核心价值来教。如果不是公开课，至少需要安排两个课时。

《从百草园到三味书屋》《背影》《我的叔叔于勒》都是经典定篇。而上述课例，攻其一点，不及其余，而且，没有抓住文本的核心教学价值，我觉得这样的"长文短教，深文浅教"，未免失之偏颇。

与之相反的是台湾的教材和教学，他们要求教师最大限度地开发每一篇课文的教学价值，尽可能多地发挥教材的最大教学功能。台湾的教科书，每册均编入12篇左右课文，大陆教科书每册在30篇左右，是台湾的2.5倍（部编本教科书，阅读始由30课减少到24课）。同样是《背影》，台湾的教学课时至少可安排五节，大陆则为两课时。大陆的教师犹疑着在众多的教学内容中选择"核心内容"来教，却往往选错或选偏了。

语文课标缺失内容标准；《教师教学用书》也没有拿出具体的可操作的方案；教学任务繁重，课时又极其有限……在这种情况下，如何确定"长教"还是"短教"，"深教"还是"浅教"呢？换句话说，如何确定文本的核心教学价值呢？我们不能坐等，可以独立开发每一篇课文的核心课程内容。

就语文学科来说，课程内容开发说到底就是选择教学内容的问题。下面结合具体案例，粗略探讨一下，什么是合理的基于课程的教学内容开发，什

---

① 王荣生. 教的根本目的是帮助学生学 [J]. 语文学习，2009（9）.
② 李明哲. 把握文本的核心价值——关于《我的叔叔于勒》教学设计的对话 [N]. 语文报·初中教师版，2015（4）.

么是不合宜的。

首先,依据语文课标,合理开发课文的核心课程内容。课程标准是国家指导教师教学的纲领性文件,2011年版课程标准开宗明义:"语文课程是一门学习语言文字运用的综合性、实践性课程。"因此,正确开发核心课程内容,着力点宜放到"语言文字运用"上。起码要做到这样三点:一要读对文本,二要上对语文课,三要上有用的语文课。

丁启阵教授所言,《背影》中的父亲"违反交通规则,形象又很不潇洒",就是一个典型的误读例证。

语文教育家魏书生上《统筹方法》,"究其实,学生学的不是《统筹方法》这一'文',而主要是文中所传递的'统筹方法'这一东西,即课文的'内容'"[①]。魏老师在方向上没有弄对头,这堂课跟着课文内容跑了,基本上没有把课文的"言语形式"作为课堂的教学内容,这就把语文课上错了。

一个老师执教《皇帝的新装》的片段:

师:说说你喜欢文中的哪个人物,理由是什么?

生:我喜欢文中的骗子,骗子能骗到钱,他们很聪明。

师:你的这个观点也值得欣赏。

教师要教给学生读书的方法,这与"喜欢"与否没有多大关系,而且教师毫无原则地迁就学生明显错误的观点,这不仅是无效教学,而且简直是反教育了。

其次,依据文本体式,合理开发课文的核心教学内容。文本体裁不同,教学内容的确定自然也不同,但实际上操作起来却往往混淆甚至抹煞了文体差异。如:

近年来,人们对愚公的做法提出了越来越多的质疑,愚公决定穿越时空隧道,来到当代,与我们打一场官司。

脱离文本历史背景的解读,离开了这则寓言产生的土壤,"穿越时空"的解读,是对文本的解构,这是没有把握住寓言文体特点。类似的像"孔乙己

[①] 王荣生. 新课标与"语文教学内容"[M]. 南宁:广西教育出版社,2004.

告状"，则是没有把握住小说文体特点。

再次，依据文本特质，合理开发课文的核心教学内容。文本体式是共性，而文本特质则是个性，每一篇课文还有其独有的魅力，具体文本还得具体分析，准确研读文本，根据文本特质选择合宜的教学内容，是教学设计之本。

人所共知，关于选文，王荣生教授是四分法——定篇、例文、样本和用件；特级教师黄厚江是三分法——经典性文本、一般性文本和辅助性文本；特级教师王君是六分法——主题型文本、语用型文本、写作型文本、思辨型文本、诵读型文本和拓展型文本。

通常，我的做法是：根据文本质量，我认为好的文本就解读或教学生看出它的好来；不好的文本就解读或教学生看出它的不好来；一般的文本则努力寻求最相宜的教学处理方式。所谓"好""一般""不好"，除了已有定论的篇目，暂未有定论的，如时文，"我认为"的口气未免有点大，也不一定科学，但是，让我虔诚地去教我认为不好的文本，我是做不好的。（至于教科书上标注的"精读""略读"——部编本改为"教读""自读"，那也只不过是不同的教学处理方式而已，而不是该文本优劣与否的标准。当然，也不是确定课时数的标准）笔者不揣浅陋，且以"案"说"法"。

如，我教《狼》[①]，共用2课时：

2014年春，我市初中语文优质课大赛，有四位教师选讲了《狼》。疏通文意、梳理情节之后，教师们不去引导学生揣摩其语言和写法，却不约而同地大讲特讲其教育意义。我的感觉，在教学内容的选择上似有问题。而四位教师的不谋而合尤值得深思——四位教师对情节的梳理，无一例外的都是：遇狼——惧狼——御狼——杀狼。这个教参定论从严格意义上来说也是不够准确的。在整个过程当中，屠户什么时候没有"惧"呢？哪一个阶段没有"御"呢？

郭沫若先生这样称赞蒲松龄的《聊斋志异》："写鬼写妖高人一等，刺贪刺虐入骨三分。"可见其情趣与理趣的双重高度。《狼》全文仅二百余字，记

[①] 李明哲. 写鬼写妖高人一等——《狼》第二课时教学简录与反思 [J]. 七彩语文·中不学语文论坛，2016 (3).

叙简洁，却又细节鲜明。写两只狼与一个屠户之间的一场较量，波澜层叠，惊心动魄，扣人心弦，引人入胜……让人玩味不尽。鉴于此，我把教学的重心拟定位在一个"写"字上。在适当的铺垫之后，即抓住语言和写法，在这上面下大气力。至于"刺"，就本文来说，寓意作者说得很清楚，也简单明了，不拟作为教学重点。

任何一篇文章，除了内容，还能教什么？张志公先生认为，语文学习就是带领学生在文章里走一个来回儿，通过弄清语文形式来理解文章内容，在理解文章内容的基础上进一步弄清为什么用这种语文形式来表达这个内容，即语文形式——文章内容——语文形式。《狼》一课，抓的是语文要素，教的是语文知识，培育的是语文素养。侧重明确了"这一篇"最鲜明最突出的特质，比如，干练的语言，极强的故事性等。至于结课主题的探究，实为有感而发，呈现的方式是含蓄的，呈现的时机是合宜的，所占的时间是很少的。

刘恩樵老师在点评（《发掘文本自身的魅力——李明哲《狼》教例品析》）中写到：教师要通过自己对文本的研读以及教学的设计，让文本自身的魅力发掘出来，展示在学生的面前。李明哲老师的《狼》教学就是这样，引导学生感受《狼》这一篇经典文本的魅力。一是读中揣摩品意味；二是精抓虚词得妙韵；三是巧设问题显不俗；四是细细咂摸悟精炼；五是准确解析教技法；六是借助生成揭寓意。

如，执教《斑羚飞渡》[①]，共用 2 课时：

面对这个文本，教什么，是我思考的重点。这篇小说本身很粗糙，算不上什么经典范本，况且还经过了编者的篡改，所以，破绽百出，经不起细致推敲。其实，这恰是教学的资源。发现其破绽，这一点并不稀奇，这方面公开发表的文章也不少，但我还做到了像几何证明那样的证伪。

我的教学构想是：先学习文章的长处，品味言语表达的精妙，理解创作者的本意；然后批判阅读，让学生自己读书，自由发言，谈感受、提问题；最后，也是最重要的，质疑文本的着力点，不是故事，而在于写作。这是动

---

① 李明哲. 学习·批判·建设——《斑羚飞渡》教学案例［J］. 语文学习，2014（10）.

物小说，故事是虚构的，这是无疑的。教学的重心，就不能着力在故事本身是否真实上，而应是言语表达上、写作方法上——写作上有什么缺陷？为什么备受质疑？这样，教学思路就是：学习——质疑——重构。

我们的学生严重缺乏批判思维能力，这种教学可以启发此种思维。试问：就这个文本来说，是思维缺席糊里糊涂地就被感动得稀里哗啦重要呢，还是提高用第三只眼看问题的科学的思辨能力重要呢？把对文本的话语权还给学生，让学生用自己的眼光去审视教材，与作者与编者与文本平等对话，这样才能造就思想独立、人格健全的人。

清华大学附中王君老师点评说：这一课三个板块，从常规教学到质疑教学到文本重构，李老师引导学生不断深入文本，既尊重文本又不畏文本，既贴心理解作者又用心帮助作者，这个课，很立体，很多维，对学生的训练非常扎实灵动。这样的课堂教学，代表着语文教学的一种正确方向：既上得美，又上得实；既上得正，又上得深。咬文嚼字有力度，思维提升有抓手。在这种课堂上，语文教学是充满生命活力的呈现，是能够带给学生新异感和激发浓厚的学习兴趣的。

如，我教《王几何》[①]（2015年重上），不计预习，共用2课时：

"即便是失败的文本，也具有跟学生一起探究它的偏差的教学价值。"（霍军语）该文文辞不够谨严，在语言的运用上起不到应有的示范借鉴作用。它既无语言文字和谋篇布局上的佳处，也无主题的多元和深度。多了噱头和虚招，少了内涵和思想，技法不高，浅拙的痕迹也没能藏住。总的来看，该文还稍显粗糙、平庸、浅薄，没有多少回味的余地。

言语学习，应该是语文教学的要义。本文内容浅显，学生在"解读"方面应该不成问题。研读课文，感觉冗余和害意的文字不少，而删减后稍做修正，就读着干净清爽多了。作为入选教科书的文章，其言语形式，应该要求它经得住推敲。因此，我决定把该文的教学定位于"质疑"，侧重于评价性阅读。

---

① 李明哲. 以学生的言语发展为基点——《王几何》的另一种教学视角[J]. 中学语文·上旬刊，2014 (3).

简言之，我教《王几何》，就一个字：删；删后对比表达的效果。删是手段，目的是为学生提供一个言语发展的契机，提升学生的语言运用能力——先让学生寻找思考文中写得好的地方；再让学生来做删除和评价的工作；还要进一步引导学生思考：删后还要如何修改和完善。一句话：学习——批判——建设。

由教学实践来看：没想到，这些瑕疵，连初一的学生都能看得出来。学生的评价竟然如此精彩！——虽然学生对课文有些内容的评价还不够允当，但他们文本解读的能力绝不亚于成人啊！绝不能低估孩子们的判断力，从诞生于教师讲解之前，无任何参考资料辅助的孩子们的评价文字中，我感受到，这才是真正意义上的创造性阅读和批判性阅读。

该课例入选《语文名师经典课堂》[1]。王晓春教授点评说："……此文不宜选入教材。李老师的课处理得不错，学生的见识和语言水平令人惊叹。"

如，执教《羚羊木雕》[2]（2015年重上），共用2.5课时：

《羚羊木雕》一文的语文教学价值何在呢？我们既可以学习它的叙述方式和视角，也可以从朗读的角度出发，把它作为一个课本剧来表演；既可以学习它人物形象的塑造方法，又可以把它作为一个话题来讨论辩论，训练学生的思维和表达……从不同的角度出发，可以开发出这篇文章很多的语文教学价值。那么，如何选择呢？浅的文章更要确立好文本核心的语文教学价值。

编者入选文章的时候，对原文进行了改编，于是我就利用这一点，把这两个文本都当作"用件"来处理的，也就是"用"教材教，尝试着让学生对课文与原文进行比较阅读，在比较中学习语文。我没怎么宣讲自己的理解，只是提供了几个比较点作框架，更多地引导学生充分利用两个文本的资源，从语文的角度进行比较，上出了纯正的语文味。正如某网友所点评："李老师教《羚羊木雕》，注意到了比较阅读中文本的双向比较，文章的互补性，引导学生实事求是地理解原作与课文各自的特点，而不是一面倒（原文什么都比课文好，或课文

---

[1] 刘远. 语文名师经典课堂 [M]. 太原：山西教育出版社，2016.
[2] 李明哲. 那一只受伤的"羚羊"——《羚羊木雕》课文与原文的比较阅读 [J]. 语文学习，2009（12）.

什么都比原文好）的阅读，一面倒的阅读不是真正的'比较'阅读，是'偏读'，容易限制学生的阅读思维，让学生走死胡同，失去比较阅读的意义。"

比较阅读，我找到了教材中值得教给学生的东西和适合传递这些东西的方式。这堂课，走进了"语文"的内核，引导学生从作者编者两个版本的比较中开掘出了那些有益的"语文知识"。在比较中切实进行了语文能力的培养。学生的答案丰富多彩、参差百态、精彩纷呈，足以证明学生在这堂语文课上获得了高品质的思维训练。

本课例发表后被中国人民大学书报资料中心转载。北京市十一学校朱则光老师是这样评价的：这是一节纯正的语文课，庶几触及了语文教学一些本质和规律性的东西。在当前误读语文的背景下，这一课例的横空出世，给了非语文、泛语文当头一击！堪称当下语文教学问题的点穴之作。

以上四个课例（详见拙著①），单就时间方面说，因为是家常课，还没有少于1课时的。而且，无论是《狼》这样的经典文本，《羚羊木雕》这样的一般文本，还是《斑羚飞渡》《王几何》这样的有瑕疵的文本，我基本上都开发出了其核心教学价值，导向了语文核心素养，提升了课堂教学的实效。

综上所述，我认为：基于课标，基于文本，长文完全可以长教，深文完全可以深教，长短深浅，各得其宜，各尽其妙。又长又深的经典文本，"长文短教，深文浅教"，简直是亵渎经典，暴殄天物。

当然，教学文本的处理，还要基于学情、基于人的发展等。因生而异，因材施教，具体问题具体分析，特殊情况特殊处理。如，《社戏》的教学②就是这样。单纯地讲"长文短教，深文浅教"抑或是"短文长教，浅文深教"，都不是具体处理问题的办法，也是没有多大意义的。选点突破是一种聚焦，和这不是一回事。

（发表于《中学语文教学参考·中旬》2016年第9期。）

---

① 李明哲. 上学生喜欢的语文课 [M]. 福州：福建教育出版社，2016.
② 李明哲. 贴地而行 深文浅教——《社戏》教学设计与点评 [J]. 中学语文·上旬刊，2014 (9).

03 作文命题：考查目标的偏失
——从"不得套作，不得抄袭"说起

历年高考作文题几乎都有"不得套作，不得抄袭"这样一条要求（中考作文也是如此）。可我觉得这一条很别扭很糟糕，感觉就像对人们要求"不得盗窃"一样。这条要求好像还在暗示考生：高考作文是能够套作、抄袭的！因为这正是"不得套作，不得抄袭"所隐含的潜台词。客观事实也正是如此，套作、抄袭之风正大行其"盗"。

王栋生（笔名吴非）收集了用同样一句话作开头的套文：

"山的沉稳，水的灵动"（江苏2004）："屈原向我们走来……他的爱国之情，像山一样沉稳……他的文思，像水一样灵动……"

"凤头、猪肚、豹尾"（江苏2005）："屈原向我们走来……帝高阳之苗裔，他的出生，正是这样一种凤头……当他举身跳入汨罗江时，他画出了人生的豹尾……"

（这句话有语病——笔者注。）

"人与路"（江苏2006）："屈原向我们走来……他走的是一条什么样的路呢？……"

"怀想天空"（江苏2007）："屈原向我们走来……他仰望着楚国的天空……"

"好奇心"（江苏2008）："屈原向我们走来……那是为什么？我感到好奇……"

为什么会出现这样的情况呢？若遇到了平庸的命题人，其命题限制不了你的套作，不套作，岂不傻帽了？再遇到了平庸的阅卷人，套作了又怎样？

抄袭了又怎样？能蒙混个高分，万事大吉。比如，上海高考作文题，2006年"我想握住你的手"，2007年"必须跨过这道坎"，2008年"他们"。您看我一个模式套下来如何：关心弱势群体，比如民工？投机取巧，这真是"人生撒谎作文始"。这事关写作的伦理和价值标准。

欧美的考试作文题，可为我们提供镜鉴：不怕猜，想猜也猜不到，更没法套作、抄袭，"因为题目是对生活中各种问题的不同看法和观点……是在具体的情境中对事物及其关系发表自己的个人见解"。[①]

"不得套作，不得抄袭"，未免滑稽、可笑。写上这一条，真的有用吗？套作、抄袭之风，屡禁不止为哪般？命题为什么不能限制、杜绝套作和抄袭呢？难道应该反思的不是题目本身吗？还是从命题上找原因吧。从命题的专业性上看，要让"套作者"和"抄袭者"无从下手才是上策。高考作文命题的质量直接影响到考生写作的质量。我认为，高考作文试题存在着考查目标偏失的问题。另外，我们的作文评价观也许值得审视。

一、考查目标的偏颇

1. 关于审题。

审题能力是不是写作能力的核心素养？

我们的作文教学特别强调审题，在审题上要花很多时间，领会题目中隐含的意义并加以阐释，成了很重要的写作技能。高考作文更是要揣摩命题人的意图，找到题目隐含的意思。如果审题失误，"一着不慎，满盘皆输"，文章再好也难得高分。"符合题意"，可是高考作文评分标准的第一条！

2016年江苏卷高考作文题的材料：

俗话说，有话则长，无话则短。有人却说，有话则短，无话则长——别人已说的我不必再说，别人无话可说处我也许有话要说。有时这是个性的彰显，有时则是创新意识的闪现。

"别人已说的我不必再说，别人无话可说处我也许有话要说。"这不是常

---

① 傅丹灵，曹勇军. 倒影回声里的中美高考作文题 [J]. 语文学习，2015 (7—8).

情常理吗？这与"个性""创新"八竿子打不着，缺少内在的逻辑关联。如果还可以"无话则长"，那不是又"有话要说"了吗？"有时这是个性的彰显，有时则是创新意识的闪现。"其潜台词是"个性"与"创新"连半毛钱的关系都没有。恰恰相反，"个性"是"创新"之母。

不少作文题目，引言模糊，要求也不明确，云山雾罩，故弄玄虚，就像看国画一样，朦朦胧胧，缥缥缈缈，需要考生自己去联想。我实在搞不明白，有必要藏着掖着吗？为什么不能把写作的要求或任务亮出来，而一定要藏起来呢？把相互矛盾或多元对立的观点等摆在考生面前，迫使其做出具体分析，形成自己的论点，展开论述，就不好吗？

应试作文中，审题，竟然成了一种能力！为此，像玩捉迷藏似的，还人为地设置审题障碍，让你猜不透、弄不懂、把握不准。如果让你看透，好像就显示不出命题人的水平似的。不知多少考生遭其暗算！

这是能测试出考生的聪明度，但这样的小聪明不要也罢。我觉得还是简单直白来得好。这种命题和"审题"的"水平"不要也罢。即使考生不会"审题"，对将来的写作有何妨碍？这不仅是刁难，简直是悖论，甚至是吊诡，与写作的目的南辕北辙，忘了为什么而写作了，忘了写作教学、考试的目的——将来真实的写作，是谁来命题了。与此截然不同的是，美国SAT作文命题基本原则之一："作文要求是否清晰，考生能否准确理解他们的写作任务。"[①] 题目直截了当，清清楚楚，明明白白，考生一看就懂。这又有什么不好呢？

高考作文还是应该指向真实工作、生活和学习，考查学生真实的写作技能。想想我们自己，什么时候下笔？大部分人还是工作生活需要的实用写作。至于创作，不管文艺性的，还是研究性的，谁来命题？有字数限制吗？有时间要求吗？基本上都没有。真实的写作，就是这样的。学生写作，是准备，是训练。训练写作，目的应该是为了实际写作。

---

① 傅丹灵，曹勇军. 倒影回声里的中美高考作文题 [J]. 语文学习，2015（7—8）.

2. 关于立意。

价值预设根本就不是作文题的应有之义。但我们的高考作文命题大多不是命题，而是"命意"，考生其实是"被立意"。材料本身的"立意"不过是一些浅显的说教、道德教化，只要为命题者的"命意"去作证、作注，没有也不需要有自己的思考与立场。

高考作文评分标准"基础等级"的其中一项就是"感情真挚，思想健康"。"感情""思想"是不是写作能力的核心素养？我觉得，思维水准与表达能力才是写作的核心素养，说理才是硬道理。一味鼓吹思想、认识、立意的高大上，道德绑架，这一点也很糟糕，因为考生能说的话是极其有限的了。

2009年全国Ⅱ卷高考作文题，材料一大意是：

道尔顿因色盲在研究视觉方面做出了科学贡献。

这是一个特例，像这样的成功案例是十分鲜见的。色盲是一种不幸，并不是每一个色盲症患者，都能走向道尔顿那样辉煌的成功。材料中把复杂的问题简单化、片面化、绝对化了。

2015年全国Ⅰ卷高考作文题：

因父亲总是在高速路上开车时接电话，家人屡劝不改，女大学生小陈迫于无奈，更出于生命安全的考虑，通过微博私信向警方举报了自己的父亲；警方查实后，依法对老陈进行了教育和处罚，并将这起举报发在官方微博上。此事赢得众多网友点赞，也引发一些质疑，经媒体报道后，激起了更大范围、更多角度的讨论。

对于以上事情，你怎么看？请给小陈、老陈或其他相关方写一封信，表明你的态度，阐述你的看法。

看了这道作文题，我更关注题目背后的东西：警方发在官方微博，公开个人私信是否合法，是否人道？谁给你的这个权力？是否征求过小陈及其家人的意见？警方及本高考作文题将此事置于舆论的漩涡之中，由此给小陈及其家人带来的精神压力和不利影响谁来承担？还有，这是一个特例，并不是家庭生活的普遍情况。

历年的题目，大多都随主流价值观念的大流。不少高考作文题，其实就那么回事。绕来绕去，翻来覆去，就那么几个概念，多是口号和说教。如，"诚信""坚强""坚韧""包容""拒绝平庸""心灵的选择"等等，优秀品质、社会公德，岂容置喙？"立意已定"，命题实质上就是主题，意识形态的限制如此严酷，道德规范的暗示如此强大，这是强迫说谎，鼓励人编造谎言的作文题目！但考生别无选择，只能扭曲自己被动迎合。

看几道欧美的作文题：

◇我们从失败中得到的经验教训对于以后的成功而言至关重要。讲述你遭遇失败的事件和时间。这一失败经历是如何影响你的，你从中学到了什么？

◇回忆你在什么时候挑战过一个想法或观念。什么促使你这样做？你还会做同样的决定吗？

◇叙述你解决的一个问题或你想要解决的一个问题。这个问题可以是才智方面的挑战，研究方面的疑问，道德困境——任何你认为重要的，无所谓大小。解释为什么它对你重要，你解决或将要对这一问题采取哪些步骤。

欧美的作文命题大都以实用为目的，立足于学生进入社会的实际需求。命题都比较中性化，注重理据，不求立意与情感抒发，不涉及道德的评判和品质的考验。客观地说，这种写作能力比之"感情""思想"（能不能如实考核出来且不说）方面，评价起来容易做到公平公正，因为可以有效地避免阅卷过程中"感情真挚，思想健康"的问题而影响考生的作文分数。

欧美的考场作文即使有的对问题的认识并不全面，甚至并不正确，还是被给了高分或满分，主要原因就是有作者自己的思考，体现了"批判性思维"。

3. 关于"文采"。

高考作文评分标准"发展等级"的其中一项是"有文采"。文学素养是不是写作能力的核心素养？"诗意的表达"，繁复、华丽的文字，只能是为作文增色的因素，但事实上却成了作文评价的重要标准。

"怀想天空""我有一双隐形的翅膀"……此等题目，莫非是要藉此发现诗人、作家？"文采"很有用吗？什么"提篮春光看妈妈"，不把考生引向虚情、矫情、滥情才怪呢。子曰："言之无文，行而不远。"此言谬矣。言之有物,才更为重要。传统写作推崇"文采斐然",这直接导致了文艺腔、华而不实的文风,还直接影响到文品乃至人品的养成和写作教学的宗旨。因为这样的文章好看不中用,拧干"文采"就剩不下多少干货了。过于偏重审题立意、构思选材、布局谋篇、提炼主旨、润饰语言等如何让文章"漂亮"的技法,通过这样的操练,就是"作"出来的"文",看不到"我"的存在。作文考试的价值取向,是"文采"重要,还是把话说清楚的逻辑理性重要?当下语文教育中最匮乏的正是理性思维。

2016年天津卷高考作文题:

在阅读方式多元化的今天,你可以通过手机、电脑等电子设备,在宽广无垠的网络空间中汲取知识;你可以借助多媒体技术,"悦读"有形有色、有声有像的中外名著;你也可以继续手捧传统的纸质书本,享受在墨海书香中与古圣今贤对话的乐趣……

当代青年渴求新知,眼界开阔,个性鲜明,在阅读方式的选择上不拘一格。请围绕自己的阅读方式,结合个人的体验和思考,谈谈"我的青春阅读"。

要引言干啥?拉郎配吗?这一段引言不是无话找话吗!直接让考生以"我的阅读"(连无关的文艺的"青春"二字都不必要)为题写文章不就完了!如此繁冗"文采斐然"的引言,也许恰恰会误导考生写出空话来。

◇ 感知能力是否可以来自教育?

◇ 艺术是否改变我们的现实意识?

◇ 认识他人是否比认识自己更容易?

很明显,这些欧美的作文命题,和"文学性散文"毫无关系,显然是要让考生在重大的问题面前拿出理性的见解来。这种题目就容不得写成"文学性散文",非得进行理性的分析不可。

孙绍振先生说:"而美国和法国的高考作文题却并不追求任何诗意,往往是直截了当地提出理性的问题,即使涉及某种现象也常常是概括的,而不是具体特殊的感性场景。他们考核的重点,并不在感情感觉的审美价值,而是提示一种观念(往往是权威的)或没有结论的普遍现象,要求学生拿出自己的观点来。"①

檩子老师说得好：也许我们可以借鉴一些美国人在写作上的"实用主义"，多教孩子一些具体的方法，少逼着他们对着一株草、一朵花发表感想。对于大多数孩子来说，成为一个善于抒情和修辞的文学家并不是一个选项；而成为一个具有很强理解和表达能力的人，应该更有现实意义。（摘自网文）

高考作文不是选拔文学家，学生作文不能等同于文学创作，而且，实用文体的写作，比文学创作更重要。作文考试的方向，应该主要是思辨性的议论文，而不应该是太偏重抒情的"文学性散文"——因为这种花拳绣腿除了应付考试外，在日常工作生活学习中没有什么实际用处——就像古装戏的戏服，除了上台做戏，与现实无关。"文笔"至多是作文的一种色彩性质的东西，不能让"文学性写作"成为作文评价的最显性指标甚至主流价值观。

与上述偏颇的要求相并的是，在重要的考查目标上的缺失。

二、考查目标的缺失

1. 缺失开放性。

前文谈到的"立意已定"，就是一种封闭和限制。

事实上好多高考作文题目张力太小，考生可选择的空间受限太大。尽管题目要求上有"立意不限"的字样，但是，如果你一下子看不清材料里暗藏的"玄机""陷阱"，天真地自由表达自己的理解，那你很可能死定了。

历年江苏卷大多高考作文题，我实在不敢恭维。

"心灵的选择"（2002），不是强迫说谎吗？"水的灵动，山的沉稳"（2004），这样的判断是不是太绝对化了？"凤头、猪肚、豹尾"（2005），"小到生活、学习，大到事业、人生"，又何尝是"这样"的呢？"怀想天空"（2007），比天空还空！"品味时尚"（2009），真的时尚吗？"绿色生活"（2010），就很绿色吗？"拒绝平庸"（2011），就不平庸吗？"不朽"（2014），恐怕也难以不朽。"智慧"（2015），更是一点也不智慧。

---

① 孙绍振. 从2008年高考作文题看我国与欧美作文命题的差距[J]. 语文学习, 2008（7—8）.

2015年重庆卷高考作文题材料：

一个刚上车的小男孩请公交司机等一等他妈妈。过了一分钟，孩子妈妈还没到，车上乘客开始埋怨，说母子俩耽误了大家的时间。这时，那位腿有残疾的母亲一瘸一拐地上了车，所有人都沉默了。

看了这道作文题，我不禁要问：车上的乘客有错吗？错在哪里？乘客在不知情的情况下有一些埋怨是完全可以理解的，不应当受到批评。"这时，那位腿有残疾的母亲一瘸一拐地上了车，所有人都沉默了。"这说明车上的乘客（包括司机）对残疾人都是有同情心的。

我认为：应该受到批评的倒是小男孩。他为什么不主动说明他妈妈的特殊情况？这就有点以自我为中心了。守时是最基本的行为准则。

而若要这样写高考作文，我是不敢。让考生不敢说真话——"所有人都沉默了"，让写作者失去自我，这是很要命的。这道题它的价值取向是有问题的，会严重干扰考生的审题立意，堵死考生的思考空间。开放与限制，没有处理好。开放的前提，你得出个有质量的题目。

其实，在这类"社会话语"的题目面前，没有什么可选择的，无非是按照社会上既定的认识，去说一番道德价值社会共识的大道理、小常识，实际上能想到的不过是现成的观念、公共结论、大众思想等，即使有难度的也没有深度。引导年轻人向上攀援的高标，作为公民的担当与见识，从命题中基本上看不到，精神海拔多么有限！更不要说培养有思想、敢思想、能思想、会思想的一代公民了。

我们的高考作文试题文化品位不高。无怪乎谢有顺教授在接受记者采访时说："想想真是很悲哀啊，全国卷（2016年全国Ⅰ卷——笔者注），高中生了呀，还出如此简单的、毫无思考力的题目给他们作文⋯⋯这个民族怎么会出思想家？怎么会有独立人格？⋯⋯在拉低民族智商的过程中，中国的作文教育真是起了极坏的作用！"作文题目缺乏文化品位，就很难让考生站在现代文化的高度来思考问题，难以对社会现象做出深刻的、独立的思考。

下面是几道欧美的作文题：

◇你认为一个人应该为感到愉快而工作呢，还是应该为了一个能提供高工资但令人痛恨的职位而工作？

◇你认为你受到的教育基本是来自学校以外的途径吗？为什么？

◇你认为改变人类生活的环境以符合人类的要求更重要一点，还是改变人类的态度以符合环境的需要更重要一点？

这样的作文题，能够释放考生的独特个性。怀揣着自己的想法，去完成这么一篇作文，无论写得好还是不好，对自己来说都是一件值得去做的事情。

2. 缺失对象性。

文章是写给谁的？交际才是一切写作行为的本质。作文在本质上是写给别人看的，是要与人交流的。"写作的意义，就在于与人交流。"（王小波语）为什么学生写作时常常落入窠臼，陷入套路？命题缺少交流的对象和情境，考生只能硬着头皮胡编乱造。事实上，考试作文写不像样的学生写起情书来倒是蛮不错的，这里面包含的正是写作的对象性原则。

2016年浙江卷高考作文题：

网上购物，视频聊天，线上娱乐，已成为当下很多人生活不可或缺的一部分。

业内人士指出，不远的将来，我们只需在家里安装VR（虚拟现实）设备，便可以足不出户地穿梭于各个虚拟场景；时而在商店的衣帽间里试穿新衣，时而在诊室里与医生面对面交流，时而在足球场上观看比赛，时而化身为新闻事件的"现场目击者"……

当虚拟世界中的"虚拟"越来越成为现实世界中的"现实"时，是选择拥抱这个新世界，还是可以远离，或者与它保持适当距离？

对材料提出的问题，你有怎样的思考？写一篇论述类文章。

话题是"虚拟"与"现实"，但实际上脱离现实生活和真实世界。太过"虚拟"，因"虚"而"空"，缺失读者意识。写这样的作文，更像是在对着一团空气说话。

2016年全国卷Ⅰ、Ⅱ、Ⅲ的作文题，无不缺失语境，缺失读者意识，没有对象和目的的要求，写这样的作文，更像是一种无聊的"文章制作"。

看几道欧美的作文题：

◇一个本地公司赞助了你的学校一笔钱以资助教育参观。选择一个你们的班级想去的地方。给你的校长写一封信,劝说他同意支付一些钱用于你们的该次参观。

◇生活中有比学校和作业更重要的东西吗?给教育部门领导写一封信,争取学生校外生活质量的提高。

◇向一位没有见过你的房间的同学描述你的房间。你的描写应该包含足够的细节,这样同学们读你的文章时,才能知道你的兴趣、爱好和追求。事实上"屋如其人"。读这篇文章的人会了解到你这个人。

这样的作文,有真实(或拟真)的语境;这样的在具体应用中的写作,心中就有了读者。而眼下不少高考作文题,材料是伪的,命意是伪的,却要求考生写出真,笑话!

我们看一个美国写作教学的例子。[①] 比如"9·11"之后,布什政府在美国国内加强了通信监听的范围和力度,舆论纷纷。有的教师从《纽约时报》节选了相关社论文字:"无论是否处于非常时期,对美国人民的非法监听活动都是对公民自由的侵犯。"教师要求学生从"为什么要写这篇文章"和"目标读者是谁"两方面的分析入手写作。引入生活中的真实事件开展写作,让写作成为充满目的意识和读者意识的自觉的社会交际行为,提高学生的写作能力,更在实践中培养了解决生活问题的能力。

3. 缺失应用性。

我们的作文教学,大都是为了应试,而不是为了满足每一个考生作为公民的生活需要。脱离具体语境,脱离生活实际,脱离现实需要,培养目标虚无,从根本上悖逆了写作的价值和意义,也败坏了写作者的胃口。

2014年天津卷高考作文题:

也许将来有这么一天,我们发明了一种智慧芯片,有了它,任何人都能古今中外无一不知,天文地理无所不晓。比如说,你在心里默念一声"物理",人类有史以来有关物理的一切公式、定律便纷纷浮现出来,比老师讲的

[①] 曹勇军. 美国写作教学的新探索 [J]. 教育研究与评论:中学教育教学版, 2016 (9).

还多，比书本印的还全。你逛秦淮河时，脱口一句"旧时王谢堂前燕"，旁边卖雪糕的老大娘就接茬说"飞入寻常百姓家"，还慈祥地告诉你，这首诗的作者是刘禹锡，这时一个金发碧眼的外国小女孩抢着说，诗名《乌衣巷》，出自《全唐诗》365卷4117页……这将是怎样的情形啊！

读了上面的材料，你有怎样的联想或思考？请就此写一篇文章。

什么"智慧芯片"？"知识芯片"还差不多。连"智慧"与"知识"都拎不清。再说了，用得着"也许"吗？不是早就有了——互联网时代，无所不知，无所不晓，不要说电脑了，一部手机就足够了。不过，百度一下就有的东西，惰性知识、忆记之学那不能叫智慧，也产生不了什么智慧。一个小小的U盘，就可装下一个图书馆，但是，我不知道它自己怎么产生智慧。果真如此，人脑不"死机"才怪呢，还"智慧"！

2015年江苏卷高考作文题：

智慧是一种经验，一种能力，一种境界。和大自然一样，智慧也有他自己的样子。请以此写一篇不少于800字的作文，题目自拟，文体不限，诗歌除外。

格言毕竟只是经验的表述，它经不起学理逻辑的追问。这样的题目大而空，表述不清，不知所云，而且简直是信口雌黄，不讲道理了。"智慧"的词典意义是什么？这样的"格言"式的题目简直是不负责任的误导——考生不用思考了，只管根据"命意"阐释、演绎、例证好了。

如果作文题目热衷于抽象概念与虚假命题的探讨，刻意回避现实的社会与人生，考查的主要都不是社会生活实际运用的真实写作能力，与学生成长的需要关系甚远，那么只能催生"假大空"的文章。功利不可怕，只要功利的方向正确。一切学习最终都是要思考和解决现实生活中的实际问题。如果写作不能为现实服务，为生活服务，写这种作文，又有什么用呢？现实生活中有那么多问题等着我们去思考，何必让考生去写无关痛痒的作文题呢！

看几道欧美的作文题：

◇在你试图说服他人时，"听"是否比"说"更为重要？

◇有人认为科学发明是促进世界文明进步的动力，有人认为恰恰相反，科学发明令人类走向毁灭的危险。你认为呢？

◇请写一篇清晰连贯的作文，就上述"给孩子自由"与"保护他们免受伤害"哪个更为重要的多角度观点，进行评述……请佐以逻辑论证及详细有说服力的例子。

这样的作文题考查的内容与目的都非常具体而且也很明确：题目所提供的，是关于社会或者人生的现实问题；考查的是考生通过写作处理现实问题的智慧与能力。这样的作文题有意识地向实用写作靠拢，将写作训练与社会实际应用写作结合起来。与之相比，我们的高考作文题是不是太小儿科了？

三、结论与建议

我们的高考作文考查目标的偏失，原因是什么呢？中外作文题，表面上看是题目的差异，培养目标的差异，价值取向的差异，背后所映射出的是思维方式的差异，中西文化的差异。

从作文命题看中西文化，我看到的是向内与向外的问题。

西方文化是向外的，中国文化是向内的。西方文化注重外求，中国文化注重内省。西方文化讲究天人相分，中国文化讲究天人合一。西方文化注重向外探求客观世界，重事实、重实证，崇尚理性和逻辑。中国文化强调向内探求主观世界，重感悟、重经验，崇尚直观与体悟。西方文化侧重向外探求、发展和改造世界，中国文化侧重向内反省、内视和修养身心。西方文化张扬个性独立自我，中国文化推崇谦虚含蓄内敛。

SAT（Scholastic Assessment Test），一般译为"学术能力评估测试"，俗称"美国高考"。它的考试目的是考查学生思维品质和学术研究的潜质，考查核心是理性思辨能力。不妨分析下面美国SAT作文命题：

◇妥协折中的办法是解决冲突问题的最好方法吗？

这就是SAT作文：讨论抽象的观点。要讨论的内容针对生活中的事理，特别是司空见惯的常识、感觉、看法或既成的观念，一般是抽象性的，不针对具体的事件。即使是具体现象也要从现象中归纳道理，再对道理进行讨论。

相比而言，我国高考作文的特点是：诗性泛滥，理性匮乏。内容多是感悟型、启示型、教育型，从材料中引申、抽象出观点；感性、抒情型，抒情议论文；云里雾里的哲理文。豪华语言。即使是议论文，材料作文往往评述具体事件，就事论事。就事论事受考生对事件发生背景、细节了解的局限，也受立场的影响，很难有公平的议论，最后往往形成道德至上、政治正确，不得不符合正能量，无法表达个性思考。

中西文化，各有特点。他们的理性精神、逻辑思维和批判意识正是我们所缺乏的。与他者比较，其实就是照镜子，只有通过与他者比较，我们才知道，什么是可以向他者借鉴的。承认、尊重甚至学习不同的文化，才能提高自身。

写作究竟是为了什么？学生将来需要什么写作能力？我们到底要培养什么样的人？我们究竟要考查学生什么样的写作素养？是让人写话，还是让话写人？作文教学和考试难道不应该使学生具备适应未来工作与生活所必须的写作能力吗？写作教学应该培养以公民表达为核心的写作素养，作文考试应该考查考生真实生活中的实用写作能力。

我们的学生就不能写上述欧美这样的作文题吗？我们的学生缺乏对于抽象问题的思考吗？未必，只是我们从来没有真正教过那种样式的写作，没有把这作为衡量的维度、评分的标准而已。高考作文体现一个国家、一个民族对未来人才的心灵期待和精神描画。作文教学与考试，亟待改变的是"文章制作"一统天下的局面，解决"为何写""为谁写""写了有什么用"等问题，解决考查目标偏失的问题。

因此，我建议：

第一，增加注重考查考生的"思考力"和"评论力"的题目。从注重"诗意的表达"转变到重视"理性思辨"、重视理性思辨能力和学术研究潜质考查，从而真正与国际接轨；注重对考生理性思维、逻辑思辨和价值批判的考查；注重对考生个性和创新能力的考查，从而真正与国际接轨。

第二，加强对批判性思维的考查。高中课标未明确提出"批判性地表达"，这不能不说是一个缺憾。我们的高考作文命题普遍缺乏真正的批判性。要想提高公民批判性思维素养，命题者应提供此类试题，如此，提高整个民族的创新精神才不是一句空话。

第三，不设"审题"障碍。高考作文到底是考审题，还是考写作？大部分命题人还没有拎清。审题过难，是对写作本质的一种误解。高考作文应重在考查学生的思维水平和论述能力。简化命题，直接设问，是高考作文命题改革的方向之一。

第四，提高题目的文化品位。不要再出低幼化的无思考力的那种漫画题目了，免得让外国人笑掉大牙。

第五，缩小限制，增强开放性。读国人的相关文章，大多是揣摩"最佳立意"——命题人心中的那个立意。悲夫！

第六，取消"文体自选"。明确论述类文章为主要考试文体。这也是国际大势。

当然，历年高考作文也不乏好的命题，如，阅读"智子疑邻"的寓言，请就"感情亲疏和对事物的认知"这个话题写一篇文章，此等题目就很好。这方面好话别人说了一箩筐，我就不重复了。但我还是想重申这一点：可否把实用、理性、逻辑等纳入高考作文评分标准，从而回到真正写作能力考查上来？我们不能再继续无视一批又一批被奉为典范的"高考满分作文"，实际上却隐藏着巨大的器质性毛病。当务之急，作文题目要逼考生拿出干货来。如此，虚构、假话、文艺腔、小文人调等的作文则休矣。

（发表于《中学语文·上旬》2017年第1期，该文题目被列入本期要目。）

04 由教师招考面试想到的

——虚拟上课及片段"教学"之弊与改进建议

2016年5月21—24日,我参与了某(地级)市教师资格证的面试工作;2016年8月27日,我参与了某县教师录取的面试工作。出现的问题极为相似,这里仅以前者为例,把自己的几点思考坦陈如下,希望能引起相关方面的注意与思考。

一、从面试看教育理念的滞后及其改进建议

1. 考试形式的弊端。

考试形式为"试讲"。"试讲"的要求即虚拟上课,或曰模拟上课,是指教者在没有学生的情况下,把教学过程用自己的语言描述出来的一种说课形式。

近年,教师资格证、教师招聘的面试等广泛采用虚拟上课的考试形式。上课虽然是最好的考试形式,但考生多、耗时长,干扰影响正常的教学工作,学校难以承担。而说课是向评委陈述怎么上以及为什么这么上,俗话说,说起来容易做起来难,这种形式难以看出真实能力。于是便出现了虚拟上课的考试形式。

但是,说到底,虚拟上课就是"无生上课"。有培训者说:"学生是万能的,你想叫他说什么他就说什么。"这可真够滑稽的。要说PPT是万能的,倒还不假。

虚拟上课,说白了是个怪胎,是组织方为节省时间、经费等原因不得已而为之的。虚拟上课,没有学生要当有学生,但是,说课者面对的只是评委,

毕竟没有学生啊。像这类的话给人的感觉不是太过怪异了吗？"这位同学说'……'""那位同学说'……'"，请问，学生在哪里呢？说课者怎么知道学生怎么说？又怎么能代替学生来回答？不妨这样："学生可能这样说……""如果学生说到……"等。改变一下表述的方式，是不是要更好一些呢？

虚拟上课是一出独角戏，明明"演员"只有一人，做到此时无"生"要有"生"都很尴尬，更不要说胜有"生"了。

2. 命题形式的弊端。

题目包括必答题目和试讲题目两部分。请看如下试讲题目：

①向学生讲解《咏雪》中两个比喻句修辞效果的差异。

②以《天上的街市》为例，向学生讲解联想和想象的区别。

③用讲授法帮助学生把握《朝天子·咏喇叭》的写作手法和寓意。

④板书呈现《游褒禅山记》的说理思路并讲析。

⑤设计一个教学环节，帮助学生品味《散步》中的一段话。

⑥设计问题，引导学生理解《羚羊木雕》中"我"的复杂心情。

⑦设计问题，引导学生理解《荷叶 母亲》中"我"的心情变化。

⑧设计情境，导入《陋室铭》一文的学习。

⑨范读《林黛玉进贾府》中的一处语言描写，讲解朗读要点。

⑩指导学生朗读《纪念刘和珍君》中的几个语段。

题目①—④，"讲解""讲授""讲析"，这样的表述，暴露了命题人教学理念的落后。我并非一味地反对讲授法，当讲则讲。但是，讲授并非最好的方法。如，《咏雪》课后"研讨与练习四：用'撒盐空中'和'柳絮因风起'来比拟'白雪纷纷'，你认为哪个更好？为什么？"与题目①相比，孰优孰劣，不言而喻。现代教育的基本原则，就是禁止灌输，保持争论。

题目⑤—⑦，试讲内容均为课文片段，这样的题目，形式是否恰当呢？局部是整体的一个有机组成部分，整体功能大于要素之和，这是系统论的基本原理。语文学科与其他任何学科都不一样。一篇文章，是一个不可分割的有机整体，整体的效果，一般不宜拆开来分析，上下文是相互解释、相互印证，也相互生发的。我们不能砍下头来，研究开头；砍下脚来，研究结尾。

"词不离句，句不离段，段不离篇"乃常识。品味其中一句话、一段话，要把它置于整篇文章中，回归到它所在的语言环境中。人为地割裂、机械地分析，难免让考生陷入孤立、片面思维定式的境地。肢解课文，片段"教学"，是不正常的畸形的考试形式。我们不能图方便，而违背了语文教学的本质。命制这样的题目，实际上是不懂语文教学。他们不知道自己在做什么，语文教学不是那么整。

题目⑧—⑩，为导入而导入，为朗读而朗读，我不知道，像这样的题目，怎么考核出"思维品质""教学设计""教学实施""教学评价"的评价指标来。

例子不胜枚举，兹不赘述。

3. 改进建议。

如果是教学"片段"，则未尝不可。可否寻找一种"模拟上课"与"上课"的中间地带呢？我曾参与过某县直学校从全县乡镇在编教师中招聘的面试工作。形式是：参考教师从一整篇课文中选点教学，有学生的真实上课，时间10分钟。这样，每人都可以大显身手，充分展示自己的水平。

二、考生堪忧的语文素养及其对师范教育的建议

整体来看，师范院校中文专业学生的语文素养，着实堪忧。某市本次面试，中学组的考生主要来源于某市的两所高校：某师大和某学院。单从我参与的某场一百余名考生来看，其中某师大的考生通过率不高，还不如某学院。作为读中文的大三大四的本科生以及研究生，读错音、写错字、讲错知识点、语言表述用词不当、文言文基础薄弱、思维混乱、缺乏基本的教育教学素养者，比比皆是。失误最多的是不看题目，不会审题。请看如下试讲题目：

①设计问题，引导学生比较《羚羊木雕》与《反悔》）两种结尾在写法上的优缺点。

②以《春》中结尾的三个句子为例，讲解比喻的修辞手法，设计练习引导学生仿写。

③设计活动，赏析课文，体会窦娥鲜明的人物形象。

④设计问题,引导学生多角度立意。

……两千年后,德国大哲学家黑格尔听到这个故事,想了想,说了一句名言:"只有那些永远躺在坑里从不仰望高空的人,才不会掉进坑里。"

抽到类似上述题目的好多考生,缺乏基本的审题意识,试讲内容与试讲题目,南辕北辙。更让人啼笑皆非的是:约三分之一的考生,朗读环节是:听老师范读课文。答辩时,我问一个读研一的考生,什么是"范读"?答曰:"范读"就是有感情地朗读。——"范读"只是写在备课本上的一个教学环节或步骤,课堂上怎么能这样来用词呢?"范读",即指示范朗读,有"模范""规范""典范"等意思,就是中央台播音员,敢这样称自己吗?再说,没有多少感情的文章,像说理性的议论义和平实的说明文等,非抒情性的文本或抒情成分较少的文本,怎么读出感情来?文本不同,它是什么味儿,则尽量地读出什么味儿。一个抽到题目③的读大四的考生,一听就是没有研读课文,我就问她,窦娥的父亲是谁?答曰:关汉卿。——不知道她高中是怎么上的。抽到题目④的一个大三的考生,她的立意之一是:水坑——失败;高空——成功。还有比这更离谱更让人无语的呢,我只好这样问:请你对本次试讲作一个简短的自我反思和自我评价。

这不得不让人追问,师范教育到底怎么了。因此,我建议:师范院校,对在校学生,应加强教学理念、教学解读、教学设计、教学艺术等的教学。使得师范教育接地气,使得在校学生学到真正有用的东西。同时,教育者也应提高自身素养。

三、 考生面试情况及其对规范教育培训的建议

如,回答必答题,召开班会,几乎成了万能答题法。鸡毛蒜皮的小事,班里每天都在发生着,动辄开班会,教学工作还做不做了?相当一部分考生,一进门就开始了从培训机构训练出来的一大堆所谓"礼仪"的开场白的套话,考官哪有时间哪有耐心一个一个听你废话?考官提醒你怎么做你就怎么做,这就是礼仪。这都不懂,什么礼仪培训,那是蒙人的。讲完记得擦黑板的都少之又少。

答辩时，我曾问过一个考生，你参加过此类培训吗？（参加过）多长时间？收费多少？（回答此略）你觉得效果如何？（好像没有多大作用）为什么呢？有几个培训机构的培训者也参加面试，其他方面且不说，不看题目要求，自然不能通过了。作为教育培训人员，没有教师资格证（有的话还用参加考试吗），更不要说一线教学实践经验了。此等人员，怎么有资格担当培训者？

或见有利可图吧，目前，市场上各种此类培训机构铺天盖地，各种答题模子、套子满天飞，无益甚至有害。其中，相当一部分培训者，根本就不懂教育教学。

有朋友邀我个别辅导过，从试讲情况看，一张口就是套子，经了解，这些考生大都在培训机构受训过。怪不得教学视导中，发现某些新入编的教师教学模板化、套路化。我一一矫正，也不知能多大程度上消除此类培训对年轻教师成长的危害。

当然，也不乏优秀考生，但人数很少。这些考生，将是教育的希望所在。

如，一个考生抽到的题目是：设计活动，对学生进行审题指导。作文题：我微笑着走近你。该考生除了引导学生分析了题目中的"我""微笑""走近"，还重点分析了"你"字的多种指代，指导到位。且整个活动设计思路清晰、层层推进、简明实用，语言表达也很好。再如，一个考生抽到的题目是：指导学生在理解诗歌内容的基础上背诵《春夜洛城闻笛》。其中一个环节，该生在直译的基础上又往前走了一步，意译，且意译很有诗意，并在此基础上引导学生比较两种译法。意译虽然是代替学生回答的（毕竟是无生上课），从中可见其比较深厚的语文功底。该考生讲出了诗歌的韵味、语文的味道、中国语言的特点和自己独特的体味。至于板书的工整，表达的流畅，就不多说了。这样的考生还有一些，可惜不多。

经答辩了解，这些考生目前正在实习。教师资格证面试是如此，教师招聘面试也是如此，这里就不细说了。若说培训，中等程度以上的考生需要指点的主要是基本的路子等方面，具体操作还是实践出真知。真正的能力，未必是被"培训"出来的。

我的建议是：作为教育主管、工商行政管理等政府相关部门，应规范市面上主要以营利为目的的培训机构,提高其门槛和经营者的资质;作为考生,最好是有教育教学实践经历,因为,教学是一门实践性的课程。

教学评价的一个根本原则就是教学效果。虚拟上课虽然有其特定的意义与价值,但终究还是无法体现反映实际上动态变化着的课堂的,充其量只是模拟实际课堂教学情境的演课,无异于纸上谈兵。至于笔试,考的是死的知识,更难以选拔出优秀教育人才。

虚拟上课、片段"教学"的弊端,显而易见。课上本无生,言中要有人,看考生装模作样,作为评委,听考生试讲,觉得真是够滑稽、够怪异的。但是考试规则之下,考生身不由己,无可奈何,但是作为政府主管部门,不能就这样让它怪异着吧?

官方规定的"试讲"到底是啥样的?我觉得有必要审视一下。我拟了下面一个试讲稿,大家一看便知。——我自拟的题目是:引导学生读懂《那片绿绿的爬山虎》题目的内涵。题目避免了片段"教学"的弊端,也努力做到心中有学生,把"戏份"做足。

大家再看题注——注意"有改动"三个字。

(PPT 出示)资料袋一:那片绿绿的爬山虎——怀念叶圣陶先生

看了这个材料,你明白了什么?——噢,你说,看了副标题,明白了这篇课文是肖复兴为了纪念叶圣陶先生写的回忆文章。真聪明!我们再看——

(PPT 出示)资料袋二:

那时候,我刚刚读过叶老先生写的一篇散文《爬山虎》(课文题目为《爬山虎的脚》——笔者注),便问:"那篇《爬山虎》是不是就写的它们呀?"他笑着点点头:"是的,那是前几年写的呢!"

可见,把《爬山虎的脚》和《那片绿绿的爬山虎》编在同一册,这正是编者的匠心呢。(板书)"那片"。

作者仅仅是写的"爬山虎"吗?"那片""爬山虎"到底是指谁呢?——噢,写的叶圣陶先生。

读课题,重读"那片"。

"那"说明什么?——这不是他看到的,而是他想象的。多会读书的同学啊！"那"说明离我们很——远，时间也很——远！一个"那"字透着回忆和怀念呀！

那么，"绿绿的"又是形容谁呢？——对，形容、象征叶圣陶先生。

（板书"绿的"。）哦，掉了一个字。（板书第二个"绿"。）

读课题，重读"绿绿的"。

两个"绿"和一个"绿"有什么不同呢？——哦，两个"绿"，也更充满了生机，更充满了希望。音韵和谐，一片深情。

说得真好！"绿绿的"是一种——精神和品质。是的！美的景色与美的人格完美融合！这就叫"借物喻人"——做个笔记。

是怎样的精神和品质呢？速读课文最后一段，用作者的一个词来说——堪称楷模。

（板书）对！你能用这个词造句吗？——你造的句子非常好，可见，你读懂了这个词的意义。

同学们，正是叶老真诚的鼓励与热切的期待，使15岁的肖复兴心里充满了对从事文学事业的信心。他这样写道：

（PPT出示）一个偶然的机会，能够改变一个人的命运。

我15岁时的那个夏天意义非凡。在我的眼前，那片爬山虎总是那么绿着。

1988年，叶老先生去世了。但他永远绿在作者的生命中。1992年，肖复兴满怀深情地写下这篇文章。让我们再一次齐读课文最后这句话——"在我的眼前，那片爬山虎总是那么绿着。"

多年过去了，作者一想起叶圣陶先生，就仿佛又看到那片绿绿的爬山虎，就会想起叶老的教诲。来，让我们和作者一样，以无比怀念的心情，齐读课题——那片绿绿的爬山虎。

"在我的眼前，那片爬山虎总是那么绿着"。让我们把这份情，浓缩成一份永远抹不去的回忆，化成一声声深情的感激和永远的怀念，再读课题——那片绿绿的爬山虎。

希望拙文能引起相关方面的注意与思考，探索进而改进此类考试。

第二编　观课评教

　　本编所点评的课例，有的采于大学教授（李华平《背影》），有的采于特级教师（吴庆林《孔乙己》），有的出自教研员之手（强海燕《口技》）。我分别从不同层面，做了实事求是的评价。其实，教学中的失误也是一笔宝贵的财富，下面谈到的个别课例中的某些问题，或许更能给予读者某些有益的启示。为尽量呈现课例原貌，故大都采取了述评的形式。

　　当然，我的评点意见也不一定合理，我仅是提供观课评教的一个视角而已。

05 人间正道是沧桑

——李华平教授《背影》课例述评

［近年，韩军、李华平《背影》之争，掀起了轩然大波，是语文教育研究史上的重要"关键事件"，其参与者之众、影响面之广、持续时间之久前所未有。不计二人争鸣的文章，仅围绕这场争论在专业刊物发表的文章就难以计数。我无意介入这场争论。2015年10月27日，李华平教授"应战"，执教了《背影》一课。李华平上了一堂什么样的《背影》课呢？文章对该课例做了实事求是的评价。］

"正道语文"首倡者四川师大李华平教授，是我景仰的语文大家，其《背影》一课，可圈可点之处甚多。兹循视频教者的教学流程（笔者所做的简要笔录），作一粗略的评析。

一、插评

（一）课始环节。

1. 学习箴言。教学伊始，让学生把握重音（既然该重读的关键字PPT上都突出显示了，也就没必要多此一问了吧）朗读教者自创的箴言："真正的人才是跳出来的，不是挑出来的；人生的机会是抢出来的，不是等出来的；语文的味道是品出来的，不是吞出来的。"这不仅仅在于教学范畴，已经有了教育的视角。大师出手，卓尔不凡。我揣摩，教者的这个环节，应该是个热身活动（属导课的范围），是为了激发学生言说的欲望，以期学生能踊跃发言。借班上课，课前的热身活动确实需要。教者非常注重学习兴趣的激发、学习习惯的培养。不过，形式可取，内容欠妥。此箴言毕竟与《背影》没有任何内在的逻辑关联，用在任何一节语文课上都是可以的，有点"言"不对题，大而无当，导而不入了。至于第四句"潜心会本文"，应该既是要求，也是方法，更是目的吧？纵观本课，好像也没有真正落实到位。

丁卫军老师《背影》的课堂前奏（简录）是这样的：

师：……预习时，你关注了这一组词吗？……

PPT：祸不单行　满院狼藉　惨淡　赋闲　踌躇　蹒跚　颓唐　情不能自已　琐屑　情郁于中　大去之期

师：……谁来说说朗读后的感受？

生1：惨淡。生2：凄凉。生3：伤感。生4：心里感觉很灰暗，压抑。

师：是的，老师读了以后感觉有一种说不出的沧桑感。也许还真没有一篇课文的重要词语集中在一起会给人这样的感受。……

丁老师选择的"劈"入文本的这个"楔子"，一开始就营造了一种与文本情感基调相谐和的氛围，把学生"摁"进了文本里，使学生初步感知了文本。具体而微，切近文本；单刀直入，也节约了时间。

2. 挑选方案。热身之后，教者PPT出示了三套学习方案，让学生"自由"选择，意欲给学生学习主动权。这个出发点和初衷都是很好的。但是，请"生"入瓮，"民主"的外衣不要也罢。从教学视频中可见："我给大家说说层次吧……（有暗示方案二难度适中的意向）我觉得这个（指方案三）放下一节课试试……然后，从一、二里面选一个……"，这"是对学生学习权的尊重"[1]么？让学生举手表决，徒有形式罢了（学生也不傻啊）。究其实，还是教者个人意志的体现。在该班，有没有"下一课"，我不得而知。如果没有的话，此环节就不免有噱头之嫌了。并且，"指向文体阅读能力的阅读学习；指向一般阅读方法的阅读学习；指向写作能力提升的阅读学习"，三者互有联系和交叉，也不宜割裂吧。而且，也难以起到"投石问路的作用"[2]。

---

[1][2] 李华平. 我为什么这么教《背影》, http://blog.sina.com.cn/s/blog6f4de6e80102vzlv.html.

拙见：前两个环节皆似在打"外围战"①，也耗费了大量的时间。不是必不可少的，可要，可不要。

（二）主体教学环节。

1. 初步感知，彰显散文体式特点。

教者先后呈现了下面两个问题：

PPT：一、初步感知，了解大意

1. 这是一篇____。（体裁）

2. 这是一篇____。（内容＋体裁）

（交流过程略。）

李教授说："我的课，就是要循着散文体式特点教学生学散文。"② 并且在课堂上也一再强调"辨析文本体裁是学习文本的第一步"（进而掌握这一类文章的学习方法），这个观点我基本赞同。（补充一点，散文教学还是先要把"这一篇"的独特之处教出来。至于注重文体的教法、注重作者的教法、注重内容的教法、注重读者的教法，无所谓孰优孰劣，各有利弊，互补才平衡。这几种课都需要，它们会在不同的层面发挥不同的作用。好的语文课应该是兼顾和融合，而不是各执一隅、偏执一端。）这个环节，教者对学生发言语言表达上的问题，绝不放过，指导得细致到位。不过，目标设定，有些大，难免被束缚住了手脚；况且，也难以验证（运用、迁移），教学效果上的折扣也就在所难免了——不能具细化就很难谈效果。语文的学习大多情况下不是举一反三，举三反一也就不错了。"语文学习的方式应该是反三归一，通过大量的阅读，最后感悟出点儿什么，是从量的积累到质的突破。所以我们必须改变靠讲一篇文章，就希望学生把好多文章都搞明白，语文素养就会大大提高的认识。"（李希贵语）

---

① 李华平. 映射在"背影"上的是什么？——朱自清《背影》教学解读［J］. 语文教学通讯，2015（118）.

② 李华平. 我为什么这么教《背影》，http:// blog. sina. com. cn/s/blog6f4de6e80102vzlv.html.

2. 了解背景，"开而弗达"亦正道。

PPT：二、筛选信息，了解背景

1. 写作背景。

师：这个文本是什么情形下写的？请从文本里面找答案。

（前三生找的不合要求。）

生：（读朱父的信）作者触感伤怀才写了这篇文章的。

师：这句话，我们一起读读……

PPT：第七自然段中的朱父之信。（此略。）

（生齐读。）

师：实际上写这篇文章的出发点，就是作者父亲的这封信。父亲这封信有什么样的神奇之处呢？

（三生的回答都不得要领。）

师：看来这个问题有点难度，刚才几位同学的回答，我觉得都还没到位。这样吧，我看还有这么多同学举手，我想把这个机会暂时放一放好么……我们一起再来看看，父亲这封信到底说了什么内容。

（教师领着学生分析信中的矛盾之处进而发掘其言外之意。）

生：我通读文章之后发现，"父亲"是一个不太善于言表的人，这可以从他说的一些很简单的话，比如说，"我走了，到那边来信！"发现父亲可能是一个在儿子面前不太会表达他的爱意的人。所以我觉得，这里可能是有一点想表达他对儿子一些思念的意思，比如说，"哎呀，你再不回来看看我，我都要挂啦。"（众笑）他有些想念儿子。

师：你来模拟一下父亲，"儿子，我想你了……"

这个环节，将学生的目光聚焦在"父亲"的书信中，不旁逸斜出，以一封信撬动了学生学习的情感支点。如李教授所说："应首先到文本内部去寻找。'悬置'有关作者的情况……致力于'向内转'——尊重文本，沉入文本，与文本深度对话。"[1] 也如陈明渠老师所说："从文本语言的矛盾中探寻写

---

[1] 李华平. 映射在"背影"上的是什么？——朱自清《背影》教学解读 [J]. 语文教学通讯，2015（11B）.

作背景。"①"这个文本是什么情形下写的？请从文本里面找答案。"教师这一问法虽然宽泛，但可找的点毕竟不多，所以学生还是找到了。教师继续问"父亲这封信有什么样的神奇之处呢？"由于"神奇"一词的指向性不明，学生虽积极发言，但回答不得要领亦在情理之中。既然"还有这么多同学举手"，不知教者出于什么样的考虑，为什么要"放一放"呢？为什么不相机诱导或者修正问法（这封信有没有矛盾的地方）呢？而下面的时间段，牵引的痕迹太重，教者领着分析，这仍是一种被动的学习。关于朱父信中的矛盾，让学生自主发现不是更好么？告知太多，则生成太少。教者"你来模拟一下父亲……"，则未免画蛇添足了。关于信的言外之意，教师分析之后，最后那个女生的回答已经非常到位了，教者非得让她再按照自己的套路（"儿子，我想你了……"）来说，她一个女孩子不好意思这样说，教者一再催逼……我实在琢磨不透有什么非此不可的理由，再说，完全可以换个男生啊。

PPT：2. 故事背景。

师：父亲是在什么情形下为我买橘子？请完整表述。

（表述过程略）

师：丧母、失业，这双重打击，作者在文中用了一个词语来表示，是哪一个词语？

生：祸不单行。

师：对。我们把这两段连起来读……

PPT：第二、三自然段。（此略。）

（生齐读。）

PPT：祖母死了，父亲的差事也交卸了……

家中光景很是惨淡：

花厅上只剩下几幅清人的字画，一张竹帘。往日的巨大古钟，朱红胆瓶，碧玉如意，板桥手迹早已进了当铺，满院枯枝败叶，一派萧条景象。

师：这就是当时的家境的惨淡。请大家一起读，把那种惨淡的感觉读出

---

① 陈明渠. 坚守语文正道，撬动学生学习——听李华平先生《背影》课有感，http：//blog.sina.com.cn/s/blog6f4de6e80102vzlv.html.

来，还要把人物经历这样惨淡的情形的那种心境读出来。

（指导学生反复朗读。）

师：当你看到这样惨淡的情形的时候，你心中有一种什么样的感受？

（学生谈感受。）

这个环节，朗读充分。"李老师补充的材料，让'惨淡'的画面更丰满，让'惨淡'的情感更丰厚，为激发学生的情感打下了坚实的铺垫。"[①] 是的，而且，材料用得少而精。"从文本语言的矛盾中探寻写作背景"，而关于"惨淡"的内涵，李教授不也是"精选课外材料解码语言内涵"[②]么？——但，这也没有什么不妥啊？而且，这个材料呈现的时机也非常恰当——若能"到文本内部去寻找"，从"惨淡"一词的语境中去寻找，那就更好了。

PPT：就在这样惨淡的背景下，父亲送我……

第四自然段。（此略。）

师：哪位同学来把这一段读一下。

（一女生读——该生是发言的学生中读得最好的一个了。读得很深情，重音把握得极准!）

师：读得挺好。大家把掌声给她。

（边讲边出示：不放心——不要紧——不容易）

结合惨淡的家境，品读这一段，"父亲"对"我"的爱就很好理解了。教者出示的课件中，三个"不"清晰明了。这一段的意脉是：作者先用父亲的"忙"与"我"的"游逛""勾留"做对比——这些实字凸显了父亲的"不容易"；然后，作者不厌其烦地交代：两个"再三"、两个"终于"、两个"踌躇"，它们和"甚""怕""颇"等相互呼应，相互映衬——这些虚字让《背影》的情感回环跌宕，绕梁不绝。我不明白的是：教者为什么不依乎文理引导学生"潜心会本文"呢？

无论是从文本内，还是文本外，"了解背景"（用时占了半堂课），只是殊途而已——有必要作为一个独立的教学环节么？人为地截弯取直，刻意设计

[①②] 陈明渠. 坚守语文正道，撬动学生学习——听李华平先生《背影》课有感，http: //blog.sina.com.cn/s/blog6f4de6e80102vzlv.html.

最短路径,直指背景,是否是最好的选择呢?"写作背景……放在学生解读文本最需要的时候,或者说是离开背景不行的时候……"① 相机穿插,"雪中送炭"。我更认同这样的主张。

3. 把握内容,慢慢走,欣赏啊。

PPT:三、提炼信息,把握内容

自读第五、六自然段,概括一下,写了什么?

用"父亲为我(　　)"的方式概括。

(学生回答后,PPT出示——)

父亲为我(讲价钱)　　不

父亲为我(拣坐位)　　容

父亲为我(买橘子)　　易

遭受双重打击下的父亲,却为我……

师:就在这样惨淡的背景下,父亲心里满满地装着的还是"我"啊!

教者再次训练学生的概括能力,再次强调父亲的"不容易",不给人任何拖拉的清爽之感……(后文详谈。)

4. 细读文本,咬定"不"字不放松。

师:而今八年过去了,儿子才想起这样的事情,他是怎样的情感呢?

PPT:四、细读文本,体会情感

第一自然段。(此略。)

师:第一段往往蕴含最重要的信息。这句话里面你觉得最体现了"我"的思想情感的是哪个词?

(几个学生的回答都不到位。一男生用龙应台的话作解,学生自发鼓掌。教者表扬。)

师:不过,这个地方,最能表现作者思想感情的词语,是另外一个,哪一个呢?

(一女生回答,还不到位。)

---

① 朱则光.《我用残损的手掌》教学实录及观点阐释[J]. 语文教学通讯,2006(2B).

师：转换一下，这句话能不能用我们现在的话来说一下，怎么说？

生：我跟父亲已经两年没有见面了……

师："不"跟"没有"是不是一样？

生："没有"只是陈述客观事实，而"不"更表现了不能相见让作者非常无奈的这样一种现实。

师："不"字还有另外一种意味，什么意味呢？我们要理解这份情感到哪里去找呢？

生："不"强调了一种浓浓的亲情、深深的怀念和思念，跟最后一句话的情感相呼应。

师：能够把这个"不"字理解透的同学，可以写一篇小文章。理解这个"不"字所反映的情感，答案就蕴含在最后一段。我们一起读读。

（引导学生读最后一段。）

师：这个"不"字到底要表现作者什么样的情感？我相信一定有同学会写一篇很漂亮的谈这个"不"字所表现的"我"的情感的小文章……大家有没有信心呢？

生：（齐）有！

文本中隐藏着一对父子的情感战争。"这个'不'字是跳进文本中的噪音，泄露了父子之间曾经有过比较激烈的矛盾冲突的事实……理解了父子不和、儿子自责这些直接跳进文本的噪音，可以帮助我们更深刻地理解作者复杂而深沉的思想感情。"[①] 但是，教者必要的背景资料的铺垫不到位，学生怎能不一头雾水，自然找不出是这个"不"中蕴含了作者复杂的情感了；教者心中早有定论，但"这句话里面你觉得最体现了'我'的思想情感的是哪个词"这个问法，也过于宽泛，难怪学生头上一句，脚上一句，不入教者"彀"中了。直接抓"不"，自然一抓就乱了。王君老师用"我与父亲不_____相见

[①] 李华平. 映射在"背影"上的是什么？——朱自清《背影》教学解读 [J]. 语文教学通讯，2015（11B）.

已两年余了"① 填空的方式，间接抓"不"，效果不错。值得称道的是，一番受阻之后，教者立时调整："用我们现在的话来说一下。"学生自然会用"没有"来替换"不"，终于打破了僵局。接着教者重锤敲打这个"不"字的意味。这个片段，课堂对话比较成功。但本环节，教者没有继续领着学生向文本更深处漫溯，只是分析了一下首段，读了一遍尾段。"一篇好文章的立意常常是弥散的，浸透在语言里，分布在文章的方方面面，而不是隐藏在一个地方。"② "我们还需要注意，朱自清《背影》是一篇回忆性散文，作者所要表达的情感是贯穿于全文的……这是文本解读整体性原则的需要，是我们必须遵循的。"③ "细读文本，体会情感"，我不把握，这是否需要贯穿于阅读教学的主体环节呢？

"筛选信息"，意思是筛选背景信息，而"提炼信息"则与"潜心会本文"不相宜、不合拍吧？起码也是冲淡了散文学习的情味，破坏了散文学习的氛围。这四个环节用时情况大致是：了解大意，约 8 分钟；了解背景，约 22 分钟；把握内容，约 2 分钟；体会情感，约 11 分钟。时间分配是否合理呢？

（三）收束环节。

课堂小结，又捋了一遍教学环节；再读箴言。强化认知，首尾圆合。但是，窃以为，难以契合文本，还是和文本有点隔，且收束乏力。我个人更欣赏这样的结课：自然照应并深化课堂的主问题——不是结束，而是又一种开启，收束精进余韵长。

二、总评

李教授《背影》课例的亮点，前已述及，兹不赘言了。有几点想法于此坦陈：

---

① 王君. 生之苦痛与爱之艰难——《背影》教学实录及悟课 [J]. 语文教学通讯，2014（11B）.

② 王本朝. 歉疚与忏悔：在父子情深的背后——《背影》的心理分析 [J]. 名作欣赏，2003（3）.

③ 李华平. 映射在"背影"上的是什么？——朱自清《背影》教学解读 [J]. 语文教学通讯，2015（11B）.

1. 屏蔽不如去蔽。

文本研习，资料、链接、背景、"外援"等（我执教《都江堰》，将其定位为"助读"材料）用不用？如果不用，用文本本身的话用自己的话，把文本讲深讲透讲活讲实，当然最好。比如，肖培东老师执教《斑羚飞渡》，就不用"外援"。这个文本较为浅显，可以说是一览无余，与《背影》等最主要的区别，就是它的"背后"没有多少东西。作者所要表达的所有一切，都在它的文字表面上了。我解读、执教《斑羚飞渡》也不用"外援"，更没必要用。同理，执教朱自清的《春》，也用不着。

但是，也不能一概而论。有些文本，表达了特定时期特定情况下特定的情感，像朱自清的《背影》，一点不用，学生也难以深入文本，"更深刻地理解作者复杂而深沉的思想感情"。"从文本语言的矛盾中探寻写作背景"，只是一种方式而已。背景资料用与不用，用多用少，应依据文本而定，无所谓孰优孰劣，学习效果才是衡量标准。辅以资料是为了更好地理解文本，帮助学生走进文字深处。王荣生教授说："散文是真实的人与事的抒写，不联系被写的人与事，自然谈不上对散文的理解。但是散文更是作者真情实感的流露，离开了写作的这个人，更谈不上对散文的理解。"[①] 据我所知，教学《背影》，特级教师王君、黄厚江、丁卫军等就用过，效果也都不错——正是向学生提供了丰富的背景资料，才使得学生对文本的理解更深入了一层。

"也正因为本文作者的情感想要让读者也知道，所以必须把一些太私密的信息过滤掉。教师解读文本的时候，对这些私密信息可以了解，但引入课堂则要审慎……这与作者过滤掉个人私密信息的意图相悖，又与表达自己对父亲愧悔之情的意图相悖。"[②] 这个"过滤"还有一层原因，那些"信息"父子心照不宣了，更"不足与外人道也"，这是表达上的极力克制（不可明言，子为父讳，自然之理），收放有度。教者解读上的示范引领不可或缺。既然"要

[①] 王荣生. 如何确定散文的教学内容 [J]. 中学语文教学，2011 (1).

[②] 李华平. 映射在"背影"上的是什么？——朱自清《背影》教学解读 [J]. 语文教学通讯，2015 (11B).

把教师的思维过程呈现给学生"①，李教授《〈背影〉教学解读》引入了不少背景资料，为什么不能"审慎"地"引入课堂"呢？屏蔽不如去蔽。"这些隐含的信息，如果不能跟孩子揭示，那么语文课势必处于'浅阅读'的状态。"② "《背影》的成功，就在于直面了这样的晦暗和阴沉。无数的成熟的读者，正是在这样的'审丑'中反而获取了文学的快感。"③

"一首好诗或一首好词，大概都有它的本事或历史事实，我们如果不知道，往往不能充分领会到它的好处。"（夏丏尊、叶圣陶《文心》）《背影》的"潜台词"极深，不要说现在的孩子，就是语文老师，要真正理解《背影》这篇散文，不借助该文本的前文本、潜文本，也是很难读懂其中夹杂着的复杂的情味的。"只是用今天的眼光去观察是不行的，必须放到产生这些作品的时代（历史）背景中去。"④ 诚然，"文学形象来源于生活，又高于生活。"⑤ 但前者是前提，是基础。没有"源于生活"，何谈"高于生活"？还原、沿波讨源，本就是文本解读的应有之义，这与"把这个文本'坐实'"⑥，好像不是一回事。"《背影》所传达出来的'沧桑感'是沉重的，它潜隐在作品的字里行间。"⑦ 比如，"我与父亲不相见已二年余了"，原因是什么？"他待我渐渐不同往日"，为什么？"他终于忘却我的不好"，"不好"又从何而来呢？"哎，我不知何时再能与他相见"，更让人费解……学生难道就没有这些与我类似的疑惑吗？不借助背景资料，何以深入作者的情感世界？当然，这不是关键。但是，教者却链接了一则无关紧要无足轻重文中介绍已经很清楚的关于"惨淡"的材料，也是本课中唯一一则课外材料。我搞不明白，是何道理？

---

① 李华平. 我为什么这么教《背影》，http://blog.sina.com.cn/s/blog6f4de6e80102vzlv.html.

② 王益民. 语文课要"贴着学生飞"——以《背影》为例 [J]. 语文教学通讯，2015（9B）.

③ 王君. 生之苦痛与爱之艰难——《背影》再读 [J]. 中学语文教学，2011（11）.

④ 孙绍振. 语文文本分析的七个层次 [J]. 语文建设，2008（3）.

⑤⑥ 李华平. 映射在"背影"上的是什么？——朱自清《背影》教学解读 [J]. 语文教学通讯，2015（11B）.

⑦ 倪文尖. 《背影》何以成为经典？——"超保护的合作原则"及其他 [J]. 语文学习，2002（2）.

不过，展示朱自清父子的矛盾，是解读《背影》的关节。《背影》一文其实是儿子献给父亲的忏悔录，是朱自清父子之间长期冷战关系的解冻剂。适度的资料链接，未尝不可。"解读行为允许暂时离开文本到作者身上去找答案，但必须受文本的制约，要落脚到文本上。"① 李教授的处理，"不求甚解"，屏蔽掉，放过去，我不反对，只是感觉终究还是与文本、与作者的心隔了一层。

2. 守正先需固本。

"遗憾的是，不少教师老是抓住父亲买橘子一段大做文章。"② 其实，避开也好，不提也罢，这样目标指向更单一，课更干净利索！但是，教学内容虽精要，是否精当呢？窃以为，是不是过于超拔了？过而不入，强行跨越宜思量。

本课例，望父买橘、四次流泪几乎没怎么着力，一掠而过。这样简单的处理，使得本血肉丰满的人物形象变得干瘪刻板。没有望父买橘，就不成其为《背影》，该细节是本文的灵魂。避而不谈，这对《背影》来说，是不是一种浪费呢？守正，先需固本强基，落实编者意图。人教版教科书（从视频中学生用书的插图可见本课所用教材版本）该单元导读是："了解叙述、描写等表达方式，揣摩记叙文语言的特点。"

"简单"和"简约"不是一回事。李教授在解释"为什么不重点教父亲买橘子的那一段"时说："这一段并不是作者表意的重心所在……而父亲买橘子一事，只不过是作者情感抒发的载体。"③ 但是，毕竟，学生要学的是《背影》这篇散文，不能一心为了教"散文"，而和它的"载体"剥离、割裂开吧？皮之不存，毛将焉附？"就是要循着散文体式特点教学生学散文"，课不是上给别人看的。我以为，目标指向还是不要过于彰显，尽可能地隐藏教学意图，

---

① 李华平. 文本解读：理解"作者的理解"[J]. 中学语文·上旬刊，2013 (7).

② 李华平. 映射在"背影"上的是什么？——朱自清《背影》教学解读 [J]. 语文教学通讯，2015 (11B).

③ 李华平. 我为什么这么教《背影》，http://blog.sina.com.cn/s/blog6f4de6e80102vzlv.html.

借助文本这个"载体",不露痕迹地做足达成目标的功夫就行了。

"文学文本解读是要提升审美能力的,是要受到美的情感的熏陶的。"① "突出背影,是这篇散文成功的一个主要因素。"(《教师教学用书》"课文研讨")"背影的表现角度选得好"(《教师教学用书》"有关资料":凌焕新《从〈背影〉看散文如何选择表现角度》),角度精巧,这是一个美点,"父亲的慈爱和迂执,艰难和努力,困顿和挣扎,都凝聚在背影上;父子之间分离时深沉的爱也倾注在这一点上。"② 这正是教学上值得"抓住"的东西——而"他对父亲的正面印象也许并不很深……不敢、不好意思正面直视父亲,只能满怀深情地注视着父亲的背影,也只有对着其背影,他的情感才能自然流淌。"③ 好像有穿凿附会、身体穿越(写望父买橘的《背影》,那是八年之后的事了)和过度阐释之嫌吧?再说,这个观点拾人牙慧④,也不新鲜了。这堂课连"背影"好像都没怎么涉及,窃以为,无论怎么上,都应该顾及这个"文眼"吧。

我也并不主张而且反对"淡化文体"。无论是阅读还是写作,文体的"人格"都非常重要。不过,我觉得,小说和散文有相通的地方。望父买橘的细节是描写,描写没有散文中的描写和小说中的描写之分吧。这类的细节描写,在具有故事性的写人叙事的散文与小说中,不易区分,也没有必要作泾渭分明的辨析。

其实,谁也没有权力、资格(除了课标——不知人教版教科书该单元的导读是否符合课标)要求别人非要教什么。不过,《背影》的"背影"是清晰的、矗立的,李教授的课留给人的却是一个模糊的、缥缈的"背影"。

话又说回来,面面俱到恰恰面面不到。李教授大胆取舍,极具魄力。我揣摩,除了"不是重心"的观点外,李教授可能是估计望父买橘属学生能知能感的,只需"把握"而不必提升的内容吧?不过,油水分离,不如水乳交融。若能水乳交融,化盐于水,则相得益彰。

---

①③ 李华平. 映射在"背影"上的是什么?——朱自清《背影》教学解读[J]. 语文教学通讯,2015(11B).

② 肖培东. 欲说当年好困惑[J]. 语文学习,2015(12).

④ 董水龙. 追寻远去的父爱——我教《背影》及思考[J]. 语文学习,2008(1).

3. 简政放权奈若何？

"这种在文本外围'打游击'的现象，常常出现在老师们的课堂中。"① 但李教授所言"潜心会本文""与文本深度对话"，至少我没怎么看到。川师附中学生素质应该不会差了，并且，李教授也"上语文示范课150余次"（百度百科：李华平），而本课何以缺乏较高质量的课堂对话和生成呢？除了一课时时间的限制等客观原因外，窃以为：一是不敢放手，对话情景营造得少了。二是跟着课件（问题封闭，缺乏张力）线性结构静态的预设走，促狭逼仄，失之灵动。三是感觉讲得多，抽出而讲之，也不够通透，也似"挑出文本中的一些关键句子让学生赏读"。② 给人的感觉，有些时候也是在打"外围"战。学生思维的触角探入文本尚浅，亲近义本的力度还不够。四是也许教者不拘小节吧，教学用语不够简要。感觉李教授课上话多了些（所以，笔者只做了个简录）。整堂课教者不停地在说，一直在说，甚至在出示问题后，还没容学生看一遍呢，教者就急不可耐地说开了；而且学生的回答教者几乎都要重复一遍；教者可能还生怕学生答不上来，提示得过多过细……学生还有多少思考的空间？教师的话多了，学生的主体地位就难以保证了。而且，制造笑料，也与《背影》的伤感氛围不相吻合。类似的，鼓掌，也不宜鼓动，除非是学生自发的。

从教学视频中可见，有几次，学生的回答不甚合教者心意，就放过去，另提问他人了。没有启发并给予学生深入思考进而自主生成的机会。不抛弃，不放弃，和学生"艰难"地对话，则是不容回避的选择。李教授的课，绝无旁逸斜出之虞，但简政放权，不是有可能催生生本、师生、生生更美的相遇么？

《背影》的语言"绚烂之极归于平淡"，怎么品味？追问！不断地激活学生的思维，从极细微处悟出文本的思想情感，才能使阅读教学有属于它应有

---

① 李华平. 映射在"背影"上的是什么？——朱自清《背影》教学解读 [J]. 语文教学通讯，2015（11B）.

② 李华平. 我为什么这么教《背影》，http：// blog. sina. com. cn/s/blog6f4de6e80102vzlv. html.

的意义。比如这句话："近几年来，父亲和我都是东奔西走，家中光景是一日不如一日。"王君老师问："你能够尝试着给这句话加上一组关联词吗？加上再读，你更能体会父亲的沧桑。"①这千钧一问，是有力的一问，父亲的"生之苦痛"就全部凸显，作者的情感也全部凸显。学生和文本亲密接触，生成了一番精彩的对话。——教者只是将这句话稍微变化了一种呈现方式，学生竟然很快领悟到作者的情感，不得不叹服教者的匠心独具！

愚以为，对话尚需深入，追问有待加强。

4."学生才是课堂的主人。"②

李教授在让人眼前一亮的三句箴言、三项方案的凤头之后，马上把课堂拉回自己PPT的预设，把课堂的关注焦点转移到自己的问题上来。接下来，每一个关键问题的提出都不是来自学生，每一次材料的出示也都是教者事先精心设计好的，学生只是一步一步进入教者早已设计好的圈套，哪怕看起来貌似有精彩的回答，也只是吉光片羽，学生的思路没有打开，能量完全没有激发出来。窃以为，这堂课，仍然是传统意义上教师主导的课堂。"教师'代替学生'问，即剥夺了学生发问的权力。"③"有人喜欢追求课堂教学的'行云流水'，反对思维'痕迹'。"④——李镇西式的"行云流水"，几人能够？笔者"虽不能至，然心向往之"。

该教学设计似曾相识，没有多少陌生化的感觉：比如，分析朱父信中的矛盾，对"不"字意蕴的开掘……该课例对话及生成的亮点似乎也不太多——即使是能背诵龙应台《目送》的那个男生，其实也是答非所问。

把解读的成果转化为课堂教学的内容和程序，并不容易，这中间，还隔着千山万水。课是上给学生的，其他的都是浮云。教初中不比教大学，更讲究艺术性，要把宏大理论落到地面，让学生在言和意之间走个来回，旨归还

---

① 王君. 生之苦痛与爱之艰难——《背影》教学实录及悟课 [J]. 语文教学通讯, 2014 (11B).

②④ 李华平. 我为什么这么教《背影》, http://blog.sina.com.cn/s/blog6f4de6e80102vzlv.html.

③ 杨先武. 点评李华平《我为什么这么教〈背影〉》（源自某"语文教研"群）.

应是课标的"语言文字运用"。文中处处矛盾,可谓俯首可拾。我教《背影》,若能置学生于"矛盾"之中,让学生在文本中"出生入死",我的目的也就达到了。

王荣生教授说:"更要关心学生是不是驻留了与教学内容相应的语文体验……学习经验。"[1] 孙涛老师也说:"我们应该注意整体达到的效果。我有个建议,李教授可以做个调查,让孩子们写张纸条——上过《背影》后学到了什么,您看看是否和自己的教学设想有距离。"(某"语文教研"群)这确实是个好建议。

尼采说:"谁终将声震人间,必长久深自缄默;谁终将划破闪电,必长久如云漂泊。"人间正道是沧桑——无论是《背影》的产生,《背影》的解读,《背影》的教学,还是语文的王道……正如海派文学代表三盅所说:"凡书大悲悯写大情怀者,无不于唱尽沧桑声嘶处,摘一朵野花自珍。"语文教学又何尝不是如此?

李教授说:"我们观课议课一定要有专业的眼光,不能停留在消遣式的欣赏层面,而要进入学理审视的批评(赏析)层面。"[2] 笔者力有未逮,学有所缺,不揣浅陋,斗胆妄言,只是就课论课(笔者暂没见到李教授另外两个方案的教学视频,难免有只见树木不见森林之虞。但另一方面,尝一脔肉,而知一镬之味,一鼎之调。取饮一勺,当能知味),教无定法,一己之见而已,不妥之处,诚请方家指正。

补记:写作本文时(2015 年 11 月),尚未见本课的文字版——《怎样用〈背影〉教语文——李华平〈背影〉教学实录两例》(《语文教学通讯·初中刊》,2016 年第 1 期),这里评析的是第一个课例。

(发表于《语文教学研究》2016 年第 9 期。)

---

[1] 王荣生. 从教学内容角度观课评教 [J]. 语文学习,2005 (5).
[2] 李华平. 我为什么这么教《背影》,http://blog.sina.com.cn/s/blog6f4de6e80102vzlv.html.

06　时间都去哪儿了？
——《孔乙己》课例述评

[时下的语文教学，各种"范式"层出不穷，大有"乱花渐欲迷人眼"之势，学习仿效者不可得其形而失其神。文章循着教学内容的梳理与思考、教学效率的提升与策略的思路，遵照教学手段服从于教学效率的基本原则，从教学内容角度观课评教，对该课例做了实事求是的评价。]

这堂课符合"以学定教"的教学理念。该课例前部分的操作，也暗合了特级教师郑逸农"非指示性"语文教学的理念。这堂课，教者就抓住了学生问题来施教。这方面，教者做得非常好。当然，也不是没有一点需要改进的地方。怎么提高课堂效率呢？那就是上有内容的有用的课。王荣生教授主张，从教学内容角度观课评教，我非常赞同。

[插评]

教学内容的梳理与思考

抽出筋骨，以摘录的形式表述如下，本课的教学内容就一目了然了。下面是实录节选与评议。

一、激趣导入

教者以"试想一下：范进如果没中举，结果又会怎样？"比较的方式导入《孔乙己》，确实起到了一种"激趣"的作用，而且，还能引人思考。但是，是否应该让学生"试想一下"呢?

二、元点感知

1. 第一眼:速读课文,请用简洁的语言表达你的初读收获、感悟、启迪等,可以从文体、主旨、背景、故事情节等不同角度表述。

生:我知道了孔乙己是一个读书人,一个科举制度的牺牲品。(生上台板书:"牺牲品"。)

生:这篇文章的体裁是小说。(生板书:"小说"。)

生:咸亨酒店是小说发生的场景,也是当时社会的缩影。

生:通过掌柜的、众酒客对孔乙己的态度,可以看出孔乙己是一个可有可无的、多余的人。

这是鸟瞰课文。学生的回答有点概念化、贴标签化(个别地方有成人化的表达,不像孩子话了)。这也正常,初读感知嘛。教者"可以从文体、主旨、背景、故事情节等不同角度表述"这个提示,是否又是一种限制呢?特级教师饶美红是这样设计的:"孔乙己留在你脑海里最深刻的画面或者说最深刻的语言、动作是什么?"[1] 真诚而直接地面对文本,而且也有开放度。

学生自动化板书?若是养成了这种习惯,还是非常好的。综观本课,黑板上只有"孔乙己""牺牲品""小说"这几个词,也没有逻辑条理。我喜欢随着课堂的推进,师生共同完成逻辑的、系统的板书设计。

三、读文本,拟课堂知识传授点、建构能力提升框架

2. 小组讨论:一个问题解析《孔乙己》。

(小组代表写下的问题有:1. 找出文章对孔乙己外貌描写的语段并分析人物形象;2. 孔乙己悲剧命运的原因;3. 孔乙己明明是一个可有可无的人,掌柜的为何还会询问他的近况,由此反映了什么?4. 作者用众人的笑来贯穿孔乙己的故事,有何用意?5. "中秋节后,秋风是一天凉比一天"这句话在

---

[1] 饶美红.《孔乙己》课堂教学实录及点评[J]. 语文建设,2012 (1).

文中有什么作用？6. 这篇文章是以怎样的角度来讲述的，这样写有什么作用？）

问题从学生中来，这种教学理念非常科学。不过，"每位同学自主拟定问题"——"一个小组只允许提出一个问题"。从整个过程来看，个人服从小组，小组服从教师，教师服从"操作性"，"民主"好像还没有体现出来。

这也不像是学生的真问题。其中的四个以及结课时那个学生的"疑惑"，基本上就是"研讨与练习"上的原题（见教科书，此略）；其余的两个，从语言表述看，更像是教辅上的试题，也非学生视角的"问题"。插一句：记得上初中时，我第一次读《孔乙己》，读到"这一回，是自己发昏，竟偷到丁举人家里去了。他家的东西，偷得的么？"就有一个疑惑，这不是找死吗？——现在的年龄再读《孔乙己》，不看教参上王富仁教授的《〈孔乙己〉叙事学评论》①，自然也就懂了。——我的意思是说，这才是学生的真问题。

3. "小说"是一种怎样的文学样式？

《孔乙己》在人教版九年级下册第二单元，上册第三、第五单元都是小说单元。这里简单复习一下"小说"的概念即可，教者的处理似有必要，也用时不多。我觉得最好还是在小说（《孔乙己》）中学"小说"，这样学生才能得到更切实的体验，而非概念化的认知。

四、我疑我惑我来解

4. 归类并筛选学生问题。

①我们来梳理大家提出的问题。

师："孔乙己明明是一个可有可无的人，掌柜的为何还会询问他的境况，由此反映了什么？"又是从哪一个角度来解析文章的？噢，让我们来了解"孔乙己是一个怎样的人"，"孔乙己悲剧命运的原因"是探究人物背后的故事。请大家提升一下，可不可以这样理解：这个问题解读文章的角度是——文章的主旨：反映了怎样的社会生活……找出文章对孔乙己外貌描写的语段并分

---

① 王富仁. 中国文化的守夜人——鲁迅 [M]. 北京：人民文学出版社，2002.

析人物形象——这是对人物形象的分析。

这一大段独白，教者在自言自语、自说自话了，"民主"体现在哪里呢？

②咱们来筛选一下，哪几个问题更具有操作性。

教者介绍，该班二十八人。六个小组的六个"问题"，经过教者的"筛选""归类"，只剩下三个"问题"了：人物、主旨、情节。从"每位同学自主拟定问题"，到"我们这一节课只能完成三个问题"，绕了一个大圈子，还是回到教师"拟"定的"课堂知识传授点"（"传授"一词，暴露了教者的理念问题），也是学习每篇小说通常都要解决的问题上来了，这些只类似于人体的物质躯壳，没有独特性则没有灵魂。

为什么会出现这样的情况？"咱们来筛选一下，哪几个问题更具有操作性。""操作性"，那是教师的事，和学生无关。二十八个学生，一人一个问题，"筛选"也并不难。比如，"中秋节后，秋风是一天凉比一天"这句话在文中有什么作用？被教者"讲一篇文章……这个角度有点难"（这一个"讲"字，也暴露了教者的理念问题）为由，"筛选""提升"掉了。筛掉未尝不可，课中，可以再寻找契机，讨论学生的"问题"。（生：我们要拍的是"中秋不快乐"一幕——机会不是送上门来了么？可惜，教者没有抓住。）没有不能"操作"的，特级教师李镇西对这一句环境描写的教学有巧妙的引导。①

从整个课例来看，教学内容的这三个问题也有缩水，主要还是对人物形象和主旨的研习了，其中，又以前者为主。——以此作为教学重点，非常恰当。但遮蔽了来自学生的具体"问题"，干巴巴的词语，那不能叫做问题了。再说，这几个环节，耗时且不说，也不是"民主"的做法。不绕弯子，更省时提效不是？

5. 孔乙己到底是怎样的一个人？

教者采用的教学手段是，填写"孔乙己档案"。这个设计比较新颖，比单纯的人物介绍，容易激发学生的学习兴趣。（另一方面，是否显得生硬？僵化了这一人物形象？）到这里，文本学习真正开始。表面上看，这个环节，进入

---

① 李镇西. 听李镇西老师讲课 [M]. 上海：华东师范大学出版社，2005.

文本尚浅，只是围绕这一点，捋了一遍课文内容，使得思考还滞于表层。但是，这样做也符合学生的认知规律，整体感知人物，必要充分的铺垫，如此，课堂才能渐入佳境。

师：……但是，就这篇文章而言，孔乙己还真有这么一个人？前一段时间，鲁镇派出所解禁了一批档案，民国时期的，据说有孔乙己的。不信，咱们一起看看——（PPT出示"档案袋"）孔乙己的档案，我已带过来了。（拿出来档案）咦！是空白的！怎么办？……

……

生：出生时间应是"民国"。

师：你可能受到了刚才老师"档案解禁"的误导，对不起。应是"晚清"时期，"导读提示"明确了他的生活时代。

"孔乙己"是一个文学形象。所谓"档案解禁"，其实是故弄玄虚，这样的"误导"实在没有必要，包括下面的"《孔乙己》却没有拍过"。即使是为了创设教学情景，也不能不顾客观事实，这两处神散了。不妨改变一下表述的方式："如果你来给孔乙己做一份档案……""如果你来拍《孔乙己》微电影……"。

生：我认为孔乙己与小伙计是短暂的师徒关系，他教小伙计识字。但小伙计嘲笑他是"讨饭一样的人"，但他们是事实上的师徒关系，所以不只是服务与被服务的关系。

师：噢，他们还是老师和学生的关系，虽然小伙计不认账。

学生的"师徒关系"说，虽说偏颇，却是来自学生的真问题，稍一引导，就成了体会"我"的写作角度的问题。——多好的课堂生成点啊！但遗憾的是，教者在此处一带而过，如果就此再"深挖"，相信小说的社会意义会凸显得更好。

6. 分析"人物形象的塑造"。

①确定拍摄方案；选择其中一幕；确定"情感基调"。

这是"对孔乙己的形象进行了解读"。教者采用的教学手段是，拍摄"孔乙己"电影，"导演""说剧"（一幕）。这个设计同样比较新颖，更容易激发学生的学习兴趣。填写"孔乙己档案",是了解人物生平;"导演""说剧",是分析人物形象。由"了解"到"分析",课堂对话渐趋深入(如果安排2—3课时,不妨播放该教学电影,仅12分35秒。然后,让学生说点什么)。

②对比分析"排"和"摸"的意味。

这个环节较详细、较具体。"请你读一下'剧本'里的句子。"——"说剧"是抓手,品读语言是目的。"大家对孔乙己的'排'的态度是——"此处,教者引导得非常好,还可以深入一步,拿来后文的这句话——"你怎的连半个秀才也捞不到呢?"这才是击中了他最脆弱的神经:渴求功名而不得——这正是他一生最大的遗憾,最怕人说的痛处。

生:文中提到他穿着一件破夹袄,有可能这"四文大钱"是他把他那件破长衫当掉了,为了满足一点虚荣心来喝酒而得到的。

师:你的观点是为了"满足一点虚荣心"?前文出场的时候是一件长衫,现在是"破夹袄",把长衫当掉来喝酒,我们可以看出孔乙己——

(生自由答:嗜酒如命。)

这里也是一个绝佳的课堂生成点,教者又给滑过去了(教者重复了学生发言中的"当掉",也许会给学生以误导,以为是对他发言的肯定。这一点,文本中没有证据支持)。可以做点对比分析:他不管长衫如何脏,如何破,注重的只是它的长短,其实他在乎的是一个读书人的身份,端的是一个读书人的架子。之前,孔乙己无论被怎么奚落,都没有放弃自己"读书人"的身份。最后来是"穿一件破夹袄",没了唯一标明身份的长衫,孔乙己也就全然没了他自己,他做人的一点架子、一点信念都没有了,身心俱毁,肉体精神双双死亡。

③读出一个怎样的孔乙己?

7. 孔乙己悲剧命运的原因。

①总结文章的主旨。

②"我"对孔乙己是怎样的态度?

在这个基础上不妨加深一步:作者对"我"是什么态度?

师:请大家再回导读提示,里面有一个词——"少年"。我们学过的作品里面也有以其作为素材的作品，还记得——

……

师：好的，提示完毕。

"素材"这个表达好像词不达意，改为"叙述者"如何？

这里两大段教者"提示"，都是从外部做功夫。其实，只要点一点前面学生的"师徒关系"说，就可从学生问题、从文本内部，自然引入"我"的写作角度这个问题。

③继续总结文章的主旨。

以上是主体教学环节，主要做了两件事：填写"孔乙己档案"，拍摄"孔乙己"电影（说一幕剧）。也许有人认为"花"，其实，这是教学上的抓手，目的是分析人物形象。

五、 整理、 碰撞与提升， 以课堂为新的起点拓展

这一环节的主要内容是：

生：知道了造成孔乙己悲剧命运的原因；学到了抓住关键词语来进行分析和写作方面的技巧，即用词的精确、准确。

生：文章最后一句，为什么要用"大约"和"的确"？（另生解答）

师：推荐两本书……

师：同情弱者，关爱不幸者，从你我做起……

"范进如果没中举，结果又会怎样？"既然开课以比较阅读导入，结课再以此收官，也不失为一个可以考虑的方案。

如，"孔乙己是站着喝酒而穿长衫的唯一的人"（写人物出场的这第一句话，无限地耐人寻味），其实也并非"唯一"。当时，正有无数像他这样的读书人，一步步走向孔乙己式的结局。"学而优则仕"，学问，只是敲门砖，所谓"朝为田舍郎，暮登天子堂"，这正是封建文化中的毒素。孔乙己中毒深矣，以至于搭上了性命。中举的丁举人、范老爷们是极少数人，没有中举的孔乙己们却是多数人。《孔乙己》其实是为这些共同命运的人描摹的一幅人生没落图，是旧中国广大下层知识分子不幸命运的生动写照。

范进起码还有名字、老婆、家人……最重要的是："噫！好了！我中了！""中了！"便"好了！"你看中举前的范进，半响放不出个屁来；再看中举后的范进，圆滑世故，应酬自如……孔乙己有什么？放不下架子，摆不正位子，找不准路子，书没读成样子——科考使他成了一个废人。

循着教者的思路，如此结课，首尾圆合，拓深了一步，也是一个"新的起点"。最后再推荐阅读也不迟。

而教者的结束语，"同情弱者，关爱不幸者，从你我做起。"此落点，未免把《孔乙己》这个文本读浅了。

抽出筋骨，这堂课主要做了这些事。对于一篇经典文本，尤其还是鲁迅的文章，况且还是他自己最喜欢的文章的学习来说，这些，恐怕还远远不够，与《孔乙己》的经典地位也不相称。

[总评]

教学效率的提升与策略

教者介绍："这是家常课，一课时完成的。"教者一再催促，"由于时间关系""时间比较紧张"，为什么会感觉时间紧张呢？综观本堂课，从问题5才真正开始文本学习，到问题7基本结束（后面是收束环节）。看过来看过去，主要教学内容就只有问题6的第②步还算"干货"——但也是没多少新意，着力好像还不够。表面上看，马不停蹄，一刻也没闲着，实际上，教学内容还略显单薄，深度也不够。

时间都去哪儿了？在任务2和4，用的时间奢侈了。还不如直截了当地讨论教科书"研讨与练习"——这几个问题，抓住了《孔乙己》的灵魂，是教学该文的牛鼻子。那么，节省下来的时间，好多问题也就有宽裕的时间来处理了。

教者在"课堂思考"中说："'互助式课堂学习范式'强调关注学生的个性化体验，把学生的发展放在了首要位置，是基于学生是课堂的主人、取消教师话语霸权、打造民主课堂、有效课堂的一种探索。"

正如"回字有四样写法"一样，此乃腐儒之言。所以，不要被什么"范式"蒙蔽了眼睛。(本课例标题《元点解读 互助共生——基于"互助式课堂学习范式"下的〈孔乙己〉课堂实录》①，是不是有点"花"了？)就如《孔乙己》的纯白描一样，大道至简，真理永远都是朴素的。脱模在貌，尤在其神。在借鉴的过程中，切忌简单临"模"。教学形式服从于教学内容，教学手段服从于教学效率。以学论教，这是评价课堂教学效率一个基本的原则。为了内容、效率的这个"核"，没有什么东西是不可以舍弃的。本课有点错位，形式冲淡了内容，教学内容稀少，何谈教学高效呢？所以，环节要减下来，再简下来，调整一下课路。再说，既然这是家常课，也没必要一课时完成。

《孔乙己》的经典地位毋容置疑，可以说，无论从哪一点切入文本，都能宕出一片天地来。

个人认为，本课可以设置一个牵一发而动全局的主问题。让学生整体理清文脉，激发学生深入探究的欲望。如，结尾一句，"大约孔乙己的确死了"。"大约"和"的确"，是否矛盾？课的最后，学生也问到这个问题，教科书"研讨与练习"中也涉及这个问题。紧扣这两个词语进行分析，就可以深刻地理解这篇小说。不妨逆入，倒嚼甘蔗，溯本求源。①为什么用"大约"啊？(没人亲见)②孔乙己的结局究竟怎样了？(必死无疑)③孔乙己是怎么死的？从文本里面找答案(个人原因、社会原因)。这样，一刀劈去，势如破竹：人物性格、故事情节、社会环境、小说主题等就出来了。④看《孔乙己》电影，写"孔乙己最后的日子"，让孩子们心中多一些悲悯。——这个设计并不新鲜，但有用就行了。

特级教师肖培东教学《孔乙己》②，则另辟蹊径，开掘一个"记"字，找到进刀的罅隙，拎起了整篇课文，也领起了整堂课的教学。一个不经意的词，撬起了整个文本阅读的密码，开启了解读《孔乙己》的大门。

再如，一个"笑"字，令人战栗，令人窒息。长衫主顾冷酷鄙视寻开心

---

① 吴庆林. 元点解读 互助共生——基于"互助式课堂学习范式"下的《孔乙己》课堂实录[J]. 中学语文教学参考·中旬，2016 (4).

② 肖培东. 残喘在"忘"与"记"之间的苦人——我教《孔乙己》[J]. 语文教学通讯，2016 (1B).

的笑，掌柜冷酷无情自私贪婪的笑，短衣帮麻木愚昧的笑，小伙计"我"鄙视的笑，孩子们纯真无邪的笑……孔乙己在笑声中登场，在笑声中表演，在笑声中走向死亡。以乐写哀，倍增其哀。

又如，外貌描写中的脸色：青白→涨红→灰色→黑瘦；动作描写中的对比手法：排→摸；站→坐（"坐着用这手慢慢走去了"）；……

《孔乙己》在艺术上有极高的成就。除了教解读，还应教审美。如，语言描写中：

有的叫道："孔乙己，你脸上又添上新伤疤了！"……他们又故意的高声嚷道，"你一定又偷了人家的东西了！"

他们便接着说道，"你怎的连半个秀才也捞不到呢？"

掌柜也伸出头去，一面说："孔乙己么？你还欠十九个钱呢！"……掌柜仍然同平常一样，笑着对他说："孔乙己，你又偷了东西了！"

这些话，都是攻击性的，这是在他的伤口上再加上一把狠毒的盐啊！正如汪洋老师所说："看客"的取笑讲究层层深入，最重的一击要留在最后；"看客"的取笑讲究欲擒故纵，先让孔乙己陶醉，再让他重重地跌落；"看客"的取笑讲究慢节奏，将取笑的过程拉长，慢慢折磨孔乙己，让"快活的空气"保持得更久一些。不能不说"看客"恶毒的取笑很"艺术"。

单抽出几句人物语言，往那一摆，我们就看到了：一个人和一个社会。可以让学生分角色朗读，用声音去认识他们的面貌。

一点建议：淡化设计，优化结构。朴一些，拙一些，实一些。另外，教学语言方面，也需要规范，不宜乱加时尚元素。

"信流引到花深处"，语文课就是引导的艺术。李镇西式的"行云流水"，是我理想中的课堂境界，"虽不能至，然心向往之"。

课不是为了"好看"，而是要"有用"。一句话：学生现在在哪里？你把他们带到了哪里？有没有提升？提升了多少？这就是教学效率。

总之，这节课还有相当大的攀缘空间。当然，我的意见也是可供商榷的。

（删节稿发表于《中学语文教学参考·中旬》2016年第4期。）

07 《口技》教学之技
——《口技》课例述评

在前不久结束的济宁市初中语文教学能手评选活动中，任城区教研中心的强海燕老师执教的《口技》一课，给听课的评委和老师留下了深刻的印象。笔者不揣浅陋，试作一粗略述评。

点评课例，自当重读课文。《口技》这一经典名篇记录了一场三百多年前的精彩口技表演。文中所写"口技"之技，不仅体现在"口技"本身，还体现在这场"口技"表演不仅有艺术构思，有故事情节，而且还有起伏有缓急，有开端、发展、高潮、结束。人物音容酷肖，情态毕现。读来如临其境，如闻其声。"口技"之技，令人叹为观止。作者笔下的《口技》，除写得严谨有序、惟妙惟肖外，还写得波澜层叠，摇曳多姿。三个场景，犹如三个乐章，时而紧张，时而舒缓，一波三折，高潮迭起。并且，叙事有条理，剪裁有详略，行文有波澜，描写有角度，首尾有照应。《口技》之技，让人深深折服。

而无论是"口技"之技，还是《口技》之技，要让学生领悟到其妙处，都需要教学之技来支撑。强老师就像《口技》中那位身怀奇技的口技艺人，将这篇奇文《口技》演绎得淋漓尽致。让学生做了课堂的主人，让听课者做了一回"宾客"，"伸颈，侧目，微笑，默叹，以为妙绝"。

为便于比较评说，笔者先从强老师近五千字的课堂实录（与教学录像相比略有删节）中抽出教学设计来（导入、结语，此略），并附以教科书"研讨与练习"的内容：

教学设计	研讨与练习
活动一：我从《口技》中读"口技" 1. 听读课文：听准字音，把握节奏。 2. 自读课文：读准字音，读出节奏。 3. 译读课文：圈画重点，标注疑难。 （共 5 句 5 词。此略。）	三、解释下列句子中加点的词。 （共 6 句 12 词。此略。）
4. 品读课文，感受艺人表演。 ①用文中的一个词评价口技艺人的表演。 ②找出直接描写声音的语句，说说口技艺人表演"善"在何处。 PPT 示例：句子：……；翻译：……；品味：……；朗读：…… ③读出了什么不同？ 出示句一："忽一人大呼……泼水声。" （删掉其中的五个"百千"。） 出示句二："忽一人大呼……泼水声。" （恢复五个"百千"，并以彩色凸显。师生合作朗读。） 出示句三："一人、一桌、一椅、一扇、一抚尺而已。" （与句二比较。） 师生再次合作朗读句二。（再次与句三比较。） 明确写法：直接描写声音之多，间接描写道具之少，突出口技艺人技艺高超。 让我们撤屏视之——齐读："一人、一桌、一椅、一扇、一抚尺而已。"再次撤屏视之——齐读：（同上句。） 此时作者不禁赞叹——齐读："凡所应有……不能名其一处也。"我们不禁和作者一起赞叹——齐读：（同上句。） （板书：多、少，正、侧。）	一、熟读课文，根据提示，画出并体会文中描摹音响的语句。 1. 表现深夜一家四口由睡到醒、由醒入睡的过程。 ①由远而近，由外而内，由小而大，由分而合。 ②由大而小，由密而疏，微闻余声。 2. 表现从失火到救火的情形。 ①响声大作，由少而多。 ②百千齐作，应有尽有。

活动二：口技艺人在屏障里看"我" 1. 跳读课文，找出描写宾客反应的句子，你能感受出宾客当时怎样的心情？ 　PPT出示："满座宾客无不伸颈，侧目，微笑，默叹，以为妙绝。"（加上神态，读出陶醉之感。） 　"宾客意少舒，稍稍正坐。"（长舒一口气，读出轻松之感。） 　"于是宾客无不变色离席，奋袖出臂，两股战战，几欲先走。"（加上动作，读出焦急之感。） 2. 写宾客的反应有什么作用？ 　明确：侧面描写，进一步烘托口技艺人表演技艺的高超。	二、联系课文内容，回答下列问题。 1. 文中多次描述听众的反应，这些描述有什么效果？ 2. 文中前后两次把极简单的道具交代得清清楚楚，这对文章的结构和表现口技表演者的技艺有什么作用？
活动三：《口技》装饰了读者的梦 　出示："绝世奇技，复得此奇文以传之。读竟，辄浮大白。"——张潮《虞初新志》 　让我们把这文字艺术中最精彩的段落背诵下来。 　减字背诵法：PPT先后出示两组（第二组更简。） 　背诵提示（略）。	四、辨析下列表示时间的词语，将它们分别填在横线上（此略）。然后以这些词语为线索，背诵全文。 　少顷　既而　是时　一时　未几　忽　俄而　忽然

本课以"宾客"之旅为活动主题，引领学生由"言"的天地进入"文"的世界。从实录中可以看出，与"研讨与练习"相比，教者做得更为细腻，当然，在细枝末节上，也有值得进一步改进的地方。下面笔者按实录的顺序陈述看法。

先说说导入。

本课导入所使用的口技视频，只是简单模仿鸟叫而已，"技止此耳"。若以之与《口技》中的口技对比而导入如何？学习目标中有"赏读""品读"，"赏"与"品"，何以区分？

再说说板块名称与切分。

三个活动的命名很有文学色彩，彰显了教者深厚的文学底蕴。但另一方面，文学味是不是也太浓了些？太玄，太炫，给人的感觉好像有点指向不明。

如果让笔者来执教本课,朗读、积累之外,就两个任务:赏"口技"之技,学《口技》之技。余映潮老师教学《口技》就只有三个板块:朗读、积累、欣赏。要言不烦,板块清晰,目标明确。

课文多次描述听众的反应,前后两次把极简单的道具交代得清清楚楚,用的是一种侧面描写与烘托的手法。"研讨与练习二"是合二为一,合并处理的。教者没有一成不变地原样"拿来"使用,而是分解在了相应的学习活动之中。板块切分颇有创意。只是这样一来,和活动名称的对应关系稍显偏移。不过,倒也无伤大雅,课堂教学本就应追求生本和灵动之美。

具体来说说活动一。

课堂一开始的朗读环节,就很有力度。之后,教者适时进行了恰当的方法指导,如通过看课下注释、关注文言现象、结合语境翻译、加字法和换字法来理解难懂的词句,这就避免了学习文言字词的枯燥乏味。这里也略有瑕疵:

师:还有不理解的句子吗?

生(读):"于是宾客无不变色离席,奋袖出臂,两股战战,几欲先走。"

师:整个一句都不会?(生点头)谁能替她解释一下?

(一生解释。)

前生整个一句一个词都不会?这可能吗?教者可以追问,究竟是哪几个词不会,并耐心点拨,而不应轻易地就此放过,另问他人。

和"研讨与练习三"(共 6 句 12 词)相比,教者在重点词句方面,抓的东西还少了些,对于初学文言文的初一学生来说,是否会影响积累呢?与课标"评价学生阅读古代诗词和浅易文言文,重点考察学生的记诵积累,考察他们能否凭借注释和工具书理解诗文大意"的要求是否还有距离呢?文言文教学应"言""文"并重。

"品读课文,感受艺人表演"这个环节,教者做得比较细腻,也颇具创造性。"用文中的一个词评价口技艺人的表演。"一词解文,扣住一个"善"字设计主问题,此问提纲挈领,领起了对全篇的学习,有"牵一发而动全身"之效。

接着，教者设计了这样的问题"找出直接描写声音的语句，说说口技艺人表演'善'在何处"进一步展开：教者先通过示例进行方法指导，然后指导学生以小组为单位进行展示。学生参与度较高，品读也比较充分。"还有哪个组也赏析的这一句？说一说和这一组不同的理解。"这一问有学问，规避了许多教师东一榔头，西一棒槌，支离破碎、杂乱无序的品读。控制与开放处理得好。

"读出了什么不同？"此环节也比较精彩。教者抓住几个重要的语段，通过比较赏读，让学生深入感知和赏析文本。第一次采用"删字法"，删去第四段的5个"百千"，通过朗读比较，让学生感受原文体现的声响之多；两次将描摹起火、救火时的声响与简单的道具进行朗读比较，突出声响之多与道具之少，从而让学生进一步感受口技艺人技艺的高超。这里的反复比较赏读，有一唱三叹之妙，彰显了教者的朗读设计技巧。更细腻的是，教者指导学生读出了声响由少而多——"百千齐作"的味道，读出了"而已"的味道。

忽一人大呼："火起！"	一人、
夫起大呼，	一桌、
妇亦起大呼。两儿齐哭。	一椅、
俄而百千人大呼，百千儿哭，百千犬吠。	一扇、
中间力拉崩倒之声，火爆声，呼呼风声，百千齐作；	一抚尺
又夹百千求救声，曳屋许许声，抢夺声，泼水声。	而已。

"撤屏视之……""再次撤屏视之……"PPT上这一竖线就是一道屏障，使得五个"百千"与五个"一"形成了鲜明强烈的对比，妙！"此时作者不禁赞叹……""我们也跟随作者一同赞叹……"（不过，第三组学生的赏析语段"当是时……众妙毕备"在课文第二段，PPT显示的"凡所应有……不能名其一处也"作者的这句赞语在课文第四段，此处好像有点脱节）。此两处点拨可谓四两拨千斤，妙手天成，有余音袅袅之效。

本环节的教学由"口技艺人的表演'善'在何处"这一主问题贯穿，学生在教师的引领下与语言文字亲密接触，初步了解了文章的艺术手法。之后教者再"明确写法……"，水到渠成。接着，教者顺势完成板书。（"善"字左上、左下、右上、右下，分别是"多""少""正""侧"四字。将四个字连起来，构成一个"口"字。）"口"字形的板书设计亦是一亮点：无论是声响的"多"和道具的"少"，还是描写的"正"与"侧"，无不是围绕表现主旨——一个"善"字即全文的中心服务的。个人认为，"正""侧"二字还不宜在此时板书，因为这里还只涉及头尾的道具，当然这也是一种侧面烘托，但其主要作用还是首尾呼应，使结构完整。侧面描写的分析在下一个活动环节中，此时板书并非最佳时机。

总之，此环节在教学内容的把握上比较到位。

"研讨与练习一"，编者说："设题目的是使学生熟悉课文的主体部分，揣摩文中的音响描写……要注意引导学生细心体会文中描摹音响的语句所表现的情景……"；"教学建议"第一条也说："引导学生揣摩语言，体会文中对口技表演者高超技艺的生动逼真的描写……"；再者，本文节选自《虞初新志·秋声诗自序》，作者在文末自道："嘻！若而人者，可谓善画声矣！遂录其语，以为《秋声序》。"

文章的主体部分，体现的就是用文字写声音的艺术。因此，教学《口技》一文，就应该把重点放在品味作者对声音的描摹上。正面描写是"锦"，侧面描写是"花"。侧面描写，说到底是末梢。如果没有正面描写的底子和根基，或者缺乏正面描写的功力，再怎么侧面描写，也烘托不出口技之"善"来。所以，教学就应该在根部下功夫，不能忽略了根本。

教者对编者意图的理解非常到位。"研讨与练习一"，不仅准确指明了教学内容，而且在"怎么教"上，有提示、有指导、有抓手，因此，教学中就应该把"研讨与练习一"落到实处。在此，教者有意识地让学生赏析声音描写之妙，设计了"找出直接描写声音的语句，说说口技艺人表演'善'在何处"这样的问题，而且，抓住了品读这个缰绳，"读一读，译一译，品一品"，指导更具体。如果说着力还不够的话，主要是因为受制于一课时时间的限制。

活动一的第四步，从内容和用时来看，也可以作为一个独立的活动环节。

再来说说活动二。

因活动一的第四步已经进行了最高潮语段与描写简单道具句子的多次比

较赏读，所以，这里设计的两个问题都指向了对听众的反应这一侧面描写的分析。这个环节，教者的细腻之处在于，把文中描写宾客反应的句子全部用PPT显示出来，抽出，但不"抽出而讲之"（叶圣陶语），并指导学生通过辅以神态、动作、语气的朗读来传达宾客当时的心情。这种灵动的教学技巧，让人眼前一亮，也颇见成效，学生"入乎其内"，读得有滋有味，有声有色。——正如编者（"教学建议"第三条）所说："抓住口技表演的艺术构思……把学生引入口技表演的'规定情景'中去，使之对文章的内容和情味有深切的体会。"——若在此环节再归纳板书"正""侧"二字怎样？

如果时间允许的话，不妨用PPT再次列出文章的开头和结尾，以此获得对章法的进一步凸显及强调之效，并落实"注意本文层次清晰、有条不紊的特点"（"教学建议"第一条）的要求。

口技人坐屏障中，一桌、一椅、一扇、一抚尺而已。

撤屏视之，一人、一桌、一椅、一扇、一抚尺而已。

由施屏障始，到撤屏障止。首尾呼应，开阖自如，起落分明，谨严有序。"而已"，以示别无他物。"撤屏视之"，仍是简单的道具。开头"亮底"，结尾"印证"，除了使结构保持完整以外，也具有侧面烘托、表现口技之"善"的作用。表演结束，场景再现，文亦戛然而止，煞尾干脆有力——其章法之妙，不反复品读，难得真滋味。后世刘成章《安塞腰鼓》的头尾，就借鉴了这种章法。

另外，关于正面描写与侧面描写相结合的写法，单纯地分析，光说不练，可能收效不大。语文学科应该着力于"语用"，这个观念任何时候都不该过时。教者在教学效果分析中还写到："通过评测练习可以看出，对于本文采用的正侧面描写相结合的写作手法学生已经了然于心，但是这种写法的运用，学生还要在写作中加以实践，力求做到读写结合。"当然，课堂只是学生学习过程中的一个小小驿站，安排到课下也未尝不可。不过，因为是借班上课，课堂上也不妨创设情景，让学生动笔一试，落实到"语用"上。

最后说说活动三。

这个环节主要任务就是背诵了。教者的设计和"研讨与练习四"异曲同工，更妙在背诵指导的分解和细化上。最终达到了将课文第四段熟读成诵的效果。如果再进一步的话，"研讨与练习四——以这些词语为线索，背诵全文"这一项还可要求学生课下落实。

其实，无论是教者"减字背诵法"的背诵提示，还是教学用书"具有承接作用""表示时间的词语"的背诵线索，都好像画蛇添足了。实际上，学生的认知过程未必如此，好像也没有人这样背记东西。在熟读成诵的过程中，"其言皆若出于吾之口，其意皆若出于吾之心"，包括对文理意脉，学生自然"有得尔"，甚至比听多少遍的讲解都"有得"。这是学习文言文的旨归和不二法门。教者勇于在评选性质的公开课上做背诵这个工作，其胆其识，也确是过人了。而化用卞之琳《断章》的结语，更是余味无穷。不过，"口技艺人在屏障里看'我'"一句的模仿还有待斟酌。

总体来说，这是一节设计巧妙、细腻灵动、精彩纷呈的课。

（发表于《中学语文教学参考·中旬》2016年第3期。）

第三编　实践反思

"语文教学其实也是语文教师自身读写状态的生动展示。"（钱梦龙语）"最拙劣的创新也比最完美的守成强一百倍。"（王君语）"一堂课的精髓就是那些别人无法模仿的东西。"（魏勇语）课即人，人即课。从某方面来说，教师即课程。你是谁，就上成什么样的课。语文教学的境界，就是语文教师的人格境界。

所以，我尽力做到把课上得"有料"，对学生有用。根据文本质量，我认为好的文本就解读或教学生看出它的好来，我认为不好的文本就解读或教学生看出它的不好来，一般的文本则努力寻求最相宜的教学处理方式。大体有这样几种形式：选一个切点关注文本的某一个层面；选一个切点关注文本的多个层面；选多个切点关注文本的某一个层面；选多个切点关注文本的多个层面。

08 回到阅读的原点：建构基于问题生成的课堂模型

——关于"自问—交流—自评"课型的思考与实践

[2016年12月3日上午，听了我县一校长关于其教学模式的报告，我忽然有建模的冲动。当日下午我就建了一个基于阅读教学的课堂模型。这个课型效果如何呢？实践出真知。我拟深入教学一线、以课例检验之、论证之、改进之、完善之。]

一、建模背景

王荣生教授说："阅读散文，不是仅仅为了知道作者所写的人、事、景、物，而是通过这些所写的人、事、景、物，触摸写散文的那个人，触摸作者的心眼、心肠、心境、心灵、心怀，触摸作者的情思，体认作者对社会、对人生的思量和感悟。"袁卫星先生持论："语文教学，就是要带领学生去剥开那层语言的壳，吃到文化的肉，完了再种下一颗精神的种子在学生的心田，直到它有一天生根发芽。"这是我设计教学的基点。我所说的"阅读的原点"，指的是不是为了做题、考试的原始本真的阅读状态。

先想想学生会从哪个角度读，会读到什么，感兴趣的是什么，最有疑惑的是什么。

《背影》开头："我与父亲不相见已二年余了，我最不能忘记的是他的背影。"此开篇令读者疑窦丛生："不相见"不就是彼此不相往来吗？而这个隔膜竟然发生在"我与父亲"之间，是什么样的情况致使父子形同陌路呢？而且是"二年余了"？结尾："唉，我不知何时再能与他相见！"既然父亲活着，这又是怎么回事呢？……学生读到这里一定是有疑问的。

《背影》里有很多不合常理的地方，除了文本直接告诉我们的，还有隐藏起来的、不想告诉我们的。顺着"读出问题——读出作者——读出自己"这条思路，我做了这样的主体教学设计：发现矛盾——找一找文章中人物的反常之处；聚焦矛盾——从这些反常中你读到什么；揭示矛盾——是什么原因导致了这样的反常？基本流程如下：

1. 读出问题。你最想问或最想解决的问题是什么？你最突出的感受或感想是什么？多读几遍，越多越好，不参考（手头上和网上）任何材料，提出真正属于你自己的疑惑之处和你发现的"矛盾"（其实并不是矛盾，只是学生不知作者生平和写作背景而已。教师不借助资料也不知道）之处等。

不怕杂乱无章，就怕问不出来。我不止一次给学生说过："谁提的问题能难倒老师，你就是我的老师。能提出有质量的问题，老师就打心眼里喜欢，打心眼里高兴。"

课堂上，我给自己的要求是，认真倾听学生发言，做出精准的反应，迅速判断遴选出一些最有价值和意义的问题。怎么用，要根据课堂对话的走向了。

想不到学生能问出那么多那么好的问题来，这是真问题。那么多学生，思考问题的角度是多样的，那是教师一个人的大脑望尘莫及的。

问题来自学生，还要返给学生。首先，自问自答，自己的问题自己解答。这就要相信学生，更要相信相信的力量，我相信能提出高质量的问题的学生；必要的话教师再辅以点拨、引导，他自己一般也是能够出色地解答的。

有些问题，就是他的疑惑，他就是不知道才问的啊，他实在答不上来，怎么办？讨论，他答，其他学生自由发言，这样一般都能解答。还是解答不上来，没关系，点拨，就是不直接告知答案。这是最见教师引导功力的地方，也是教学最有意思的地方。"教学相长"的意义就在于此。

给学生一个敞开的自由的发言氛围，而后沿着某些有价值的问题切入，接招发力，想不到，课堂上碰撞出更多更精彩的问题、更深刻的思考。上课累吗？是苦役吗？是享受！师生激扬文字，好不活泼痛快！

通常到这里课就结束了，尽量地节约时间，为课堂生成留足空间。但教学《背影》，则不宜浅尝辄止，我又进了两步：

2. 读出作者。其中某些问题还与文本特质有关，朱自清的《背影》，表达了特定时期特定情况下特定的情感，离开背景材料，学生难以深入文本，精准理解文本的主旨和作者的情感。那就再增加一个环节：读老师提供的背景材料后，重读课文，重新思考你对课文的理解、感受等。

3. 读出自己。教学朱自清的《背影》这样的"定篇"、经典的文学性文本，最后再来一个资料链接：读老师提供的名家的解读文章后，再读课文，说说此时你对课文的理解、感受等。

我以为，好的设计，是淡化设计（设计在心中，让人看不出设计的痕迹）；好的课堂，是基于学生问题生成的课堂。这背后是更大的付出，所谓"台上一分钟，台下十年功"。其实，设计也没那么玄。"原课堂"的这种阅读图式，无论是给什么层次的学生教学，师生都有提高，都有所获。这是语文课的理想境界，也是我所追求的语文教育生命图景。

我原拟以学生的原初理解为切入点，继而引导学生进入后续理解阶段，最后实现深层理解。构想也许是美好的，但在课堂实施中发现离这个目标还有差距。

【教学案例】

［案例一］《背影》教学片段一、片段二（此略。）

［案例二］王君《背影》教学片段一、片段二（此略。）

二、课型概说

教学《背影》，《猫的天堂》和《塞翁失马》（附后）给我诸多思考。借此归纳、提炼一下基于"元学习"的"原课堂"的一般学习模型。

子曰："独学而无朋，则孤陋寡闻。"陶潜云："奇文共欣赏，疑义相与析。"

联合国教科文组织《学会生存》中写到："教师将越来越成为一位交换意见的参与者，一位帮助发现矛盾而不是拿出真理的人。"

著名语文教育家程翔说，现在他上课，一般没有导语，也不范读，一上来就是让学生自己读书，然后谈感受、提问题，目的就是不影响学生的原初理解。这个原初理解，应该是学生在不接受任何外在信息的干扰下产生的对文本最原始最原生态的个性化的理解。

苏霍姆林斯基说："在人的心灵深处，都有一种根深蒂固的需要，就是希望自己是一个发现者、研究者和探究者。在儿童的精神世界里，这种需要更为强烈。"

《读写月报·新教育》2011年第12期导读写到：回归教育原点，回到学习的原生态，遵循发现问题、讨论问题、解决问题的路径，解除课堂话语霸权，唤醒沉睡的求知欲，激发思维的原动力，挖掘学生的生命潜能，倾听、对话、追问、辩驳，在有限时间的课堂内打开无限开放的空间，在矛盾冲突中不断前行，在困惑和质疑中建构个体的知识和价值体系。

学生是种子，不是瓶子。陶行知先生说："教的法子必须根据学的法子。"阅读教学应从原点出发，贴着学生教，把课堂做空，应学生而动。语文课堂应是师生、生生之间交流、对话的场所。

基于上述认识，基于学生问题生成的"元学习"的"原课堂"，其基本学习模型是："自问—交流—自评"课型，具体分为这样几个步骤：

（一）先自主学习。

1. 自读。我们拿到一篇文章，总是从读开始，在读中自然会产生一些感受、想法、体会、发现和问题等，这就是我所说的"元学习"。遵从阅读经验和常识，以此来指导学生的阅读实践。首先让学生自读，保证学生的读书权、思考权，惟其如此，接下来的学习才有意义——从学生的心灵扬帆起航，也为课堂的深度对话打下坚实的基础。

2. 自问。爱因斯坦的名言"提出一个问题往往比解决一个问题更为重要"，无人不晓。但我们的课堂，多是教师提问，学生回答，鲜有教师安排质疑的环节。在美国学校的课堂上，学生问教师答比较多，美国学生比中国学生更多地处于疑问状态。我们的优秀教师"精心设计课堂提问"，这种做法则从根本上取代了学生发问的权利，是一种远离真实阅读的"伪阅读"。因为，问题的源头，是教师的阅读体验，而不是阅读主体的学生自身，学生的学习，当然是被动的。因此，我主张，把发问的权利还给学生，鼓励学生在充分自读、素读的基础上，不参考任何材料，提出真正属于自己的问题。问题是学生完全自主提出的，他们确实想知道的，是没有现成答案的，甚至教师也不知道答案的。这种问题能激发真正的思考，对教师也有更大的挑战性。来自学生的问题才是真问题，学习的内驱力是学生自己的困惑。扣在学生"我的问题"上，这是课堂教学的逻辑起点。

3. 自答。问题来自学生，还要返给学生。从学生中来，到学生中去。首先，自问自答，自己的问题自己解答。让学生反复阅读课文，然后进行自主探究，拿出自己的观点和看法来。打破教与学的界限，让学生经历"备课"的过程，更好地思考，思考得更好。

这个环节可以前移，放在课前预习中。实质上，自读、自问、自答往往是融合在一起难以截然分开的，故统称为"自学"。"讲之功有限，习之功无已。"（颜元语）语文能力不是讲出来的。自问自答，是深耕文本。没有积极深入的阅读，没有深度自学，是不可能提出高质量的问题的。

而有些问题，这就是学生的疑惑，他就是不知道才问的，实在答不上来时怎么办？

（二）再合作学习。

课堂是教师搭台，让学生唱戏。

4. 展示。你读到了什么？学到了什么？关注的是什么？向本组或全班展示个人的阅读收获（心得、体会、发现等）和阅读疑惑。要求学生耐心倾听、记录。教师更要细心观察、倾听、捕捉。"课堂摸底"，这是对学情判断的依据。

实际操作起来，肯定会遇到很多问题。比如，花费较多课堂时间——其实，课堂时间本来就是属于学生的。比较节省课堂时间的方法是：教师PPT展示学生问题。之前要做的工作是，学生以个人为单位（班额小的话）或以小组为单位（班额大的话）提交问题，教师遴选、梳理、归纳、整合学生的原始问题，集中呈现或根据课堂进程视具体情况分散呈现。这只是预习的一种形式而已，不费什么事，再说，也不一定每堂课都这样做。这种形式，我把它称为保守型。

　　学生当堂提交问题的话，这就意味着，教师在课堂上要现场备课，这种形式，我把它称为开放型，难度不小。不过，教师成功解答学生提出的自己没有想到的问题，这也是应该的，不是什么值得自豪的事。教师如果回答不上来，才是值得高兴的——被学生难倒，这不正是我们求之不得的吗？但只要备课充分，这种情况可能不多。我们要澄清这样的认识：基于学生问题生成的课型，并不是把原来的那种师问生答反过来，生问师答，而是要促使学生思考，生问生答，方为上策。全班无人能答，教师再出手也不迟。开放型的，学生问题现场展示后，教师即时抓住有价值的问题，理出问题链，并拿出引导方法和路径……这都是高难度动作。这种课型难以常态化，不时用一用，不失为提升自身教学素养的有益途径。

　　"自问—交流—自评"课型，并不意味着就完全"受制"于学生问题而不允许教师提出问题，教师也可以适时抛出自己的预设问题（并把学生先前提出的一些问题揉进相应的进程中）。只要它恰好是学生想问的，而教师又猜到了学生的疑问，替学生提了出来，这样的问题也同样能激发学生的探究欲望。而且，这也是在必要时对课堂走向进行调控的一种手段。

　　5. 交流。我们大都有这样的体会，在论坛或QQ群等网络平台，一群人就同一文本或同一话题，做一些研讨、切磋、交流、碰撞，从中受到启发，敞亮了许多。移植到课堂教学中，可以是交流、对话、补充、讨论、探究、质疑、辩论、诘难……全员参与、全程参与、主动参与、真实参与。可以小组内，也可以全班，视情况而定。教师认真倾听，同时，做些适当的点评、激发、帮助、推进等工作。简单地说，这有点类似于阅读交流会、学习沙龙等。有那么多学生同读一篇文章，阅读、交流、分享，为什么不做呢？教师何必喋喋不休呢？我觉得，无交流不成课，无讨论不成课——当然，简单的课文，则不必如此。浅文浅教，不必没完没了地讨论来探究去。

　　6. 点拨。教师评估并综合学生交流讨论中呈现出的共同话题，体现课文核心价值的主要问题，通过评判、追问、引导、补充、矫正、鼓励等手段，进行精当点拨。这个点拨基本上是点到学生不懂的，或认识不清的，或带有方法、思路性的一些内容，指明学生前进的方向。

基于学情视角，上述三个环节还可以重复进行。

学到了什么？欠缺什么？要及时诊断总结评价。

（三）评价学习。

最后还可以有选择地进行自我反省、自我评价、自我检测等，总结提升。就评价来说，学生自评、互评和师评相结合（以自评为主）。

结课之前，由师生进行"最佳问题"和"最佳解答"评选。为什么呢？一方面，如果学生提出的不是属于他自己的问题（这从表达上，一听就知道），一追问，就露馅了。追问下去，穷追不舍，直到提出的是他自己的问题为止，哪怕多么幼稚；另一方面，既然是自问自答，如果学生选择提出简单的问题，那么很容易就可以回答——但是，这个评选，你就过不去。谁不期待自己的发言得到肯定和赞许？没有不想得到表扬的孩子啊！不要说被评为"最佳问题"和"最佳解答"了，自己所提问题能被作为有价值的问题在全班交流讨论，也会感到自豪。此外，还可以进行小组捆绑式评价。总之，多元评价，多样评价，充分发挥评价的激励作用。长此以往，学生提问的能力、对问题的价值判断水平都会渐进提高，由敢问而能问而会问。

学完一篇课文，课后的延伸是，设置读写作业：拓展阅读、读书笔记等——这是自评的方式之一。比如，可以设置与此类似的作业：可以是课前自读感受与课后再读新获，也可以是较具体的，像学习《孔乙己》写"孔乙己最后的日子"，或学习《孤独之旅》替杜小康写"放鸭日记"等。阅读的落点是写作。这样的训练可以以写促读，以读促写。尽最大努力做到大量读写，甚至海量读写。语文学习，除了多读、多写，没有第二法门。

让阅读发生，让阅读深化，还学生真正的阅读课。给学生一个展示的平台，让学生的主体作用得到最充分的体现，让学生体验到成功的快乐，这就是我所描绘的基于"元学习"的"原课堂"的学习模型。其图式如下：

自主学习（课前预习）→合作学习（课堂交流）→评价学习（课后延伸）

↓　　　　　　　↓　　　　　　　↓

自读－自问－自答 → 展示－交流－点拨 → 自省＋自评＋自测＋……

（自主学习中有探究，合作学习中有探究，一以贯之。所以，这个就没再单列。展示—交流—点拨，换一种时髦的表达则是：展学—互学—助学。）

教、学、评一体化。这样的课型是在"先学后教、以学定教、多学少教、以学论教"理念下把学习真正还给学生的"以学为主"的课堂。

操作上，合作学习的重点是交流环节，这个环节的质量保证还是前面自主学习中自学的效果，所以，命名为"'自问—交流—自评'课型"。显而易见，整个流程突出了以学为主，以学生为主、以学生的学习为主的教学理念。只有"点拨"是教师的工作，广义上说，教师点拨也是对话交流的方式之一。

这个模型只是个常模，比较适用于阅读课，稍加变通，其变式也适用于作文课，甚至适用于其他学科的课。比如，作文课可以以"展示——交流——点评"为操作重点。

我不称其为"×步×环学习法"，也不称其为"××模式"——任何东西只要有了套路就会僵化；"模式"是死的，人的思想是活的；要了"模式"，则丢了思想。而且，我们知道，没有任何一种"模式"可以包打天下。称其为"课型"，其隐含的前提或潜台词则是：它只是众多课型中的一种而已。

这个课型，是着眼于学生的自我发展、素养提升的，特别是开放的课型，也束缚不了优秀教师的手脚，相反，它要求教师要有更深厚的功力——你不知道学生的脑子里会冒出什么样的问题来，这些问题你无论如何也不会是全部预设到，如果没有足够的学识、智慧、耐心和艺术，如果没有更充分的备课，能应付得了吗？学生会推着你走，你不钻研是不行的。这对教师的专业素养和课堂驾驭能力提出了更高的要求，真的检验考察教师的本事。教学智慧就是这样炼成的。正如汪洋老师所说："如果我们不课前大量阅读与课文相关的资料，我们对经典文本的理解水平并不比优秀学生强到哪里去。这又让人不得不正视那句土得掉渣的话：给学生一杯水，老师要有一桶水。"

培养学生的问题意识，是每一个教师刻不容缓的责任。重要的是：怎么教学生提出问题？这是一个艰难的过程（比如，一个陌生的文本，我们要学什么，是否可以从这个方面引导学生提出问题呢）；学生问题出来后教师怎么驾驭课堂（这是真正的生成式课堂）？这更是一种严峻的挑战。原则上，学生的问题，有价值有意义的，在课堂上重点解决，一般性的根据具体情况处理，而偏离语文学科本位的，点到为止或让学生带到课外。

透过问题，教师能看到学生阅读理解的程度，从而策划更有针对性的更有效的教学策略。开放型的课型，难度和阻力可想而知。我认为，愈是方便于教师操作，愈不是有利于学生，愈不是好的"模式"。列夫·托尔斯泰一句话就点到了要害："教师总是不自觉地竭力要选择于自己最方便的教学方法；教学方法愈方便于教师，愈不方便于学生；只有学生满意的那种教学方式，才是正确的。"千万不要低估学生，他们的潜力一旦被激活，往往会给课堂教学带来意想不到的收获。它为教师提供了一个上好课的框架。不畏艰难，迎接挑战，迎难而上，这将是一种学习方式的变革。实现了教学取向的转变，对于促进教师专业成长，提高学生的自主学习、合作学习和自我管理能力，提升教育教学质量，都有着一定的助推作用。

语文是一个有关素养、无关应试的学科。抱着应试的目的学习语文，分数不一定会有多好看；如果忘掉分数去享受语文，好看的分数必然会找上你。——这是高考语文考了 148 分的孙婧妍的经验之谈。学生具备了较强的读写能力，就不须为应付考试而耗费大量的精力，转而把精力继续用在读写上，兴趣愈浓，读写能力相应地进一步增强，应试成绩也自然得到提高，这就是一个良性循环。且语文又是一个工具性的学科，语文学好了，对其他学科的助益自不待言。

这个学习模型是基于我对学生的学习（不是仅仅着眼于教师的教，而是主要围绕学生的学来设计）——不是为了考试的自然状态下真实的学习最朴素的认识而建构的。只是粗线条的勾勒，仅仅是一个学习模型和图景而已，有待于在实践中检验、发展和进一步完善。

在实际课堂中，其呈现是千姿百态的，其操作要领也是相机而变的。套路简单，操作需真功。运用之道，存乎一心。实践起来大可不拘一格，得其神即可。下面是两个实践课例，限于篇幅，故采取简述的形式。

三、实践课例

[课例一]

读出经典文本的好来

——《猫的天堂》课例简述

同学们，看印发给你的这篇文章，先读第一段。……

了解一下，之前读过这篇文章吗？……

没有人读过啊？继续读，读完后自问自答：你有什么收获和疑惑。

我们现在先来谈一下，你喜不喜欢这篇文章？……

大家的眼光和品位都是不错的。这篇文章的作者是法国作家左拉——故意没有打上，就是为了不影响大家的判断。现在把作者写上。本文堪称经典，事实上，曾入选《开明新编国文读本》、北师大版教科书等。既然大家都喜欢，我们就来谈谈收获吧，它好在哪里？应该学习什么？……

大家的发现归纳起来主要有这些：

——独特的角度；

——别致的手法；

——谐趣的语言风格；

——双重对比（"猫"自身的前后对比；"猫"与"老雄猫"的对比）。

我们就来具体谈谈这些发现。……

另外，你在阅读中遇到哪些困惑、问题，需要大家帮助解决？

——这篇文章属于什么文体？

——为什么用"猫的天堂"作题目？

——"学者""哲学家""艺术家"，文中对"老雄猫"为什么会有不同的称呼？

——"老雄猫"对"自由"的宣言，"猫"对"幸福"的定义，何以如此不同？

——"我说的是猫的故事。"文中最后这句话，作者为什么要这样表达？

既有关于形式的，也有关于内容的。我们来讨论一下这些问题。先请提问者发言。……

你读了之后，有没有问过自己这样一个问题：如果自己就是文中的"猫"，将怎样选择？……

大部分同学都问过自己，这非常好！文章借"猫"的故事，照见了每个人的灵魂。现在，来说说你愿意做文中的"猫"还是"老雄猫"？……

大家谈到了秋瑾，谈到了"宁愿坐在宝马里哭，也不愿坐在自行车上笑"的"非诚勿扰"某女嘉宾……

拓展延伸是：郑振铎的《猫》和左拉的《猫的天堂》，你更喜欢哪一篇？比较其艺术手法的异同点。

为什么设置这样的拓展呢？第一次读到郑振铎的《猫》，我就感觉有点别扭：

如，面对指责，"张妈默默无言，不能有什么话来辩护"，张妈心里会是怎样的感受呢？张妈的冤苦和无辜，"我"根本没有想过！文末，"我"的表白是多么的惺惺作态！张妈的默默无言，张妈的逆来顺受，张妈的忍气吞声，竟然不及一只不会说话的猫在"我"心中的位置？对张妈，"我"何曾有过一丝一毫的愧疚？从"我"的笔触中，我们找不到一丝一毫的忏悔的影子。人不如猫！你的平等在哪里？你的宽容在哪里？你的博爱又在哪里呢？——夫子自道："我对于旧家庭，旧人物，似乎没有明显的谴责，也许反有些眷恋。"（郑振铎《家庭的故事·自序》，开明书店，1931年）原来如此。

这一点，当然不能告知。我只抽出原文用PPT出示一下，凸显语境：

妻听见了，也匆匆地跑下来，看了死鸟，很难过，便道："不是这猫咬死的还有谁？它常常对鸟笼望着，我早就叫张妈小心了。张妈！你为什么不小心？！"

张妈默默无言，不能有什么话来辩护。

我什么也不问，学生却也能有所发现。学生如果看不出呢？虽然课标说："阅读是学生的个性化行为，不应以教师的分析来代替学生的阅读实践。"教师说说自己的个性化理解,我觉得也没什么大不了的。

最后是最佳问题和最佳解答评选。……

读《猫的天堂》,看出"这一篇"的特质来,读出经典文本的好来,这个目的基本达到了。

(本课例发表于《语文报·初中教师版》2017年2月5日第3期。)

[课例二]

<h2 align="center">塞翁该不该庆幸?</h2>
——《塞翁失马》课例简述

(此略)

其他详细的实录,参见本书《木兰诗》《我的早年生活》课例。

这个课型的探索还在进行中,希望不久的将来能有更多更成熟的想法和课例向大家汇报。

(全文发表于《读写月报·语文教育版》2017年第4期。)

09　教解读就是教解写

——《木兰诗》教学实录

【背景】

根据中考备考包保责任制的工作安排，我作为包保责任人，负责清河镇的两所初中学校清河中学和石集中学中考备考的调研、督导工作。2017年3月31日，我执教了《木兰诗》一课，算是调研课吧。《木兰诗》初一学过，初三复习备考阶段再学，是为了抽样了解学生的复习情况，进而有针对性地制订下一步语文科的备考方案。

【课堂实录】

【导入】

[PPT1]木兰诗（北朝民歌）

师：木兰从军的故事，千百年来广为传颂，多次被改编为戏曲、电影等艺术形式。美国电影《Mu—lan》将木兰的故事传遍世界。这个故事的源头，就是北朝民歌《木兰诗》。这节课，我们就来看看《木兰诗》的原型木兰，到底是一个怎样的女子。

[第一环节]　一个女儿情态的木兰

师：课前同学们提出了一些有价值的问题，我们在交流中探讨。

齐读课文第一段——

[PPT2]唧唧复唧唧，木兰当户织。不闻机杼声，唯闻女叹息。

师：女英雄的出场给你的印象是什么？

生：有心事。

师：过会我们再看，她什么心事。

生：勤劳。

师：一个朴素的生活场景，一个平凡的农家女子。没发现什么与众不同啊？就是一个传统女性。她也有"叹息"，但这也是一个女孩儿该有的"叹息"啊？再说一说，你从这一句中读出木兰是一个什么样的女儿。

生：热爱劳动。

生：多愁善感。

生：为父担忧。

师：木兰一出场，就有一种浓郁的平民气息，我们读到的是一个真实、柔弱、细腻、毫无掩饰的女子。木兰首先是一个女子，一个并非天生顽强的女子，然后才是女英雄。女生齐读第二段——

[PPT3] 问女何所思，问女何所忆。女亦无所思，女亦无所忆。昨夜见军帖，可汗大点兵，军书十二卷，卷卷有爷名。阿爷无大儿，木兰无长兄，愿为市鞍马，从此替爷征。

师：有同学问：为什么父亲年龄大了，"军帖"上还有父亲的名字呢？这个老师说一下吧：前线伤亡巨大，后方征兵困难，扩大征兵的年龄范围，这种情况也是可能的。你觉得，这一段中，删除哪些句子，并不影响故事情节？

生：删除前两句。

师：这一问一答，并没有回答问题，也没有增加任何新的信息。给这两句画上删除线，反复读一读课文前两段——删后反而更简洁，是不？

生：是的。但是，木兰明明有所思、有所忆，为什么作者却说她"无所思""无所忆"呢？

师：我们看删除后，对表达效果是否有影响。我们知道，这是一首北朝——

生：民歌。

师：来看一点资料——

[PPT4]《有所思》是《汉铙歌十八曲》之一，是一首和《上邪》配对的情歌。

北朝乐府中《折杨柳枝歌》中有这样的诗句："问女何所思，问女何所忆。阿婆许嫁女，今年无消息。"

师：木兰"何所思"啊？是不是愁出嫁啊？

生：不是。"阿爷天大儿，木兰天长兄"木兰并不是为了嫁人而叹息，而是考虑到父亲年迈，家中实在没有可以出征的男丁，于是才叹息。

师：当《木兰诗》中问到"问女何所思"时，也许读者期待的答案也是相思之情。但作者显然是反其意而用之。专家说：

[PPT5] 这里有一种动人的情调，一种天真朴素的情趣。隐含着一种天真的、稚拙的、朴素的、赞赏的情趣。——孙绍振

师：再品一品，这两句诗对后面说出的"替爷征"的原因还起到了什么作用？

生：突出、强调。

师：那么，是删好还是不删好呢？

生：不删好。

[PPT5] 昨夜见军帖，卷卷有爷名，愿为市鞍马，从此替爷征。

师：你发现，这个改编，失去了什么？

生：人物形象不鲜明。

生：失去了民歌的风味。

师：民歌风味荡然无存。比如，"唧唧复唧唧"的回环往复，其实就是木兰痛苦的回环往复。我们知道，文言文本是没有标点的，是后人加的。看第二段的第三句，如果让你添加标点，你是否有不同的添加方法？

生：在"兵"后加句号。

师：说一说，课文为什么用逗号，而不用句号？

生：……

师：第三句，运用了什么修辞手法？

生：夸张。

师：我们进一步思考，夸张的目的是什么？

生：写出了军情的紧急。

生：木兰的父亲这次非出征不可。

师：如果是用句号，还有没有这样紧迫的感觉？

生：没有。

师：再看第四句，"兄"后为什么用逗号，而不用句号？

生：表现木兰勇敢、孝顺。

师：木兰的选择有没有犹豫？

生：没有。

师：怎么表现出来的？

生：用逗号来表现的。

师：表现了木兰的什么性格？

生：果敢、坚定。

师：那就果敢、坚定地读。

（生读。）

师：面对困难，木兰打算怎么办呢？诗一开始就把木兰放在这样一个矛盾面前。这样写，有什么表达效果？

生：一个普通女子，当她不得不承担起了阿爷应承担的责任时，她又义无反顾地奔赴疆场。

师：木兰到底是一个不平凡的女子。看似拖沓，其实不然。替父从军，决心也不是马上就能下得了的，但当她一旦做出从军的选择，她的态度则是坚决的。这是木兰对父亲的深深的爱啊！回头再想，正如同学们所问，木兰叹息的又是什么呢？她有什么心事？

生：战争的残酷。

生：担心父母姐弟。

师：既忠于国家，又孝敬父母，还担忧自己，木兰怎能不叹息？但是，我们接着读到的是，从军是木兰并没有经过太多痛苦的选择。既然"阿爷无大儿，木兰无长兄"，那就只有自己去了吧。

生：还有，木兰想让比自己懂得多的姐姐照顾父母。想让弟弟在家接受教育，并且不想让他过那种整天打打杀杀的日子。也许姐姐已经结婚生子，不能替父从军。

师：补充得好。根据这一段内容，说一说，木兰是一个什么样的女儿。

生：果断勇敢。

生：深明大义。

生：替父分忧。

生：孝顺父母。

生：有责任感。

师：有同学问：木兰为什么没有劝全家逃走，而是自己选择替父从军。现在明白了吧？女生齐读——

[PPT6]东市买骏马，西市买鞍鞯，南市买辔头，北市买长鞭。

师：这二十个字，仅复述了上文"市鞍马"三个字的内容。你觉得是否拖沓、累赘、啰嗦？

生：不是。……

师：这句话采用的什么修辞手法？

生：排比、互文。

师：读着，给你什么感觉？

生：紧张而又有序。

师：这句话是用互文复沓的手法，来渲染对出征用具精挑细拣的紧张忙碌又有条不紊、井然有序。节奏上有什么特点？

生：明快。

师：又是什么样的感情基调？

生：欢快、畅快。

师：通过铺陈的手法，营造的是一种明快健朗的节奏，而不是悲悲切切的离别场面。有人评价这一处描写："使情事如见，景物若画。"记下来。再回到前面的问题，"市鞍马"上文已经叙述，这里或者不写，或者简写，但作者一写就是二十个字，为什么不厌其详呢？

[PPT7]"此乃信口道出，似不经意者。其古朴自然，繁而不乱，若一言了问答，一市买鞍马，则简而无味，殆非乐府家数。"——谢榛《四溟诗话》

师：除了艺术性上，"市鞍马"这一句还包含了什么意味？

生：详细介绍了木兰为出征在做充足的准备，说明……

师：木兰替父从军，是不是她的本意？

生：无奈之举。

生：迫不得已。

师：再读一读，品一品，这一句隐含着什么意味。

生：好像有一种出征前的恋恋不舍。

师：是呀，奔波集市也许是一种下意识的流连吧。

[PPT8] 旦辞爷娘去，暮宿黄河边，不闻爷娘唤女声，但闻黄河流水鸣溅溅。

旦辞黄河去，暮至黑山头，不闻爷娘唤女声，但闻燕山胡骑鸣啾啾。

师：这一层句式相同，不同的是什么？

生：地点。

师：地点的变换之快，突出了什么？

生：军情紧。

生：行军快。

师：还有思念之切。你注意字数了么，有什么特点？

生：都是五—五—七—九。

[PPT8] 旦辞爷娘去，暮宿黄河边。旦辞黄河去，暮至黑山头。

师：看老师改得好不好？这一层，本来这样四句就够了，作者却写得那么铺张，这是为什么呢？

生：……

师：由五言而七言而九言，这还是整首诗中仅有的两处连续的长句，给人以一步三回头的感觉，是不是更能表达思念的悠长呢？那么，这一层的朗读，语速和语气上怎么把握？

生：先快后慢，由急促而缓慢。

师：女生齐读——

（生读。）

师：读出了缠绵，读出了不舍。木兰渐行渐远，"爷娘唤女声"自然是听不到的，这只能是木兰的想象，"不闻"，实为"想闻"啊，她想听见父母呼唤她的声音。字面上"爷娘唤女声"是写父母对女儿的不舍和牵挂，实际也是写木兰对父母的思念。这两句，字面上虽然没有一个"思念"，但饱含了双方的思念之情。你听到爷娘唤女声了吗？你听到木兰思念爷娘的心声了吗？——再读，体会此时此刻木兰的心情。

（生读。）

师：老师听出来了。两个"不闻爷娘唤女声"，反复咏叹，声声呼唤，都回荡在木兰的心头，离家越远思亲越切啊！两个"但闻"，紧张的战争氛围，让人怎生的揪心，战场的厮杀就在眼前，殊死的搏斗即将开始。"鸣溅溅""鸣啾啾"，透着凄凉和悲壮。"旦辞爷娘去"，这一去，生死难料，不知女儿何日能回还？有同学问：

[PPT8] 不断强调木兰在行军路上"不闻爷娘唤女声"的思亲之情，这样写会有损木兰的英雄形象吗？

生：不会。这说明木兰重情重义，更能衬托她的英雄气概。

师：第三段叙述了市鞍马和赴战场两层意思，为什么不各自单独成段而合成一段呢？

生：不好。……

师："东市买骏马"一句，她留恋不舍，她踯躅徘徊，她流连忘返，但是，不允许啊，她必须马上出征啊！木兰就是这样，毅然决然地辞别了爷娘，奔赴战场……

生：替父从军，小而言之，是为孝顺；大而言之，是保家卫国。

师：所以才合成一段来写。作者不遗余力地把女儿柔肠百转的牵挂思念写得淋漓尽致，这样写符合木兰的女儿身份和心理特征——既有柔弱的一面，又有刚强的一面。这样的木兰才有血有肉，真切可感。根据这一段内容，说一说，木兰是一个什么样的女儿。

生：恋家。

生：思亲。

生：为国杀敌。

生：有担当。

[PPT9] 归来见天子，天子坐明堂。策勋十二转，赏赐百千强。可汗问所欲，木兰不用尚书郎；愿驰千里足，送儿还故乡。

师：这一段用了一个表示并列关系的分号。什么和什么并列？

生："尚书郎"和"还故乡"。

师：在木兰看来这是可以并列的。部编本教科书在这个分号处用的是逗号。再品一品。

生："还故乡"在木兰心里更重。

师："千里足"指千里马，这里使用借代的修辞手法，目的是什么？

生：写木兰急切地想尽快回到故乡和亲人团聚。

师：这几个逗号，一逗到底，马不停蹄，是不是更能表达木兰的归心似箭啊？这里，删掉"木兰"二字，句式更工整。你认为呢？

生：不删读起来更流畅，也突出并强调了木兰的纯朴本色。

师：我们读读，"木兰不用尚书郎"，我们的"木兰不用尚书郎"，一个"木兰"，含有作者的——

生：赞美之意。

师：是的。这一段的最后一句，怎么读好呢？体会木兰的心理。她的回答有没有犹豫不定？有没有吞吞吐吐？有没有虚情假意？有没有思考再三？

生：没有。

师：那就坚定地读、果断地读、真诚地读、急切地读、不假思索地读！（生读。）

师：说一说，木兰是一个什么样的女儿。

生：思乡。

生：不慕荣利。

师：保持了劳动人民本色。

[PPT10] 爷娘闻女来，出郭相扶将；

　　　　阿姊闻妹来，当户理红妆；

小弟闻姊来，磨刀霍霍向猪羊。

师：经过长期艰苦的战争，木兰终于回到了故乡。第一行全班齐读，第二行女生齐读，第三行男生齐读。我们喜气洋洋地读——

（生读。）

师：听同学们的朗读，老师也分享到了木兰一家团聚的天伦之乐。这一句排比句字数有什么特点？

生：前面都是五言，最后是七言。

师：老师觉得"霍霍"二字完全可以删掉，都是五言句，多好啊？

生："霍霍"是磨刀声，杀猪宰羊，表现了小弟对出征归来的姐姐的挚爱亲情。

师：在一连串的五字句之后用一个七字句，读起来什么感觉？

生：更能表现小弟那种欣喜的心情。

师：诗歌通过同样的句调作三次反复重叠，不厌其详地写了爷娘、阿姊和小弟的举动，这种铺排的句式烘托了欢快喜庆的气氛，生动表现了亲人们十年离别后终于得到团聚时的喜悦心情。老师有一个疑问，阿姊、小弟为什么不出郭相迎啊？

生：这里也是互文的写法。

师：这首诗多用互文的手法，这三句话也可以用互文来理解。爷娘、阿姊、小弟看似各主一事，其实不然，阿姊、小弟岂有不出郭相迎之理啊？说一说，木兰是一个什么样的女儿。

生：爱亲人。

[PPT11] 部编本：开我东阁门，坐我西阁床。脱我战时袍，著我旧时裳。当窗理云鬓，对镜贴花黄。

原人教版：开我东阁门，坐我西阁床，脱我战时袍，著我旧时裳，当窗理云鬓，对镜贴花黄。

师：你认为，"床"和"裳"后，用逗号好还是用句号好呢？

生：用逗号好。

师：大家的意见非常一致。理由？

生：表现了木兰的动作很多很快。

生：体现了木兰回到家中想要恢复女儿身的急切心情与恢复女儿身后的欣喜之情，另一方面，也体现了女儿家的可爱。

师：一副天然的女儿情态。怎么体现出来的呢？

生：一连串的逗号，一连串的行动，表现了木兰的开心、激动。

师：写诗，向来就有"诗避重字"一说。而此句有四个"我"，圈出来，作者为什么还这样写呢？

生：木兰认为战场上的并不是"我"。

师：说得真好！恢复了女儿的本来面目，这才是"我"啊。这一句有六个动词，圈出来。女生齐读，要欢畅地读——

（生读。）

师：老师感受到了。急切、兴奋、欣喜、欢快、甜蜜……四个"我"，脱口而出，六个动词，一气呵成，一个爱美的木兰，一个急于回归女儿身的木兰，跃然纸上。全诗用了不少铺排的句式，既渲染了气氛，强调了所叙述的情节，又使语言流畅富有韵味，体现了民歌中常用的手法。说一说，木兰是一个什么样的女儿。

生：反映了每个女孩爱美的表现。

师：一个不爱红装的女儿，还真的可爱吗？

[PPT12] 出门看火伴，火伴皆惊忙：同行十二年，不知木兰是女郎。

师：这一句，为什么不单独成段呢？

生：前面写，木兰换上了女儿装……

师：我们来想象揣摩木兰的心理。

生：木兰就是想让"火伴"们吃惊的。

师：想象木兰此时得意洋洋的神态——木兰最自豪、最得意的，是什么？

生："不知木兰是女郎。"

师：这里的"木兰"也多余，还是删掉的好，你觉得呢？

生：木兰最得意的，就是成功地掩盖了女性性别，删掉了这个味儿就不足了。

师：读来让人忍俊不禁，活脱脱一个邻家小女儿情态，是不是？说一说，木兰是一个什么样的女儿。

生：一个调皮的女儿。

生：一个可爱的女儿。

师：那就读出一个调皮、可爱的女儿来。

（生读。）

[PPT13] 雄兔脚扑朔，雌兔眼迷离；双兔傍地走，安能辨我是雄雌？

师：尾句对读者产生的疑问，实质上并没有做出解答。《木兰诗》是口头集体创作的民歌，流传于民间很久，经过了不少文人的加工润饰。结尾一句是后来添加的，也说不定呢。其实，若没有这个比喻句，情节也已经很完整了。那么，你觉得，这个结尾是意犹未尽呢，还是画蛇添足呢？

生：意犹未尽。

师：给个理由。

生：更能表达作者对木兰的赞赏之情。

师：作者为什么要用这样一个比喻句结束全诗？这也是好多同学比较困惑的一个问题。

生：作者为什么把木兰比作兔子，而不是别的动物？

师：是啊，为什么不用骏马、苍鹰等来比呢？

生：兔子性情温顺，符合木兰的女性性格。

师：这也是作者的用意，淡其刚美，强其柔美。

[PPT13] 双兔傍地走，安能辨雄雌？

师：老师这样一改，是不是更有一种整齐之美？

生：不好。那种"我"的自豪、得意的俏皮劲儿就淡了许多。

生：原句，让我们似乎看到了木兰狡黠的神态。

师：老师统计了一下，记下来：全诗共 62 个句子，53 个五字句，7 个七字句，2 个九字句。以整句为主，间有散句，为什么要这样写呢？全是五字句多好啊？

生：这样写读起来节奏更明快，耐人寻味。

师：更有韵味。句式整齐而又有起伏变化。参差不齐，错落有致，读来更有一种参差错落之美、韵律顿挫之美。若都是五言句，则单调乏味了。概括起来说，这是一个怎样的木兰？

生：一个女儿情态的木兰。

师：《木兰诗》故事的最后"送儿还故乡""木兰是女郎"。我们这个环节的学习也原原本本地还原了木兰。通过还原，我们发现：她身是女儿身，她心——

生：依然还是女儿心。

[第二环节] 一个英雄气概的木兰

[PPT14] 万里赴戎机，关山度若飞。朔气传金柝，寒光照铁衣。将军百战死，壮士十年归。

师：涉及战争的，唯此一节。请男生齐读，要读得高昂、悲壮——

（生读。）

师：这短短的一节，就用了三个句号。又是为什么呢？

生：故事情节不是连续性的，而是有很多空白，所以用了很多句号。

师：是的。十年战争生涯，多少故事啊，作者只用了几句话就交代完了。概括起来说，这是一个怎样的木兰？

生：一个英雄气概的木兰。

师：有同学问：第四段的内容是很重要的，为什么不详写呢？我们就来讨论一下《木兰诗》的繁简之笔。何处详呢？

生：木兰当户织时的心事重重，木兰准备行装时的活动，木兰回家后全家人的欢乐。

师：谁再来补充一下？

生：还有木兰奔赴战场时的心理，木兰重着女儿装时的欣喜。

师：详处极详，竭力铺写，写得不厌其烦，细致入微。简处极简。《木兰诗》全诗330字，涉及战争的，只此三句，30个字。第一句是写木兰作战吗？

生：写的是行军。

师：第二句是写作战吗？

生：写的是宿营。

师：第三句是写作战吗？

生：写的是凯旋。

师：这一段没有一句是正面描写战争的，而是概括性很强的叙述。木兰的从军作战生活，本来是可以有许多东西写的，但作者寥寥数语就将这段经历概括了出来。作者为什么如此安排详略呢？

生：……

师：再读全文，这一段和全文其他段落比较，凭你的直觉来说，味儿有什么不同吗？

生：……

师：老师怀疑这一段文字不是原来的民歌。费了好大的劲，终于搜到了，学者、专家与老师所见略同：

［PPT15］胡适曾推测《木兰诗》中"朔气"等句是文人改作，也许原文中间有大段描写战争的文字。——胡适《白话文学史》第117—120页，上海新月书店1928年

这显然不是民歌朴素的话语方式，而是文人诗歌想象模式的运用。——孙绍振《花木兰是英勇善战的"英雄"吗?》

师：有人认为《木兰诗》是被腰斩的残篇；也有不少学者推崇《木兰诗》详略得当。你觉得《木兰诗》现在这样的详略安排真的得当吗？

生：《木兰诗》主要写木兰的孝顺，而不是战绩。

师：换句话说，十年征战一笔带过，这是《木兰诗》最大的空白点。《木兰诗》为什么要将其模糊化呢？

生：为了表达主题和塑造人物的需要。

师：作者为什么要创作《木兰诗》？或者说改写者为什么要这样改写《木兰诗》？其兴趣在哪里？

生：木兰女扮男装，替父从军。

生：作者的兴趣主要在这一奇特的事件本身上。

师：一般来说，作者不惜笔墨描绘的往往都是他所要着力突出的——分析任何作品的详略安排，同学们都要把握这个原则。那么，作者所要突出的是什么？

生：木兰孝敬父母、勇于担当。

师：所以，对残酷的战争，一笔带过，着墨较多的是生活场景和女儿情态。这样的繁简安排，似乎还隐藏了作者的什么倾向？说说看。从故事的结局这个方面考虑。

生：……

师：这种繁简安排似乎还隐含了作者对和平生活的——

生：向往。

师：对战争的——

生：冷淡。

师：对官场的——

生：疏远。

师：我们再换一个角度来看。要将十年的征战生涯写得精彩，也并非只能浓墨重彩地描述。

[PPT16] 齐白石《十里蛙声出山泉》图片

师：几尾小蝌蚪，一弯急流，寥寥几笔，但却让欣赏者展开无限的审美联想，这就叫"留白"。以简驭繁，反而能够给予读者更多的想象、思考和审美空间，获得形减神添的艺术效果——[PPT16] "形减神添"——做个笔记。我们就从"形减神添"这个角度再思考一下，这样的详略安排，作者用意何在？

生：更能增加想象空间。

师：这也给关于"木兰"的戏剧、影视作品等以想象余地和创造空间。有同学问：木兰从军，她后悔过么？

生：不后悔。

师：哪里体现出来的？回到文本。

[PPT17] 愿为市鞍马，从此替爷征。

愿驰千里足，送儿还故乡。

生：两个"愿"。

师：把这两个"愿"圈出来。品一品，什么味道？

生：无怨无悔。

生：这是自己报答双亲的机会，木兰怎么会后悔呢？

师：木兰既是奇女子又是普通人，既是巾帼英雄又是平民女子，既是矫健的勇士又是娇美的女儿。在木兰身上，英雄气概与女儿情怀，并不矛盾。但显然，作者对后者有所侧重。这又是为什么呢？

生：……

师：写她的焦灼不安与思虑，写她"不闻爷娘唤女声"，写她不想做官、急于回家和回家以后的种种举动，都是在强调什么？

生："木兰是女郎。"

师：这是作者构思的核心。木兰是英雄，不小心成为的。作者有意识地淡化了木兰的"英雄"特征，整首诗的详略安排都是围绕这一用意的。木兰能够在战场上建立功勋，说明她一点也不比男子逊色，但最后，她又回到织布机前。你对《木兰诗》女英雄的这一归宿有何想法？

生：……

师：老师想问问咱们班的男孩儿，你对未来伴侣的设想是怎样的？（众笑。）

生：温柔、贤惠。

生：漂亮、孝顺。

生：温文尔雅。

师：老师发现，这三个男孩儿喜欢的都不是女汉子。我们班的女孩儿们要向温文尔雅这个方向努力哟！（众笑。）其实，作者和我们想的一样。尤其是在古代，木兰女扮男装替父从军，已经是够惊世骇俗的了，最后应该回到正常的轨道上来，这大概是传统观念中对女性形象的"默认设置"——《木兰诗》的作者们也无法超越。或许在作者看来，这是天经地义的。诗歌的大部分篇幅都是在写木兰的女儿情态，是否有损其英雄气概呢？

生：不是。……

师：是否可以这样说，恰是木兰的女儿情态支撑起了其英雄气概？——从实际效果看，诗中所刻画的种种女儿情状，正多方面地丰富了木兰的英雄性格，使这一形象有血有肉，真切动人。女儿情与英雄气相得益彰。十年征战不寻常，木兰英雄气不短，只是略写罢了；女儿情更长，才是作者表达的重心。

〔第三环节〕 一个文学性质的木兰

师：有好多同学问到："木兰"的故事到底是真是假？历史上到底有没有"木兰"这个人物？

[PPT18] 在中国古代，有一个黄崇嘏。黄崇嘏是五代时期蜀国的女子。谢枋得在《碧湖杂记》中记载，黄崇嘏女扮男装，在蜀相周庠的府中做掾属。因她"吏事明敏，胥吏畏服"，而被周庠看中，"欲妻以女"。弄得黄崇嘏啼笑皆非，只好讲明自己是个女子，一走了之。

师："木兰"不一定实有其人，可是，女扮男装却实有其事。"木兰"不过是这些女子中的一个代表而已。

[PPT19] "能够区分写实作品与虚构作品。"——《义务教育语文课程标准》（2011年版）

师：那么，我们就来区分一下，你觉得《木兰诗》哪些地方是虚构？

（学生回答。此略。）

师：这三位同学找的句子是一致的。老师也是这样看的。

[PPT20] 策勋十二转，赏赐百千强。可汗问所欲，木兰不用尚书郎，愿驰千里足，送儿还故乡。

师：木兰为何"不用尚书郎"呢？——这也是同学们问得比较多的一个问题。

生：木兰的初衷，是替父从军，并别无他想。而且在这十多年里，木兰是多么想见家人，与家人团聚啊。

生：难道木兰想不通，先做官，再把自己的一家人接过来一起生活的事吗？

生：木兰不想也不对做官感兴趣，她只想快点回到家乡，回到以前那样，安静地过着平常人的生活。并且文中并没有提到木兰不要"赏赐"，也许木兰会过上商人的生活。

生：我觉得，木兰拒绝当官是怕自己女子身份被识破，犯了"欺君之罪"。

师：同学们认为呢？

（绝大部分同学认同这个观点。）

师：但是，木兰在军营中尚且能不被识破女儿身，做了"尚书郎"这样的高官，有了自己单独的府邸，拥有了独立的私密的空间，不是更加不易被识破了吗？有同学是这样问的：

[PPT21] 木兰女扮男装，替父从军是欺君之罪，那么最后她换上女儿装，公然站在"火伴"面前，不怕被揭发吗？知情不报，也会被判罪，木兰很信任他们吗？

师：有好多同学都提到了类似的问题。怎么解释？

生：是不是因为木兰军功显赫，君王才免了她的"欺君之罪"？

师：大概如此吧。为什么要治木兰罪呢？木兰立了那么大那么多的军功，也可以功过相抵了吧？再说了，"木兰不用尚书郎"，还有必要追究她罪吗？所以，木兰才不怕以女儿身示于"火伴"。还有同学问：木兰是主动辞官，还是被动辞官？你认为呢？

生：做官太累啦。

师：怎么讲？

生：还要隐藏身份。

生：木兰是主动放弃"尚书郎"的，是主动选择回到故乡，回到父母身边的。

师：是的。木兰知道自己适合什么样的生活。刚才我们交流过，再从传统文化观念这个角度想想，"木兰不用尚书郎"这个问题。

生：这是作者的倾向和立场。

师：实在是因为作者不让她"用尚书郎"啊。（众笑。）

[PPT22] 同行十二年，不知木兰是女郎。

师：问的最多的就是类似这个同学的问题：

［PPT22］"火伴"们真的都没有发现木兰是女生吗？

（众笑。）

生：在一起打仗，在一起生活十多年，这不大可能，不大可信。

师：大家同意她的意见吗？

生：同意。这个故事越看越像编的。

师：宿营、吃喝拉撒……木兰不被发现是女郎，很难想象，或者说只是想象罢了。有人这样评价《木兰诗》：

［PPT23］"事奇诗奇"——沈德潜《古诗源》

师：看课文"导读"，有一个词，告诉了我们答案，是哪一个？

生："传奇"。

师："传奇"，圈出来。同学们：这只是一个动人的传奇故事。这只是诗歌的艺术表现手法。虚构不等于虚假。不必过于较真。概括起来说，这是一个文学形象，一个文学性质的"木兰"。

［第四环节］ 一个众美齐集的木兰

师：你觉得木兰美不美？

生：美。

师：作者有没有直接写木兰的容貌？找一找。

生："当窗理云鬓。"

师：《木兰诗》除了"云鬓"一词，再无一字直接描写木兰的容貌。那同学们为什么觉得木兰美呢？

生：……

师："出门看火伴，火伴皆惊忙"，你是怎么理解这个"惊忙"的？换句话说，"火伴"们是因为木兰的丑而"惊忙"，还是因为木兰的美而"惊忙"呢？

生：美。

师：美的是什么？

生：性情和心灵。

生：精神与人格。

师：一方面，弱写木兰的美，并非意味着木兰不够美；另一方面，越是弱写她的容貌，越发诱使人去想象，再创造出千姿百态的木兰来。

[PPT24] 维纳斯图片

师：维纳斯的断臂，不仅没有损害她的美，反而让人生发出仪态万方的无穷的臂膀的想象来。

[PPT24] 联想和想象：木兰停机叹息时的心境；木兰奔赴前线途中的心情；木兰还乡后与亲人团聚的场景；家人喜迎木兰的画面；木兰重着女儿装时的感情。

师：这些问题我们课下思考吧。说说你心里的木兰。

生：我想对木兰说：你是最棒的，你体现了女孩不一样的风采，你是我们女孩的骄傲。

生：木兰的形象集中体现着中华民族勤劳、善良、机智、勇敢、刚毅、淳朴的优秀品质。

师：正因为"集中体现"，老师觉得，木兰的形象，是不是过于完美、过于理想化了？

生：是美化吧？

师：也许吧。自古以来，忠孝难以两全。但是，木兰不仅做到了，而且，做到了极致。也许在木兰身上，寄托了作者美好的愿望吧。（古韵朗诵）"孔雀东南飞，五里一徘徊。"中国文学史上有"乐府双璧"一说，其一是《木兰诗》，其二是《孔雀东南飞》，我们在高中将学到。下课。

【教后反思】

"信流引到花深处"（此略）

【附】汲安庆老师点评：细读：追求适体与跨体的统一——李明哲《木兰诗》教学实录评析（参见《中学语文》2017年第8期）

10　"这种窃读的滋味"
——《窃读记》教学实录

【背景】

2016年8月27日，我参与了外地某县招聘教师面试工作。该县用的是北师大版的教科书（之前我还没有见过），我命题涉及的课文之一是《窃读记》。

后得知，今秋使用的"部编本"语文教材七年级上册也有《窃读记》。而这篇课文人教版小学五年级上册就有，但删改得太多。《窃读记》成了"窃改记"。好在今秋使用的"部编本"给的是全文（也"略有改动"），这不正是给小语胡删乱改版"解毒"的好机会吗？如果以此架构《窃读记》一课，如何呢？

据北师大版完成《窃读记》教学设计后，才拿到"部编本"教科书（教参未到），感觉本自读课文仅有的"阅读提示"编写得不错，调整一下，不妨以之为纲，再融进自己的设想。

【课堂实录】

第一部分　见世界

PPT：2015年，世界人口72亿，诺贝尔奖获得者八百多人。

犹太人约一千多万，占世界人口约0.002%，诺贝尔奖获得者一百多人，约占总获奖人数的20%。

中国人口约13.7亿，诺贝尔奖获得者2人；海外华人约5000万，诺贝尔奖获得者10人。

华人占世界人口约 20%，诺贝尔奖获得者约占总获奖人数的 0.01%。

师：就算数据不是太确切，也差不多 200 万倍的差距。同学们想知道吗？这是什么原因呢？

PPT：2015 年，中国人均阅读图书为 4.5 本，以色列（犹太人为主体民族）为 64 本。

师：请大家读"阅读提示"第二段的第一句话——

PPT：读书是一种高雅的习惯，也是一种良好的生活方式。

师：这话不痛不痒，没有说到点子上。继续读——

PPT：书犹药也，善读之可以医愚。——［西汉］刘向

师：这话虽说到点子上，但我们这位老祖宗把读书当成了苦差事。再读——

PPT：在孩子刚刚懂事时，犹太妈妈就会在每个书页上都滴上蜂蜜，让孩子舔食，让连字都不认识的孩子产生第一个具象的概念——书是甜的。

师：读书是吃药呢，还是喝蜜呢？这节课，我们就来学习一篇和读书有关的文章，林海音的《窃读记》。

（请一生板书课题、作者。）

师：这篇课文我们小学学过，但那个是删改版；现在我们学习的也是删改版，但——看题注——"略有改动"。

第二部分　见文本

一、整体把握，了解大意

师：请把"阅读提示"第一段的第二、三句读一下——

PPT：文章开头连续设置悬念，让读者不断地追问"她要干什么"，谜底揭开一角时，却又突生变故；结尾，读者预感要发生什么时，又有出人意料的转折……在你想问"为什么"或"以为会怎样"的地方做个记号。

师：这话放在正文之前就好了。——你在哪里做的记号？

敲开语文的果壳

（巡视查看。）

师：大家的好奇心大致是一样的。这就是猜读法。——但这么简单的事，好多同学却没有做，要加油哟。这篇文章讲了一个什么故事，你能用一句话概述吗？

生："我"因买不起书而在书店里"窃读"的故事。

师：概括非常精炼。我们说的文中的"我"，书面表达的时候应该——

生：加上引号。

师：对。大家能用文中的一句话概述这个故事吗？

生："记住，你是吃饭长大，读书长大，也是在爱里长大的！"

师：这句话是深化主题的关键句。但它能概括全文的故事情节吗？

生："我很快乐，也很惧怕，这种窃读的滋味。"是这一句吗？

师：是的，这句是中心句，标示了文章的中心内容。大家画下来。

（请一生板书最后一句。）

师：我们读一读，画一画，"我"是怎样"窃读"的？

（回答略。）

师：再读一读，圈一圈，"这种窃读的滋味"是怎样的？圈出关键词（学生找得不是很全面，老师领着继续找）。我们总结一下，先说"快乐"，再说"惧怕"。

生：快乐——暗喜、庆幸、贪婪、忘形、松快……

生：惧怕——担忧、羞惭、尴尬、难堪、悲愤、狼狈、小心……

师：快乐中有惧怕，担忧中有喜悦，真是苦乐交织啊。"窃读"毕竟是很难为情的事啊。下面我们来品读接近原汁原味的《窃读记》的复杂滋味。

二、写法揣摩　见章法之美

师：这篇文章读起来给人的感觉非常逼真非常吸引人。作者是怎样做到这一点的呢？大家读"阅读提示"第一段的第一句——

PPT：这篇文章比较长，作者通过富有悬念的起笔、中间的插叙、突然的转折及深化主题的结尾，把文章写得起伏有致，不断激发读者的阅读兴趣。

师：《窃读记》，多么妥帖巧妙的题目啊，看了题目就想一睹为快。这样的故事，这样的写法，能不吸引人吗？还没读过瘾呢，根本没有感觉到长。作者是如何调动读者阅读欲望的呢？我们就来探究一下。先来说，文章围绕"窃读"具体写了哪几件事？

（学生答不出。）

师：我们先画出标示时间节点变化的段首句，这样就容易总结了。

生：先写被书店老板发现了，所遭遇的侮辱和尴尬；再写"窃读"的滋味又快乐又惧怕；最后写在一家书店"窃读"受到店员的特殊照顾。

PPT：叙述在一家书店窃读受辱的经历（1—8）；插叙窃读的起因及经验（9—16）；叙述在另一家书店窃读过程中受到的关爱（17—29）。

师：在8、16段后标注一下，这是三个部分。

"放学后，我急匆匆地赶往书店。"开头这样写如何？

生：那就没有什么悬念了。

师：是的，也就平淡无味了。把插叙的部分放在最前面如何？

生：不好。这样写一波三折，造成了出人意料的悬念效果。若把中间的插叙调到前面，那就成了平铺直叙了。

生：这样写体现了"我"即使受到了心灵的创伤也要"窃读"，放在中间最好不过。

生：先果后因，娓娓道来，更能给读者留下深刻的印象。而变成按照事情发展的顺序，读起来便觉得乏味了。

师：是的，"文似看山不喜平"。我们再来看这些句子，你发现什么特点没有？

PPT：采用对比手法的相关语段。（此略。）

生：这是不是对比着写呢？

师：是的。那就品一品这些句子还有这样写的好处吧。

生：最令"我"开心的竟是下雨天，只是因为这样就可以毫无顾忌地尽情地看书了。——这段文字让人感动。

师：确实动人心肠。读着这小小的"阴谋诡计"，让人不禁哑然失笑。但是，我们替她庆幸的同时，一种酸楚又会涌上心头。

生："世上还是好人多"，那个店员就是。"他却若无其事地走开了。""他向我轻轻地点点头……"，这都是对"我"自尊心最大的呵护，而且，他这样做，很可能还得瞒着老板。

师：是的。大家再读"阅读提示"第一段的第四句——

PPT：读完后再想想，这些悬念的设置有什么作用，对结局的揭示有什么好的效果。

师：这个问题指向有点模糊，老师再增加一点明确的要求——

PPT：结合对比写法和文章主旨分析。

生：作者设置这些悬念，使读者时时刻刻在脑海中想象着当时的情景，仿佛身临其境，让读者有种说不出的好奇和很多猜测，迫切地想知道下文。

生：这些悬念的设置吊人胃口，会让读者感到疑惑，忍不住想看下去，也为结局的画龙点睛做了很好的铺垫，给人留下了深刻的印象。

师：最好不要泛泛而谈，要揣摩人物情感变化过程，结合对比写法和文章主旨具体分析。——这个问题可能一时不好回答，这样吧，我们来写一写，写完读一读。（巡视。）

生：正是因为有了之前的这些经历，才使"我"对国文老师的话，有了更深的体会，才有了"也是在爱里长大的"这句话的诞生，认为读书就更有了意义。

生：文章总是在读者预感到要发生什么的时候，有了出乎意料的转折。比如，在一家书店"窃读"被老板发现赶了出去，"我"心情低落，对人类产生了仇恨；而在另一家书店，店员的一句热心话打动了"我"，让"我"温暖感动，瞬间感受到店员的爱，对世间产生了新的憧憬和希望，改正了"我"的观点和认识。读完课文，回过头来想，这种转折是我在还没有读到的时候没有想到的。

生：最后一句话写出了人间是有爱的，正是因为有了这些爱，作者才能在文学这条路上走得更远、更长。这些爱像蜜糖，滋润了作者的心田，甜美了作者的思想。

生：一个冷眼相待，一个特殊照顾。通过老板和店员的对比，写出了"我""对人类的仇恨"到认识到"也是在爱里长大的"，表现了"我"思想上的变化，精神上成长的过程。

师：说得深刻！（巡视中）哦，你圈画的很多，写的也很长啊，读一读——

生：先说前一次。"我庆幸它居然没有被卖出去，仍四平八稳地躺在书架上，专候我的光临。"我们为她庆幸，替她高兴。"但和我的手同时抵达的，还有一只巨掌，五个手指大大地分开来，压住了那本书的整个：'你到底买不买？'"我们为她感到"羞惭而尴尬""难堪"与"狼狈"，也为她感到"悲愤"和"屈辱"。

再说后一次。"正在这时，一个耳朵上架着铅笔的店员走过来了，看那样子是来招呼我的（我多么怕受人招待）。"正当我们为她担忧的时候，没想到的是："但是一本书触着我的胳膊，轻轻地送到我的面前：'请看吧，我多留了一天没有卖。'"

一个"压住了那本书""威风凛凛地俯视着我""冷笑"，一个"轻轻地送到我的面前""若无其事地走开了""向我轻轻地点点头"，其中有突转，两者有对比，写出了"我"受"屈辱"而"仇恨"，到心生"感激"到理解"爱"，表达了"我"对"耳朵上架着铅笔的店员"医治了"我"的"心灵创伤"，矫正了"我"扭曲的价值观念的感恩，写出了"我"在"爱"中的成长。

（板书：仇恨——爱）

师：精彩！这个孩子有对语言的敏感，她的发言估计有几百字，快够一篇小论文啦！——所以，作者最后写到："也是在爱里长大的！"这是"窃读"中最大的收获！这个"爱"就是这篇文章的落点。——文章不仅是写窃读的故事，还是写爱的故事，写爱可以化解仇恨的故事。

三、 图文互读　见描写之美

师：看看课文插图，画得怎样？评价一下。

生：它表现的不是"窃读记"，而是"阅读记"。

生：只有她一个人，看着她很安适地读书，好像是在自家的书房了。（众笑。）

师：那我们再观察下面的两幅插图，你认为，它们是否较好地体现了"窃读"呢？

PPT：人教版五年级上册课文插图/北师大版八年级上册课文插图（此略）。

（无人回答。）

师：这个我们回头再看。大家先读"阅读提示"第二段的第二句——

PPT：本文通过对窃读时"我"的动作、心理的细腻描写，真实再现了小主人公对读书的热爱和渴求，读来让我们感动。

师：我们对照课文，先来看细致的动作描写，把写到"窃读"的动作的词圈出来。

PPT：我**跨**进书店门，暗喜没人注意。我**踮**起脚，使矮小的身体过别的顾客和书柜的夹缝，从大人的腋下**钻**过去，哟，把短发弄乱了，没关系，我到底**挤**到里边来了。

我要把自己**隐藏**起来。有时我**贴**在一个大人的身边，仿佛我是与他同来的小妹妹或者女儿。

我再施惯技，又把自己**藏**在书店的一角。

师：注意加粗的字词，你从中感悟到什么？

生："踮""钻""挤"这几个动词，写出了"窃读"的迫切和小心翼翼，让我们明白了这种滋味十分辛苦。

生：这些动词说明了走得很小心很小心，不能惊动其他人，让别人忽视自己，比如，"藏"，说明"我"每次去读书都会找个十分不起眼的地方来"窃读"。

生：从"把短发弄乱了"也不顾得整理，我看到了"窃读"的迫不及待。

（其余发言略。）

师：这样的描写真是让人如临其境。我们再来看细腻的心理描写。她，为了读书，可以……让我们跳读课文，切自体察"这种窃读的滋味"——

PPT：描写窃读细节的相关语段。（此略。）

师：也可以是屏幕上没有的其他语句。把打动你的或感受深刻的语句再读一读，说一说。

生：我看到了这样一个画面：一个小女孩，怯怯地藏身于大人中间、匆忙而贪婪地"窃读"着……

师：最好是结合语句具体来说。

生："当书店的日光灯忽地亮了起来，我才觉出站在这里读了两个钟点了。"这个"才"说明"我"读书的专注和认真，已经达到了忘记时间的境界了。

生："有时我贴在一个大人的身边"，一个"贴"字，多么童稚，多么狡黠，而又多么可怜。

生："世上有钱的人这样多，他们把书买光了。"在她心里这是不公平的。

师：哦，多么幼稚的孩子气的想法啊。

生：想读书却被老板赶了出去，为了自尊，"软弱无力"地反抗，这种滋味很不好受，很让人伤心。

生：她在"窃读"时被老板发现了，这种在大庭广众之下被指责的滋味很不好受，"我""几乎要哭出来"。

生："我不过是一个无力购买而又渴望读到那本书的穷学生！""窃读"中自有酸甜苦辣的复杂滋味。

（其余发言略。）

师：是啊，"我"就是这样"窃读"的，读——

PPT：担忧、急忙、羞惭、尴尬、难堪、悲愤、狼狈、屈辱、渴望、全神贯注、贪婪、惧怕、知趣、隐藏、感谢雨水、饥肠辘辘、腿酸、小心、激动忘形、忘食……

师："窃读"就是这么的不容易。那么，我们再看那两幅插图，是否较好地体现了"窃读"的动作和心理呢？先说人教版五年级上册的（PPT重放）。

生："我"离前面那个人近点就好了，以体现"贴"。

生：根本用不着"贴"。那个人胳膊弯里挂着一把伞，看来外面好像下雨了,这样"我"可以有充分的理由在书店待下去,这算不上"窃读",体现不出"那种窃读的滋味"。

生:"再""又"说明"我"经常那样地"窃读",而下雨天只是特殊情况,这幅插图,时间选得不合适。

(其余发言略。)

师:我们再看北师大版的(PPT重放)。

生:"我"就在画面的中心,连"一角"都体现不出来,更不要说"藏""贴"了。

生:右上角好像是个柜台,那个耳朵上架着笔的年轻人,应该就是文中写的那个好心的"耳朵上架着铅笔的店员"。这一次在这一家书店受到如此关爱,"我"根本不用"窃读",这是一个特例。这幅插图,地点选得不合适。

(其余发言略。)

师:总的来看呢?

生:我觉得插图没有表达出无法用文字来描述的那种情感、表情和周围的环境,不是那么契合文意。

生:这几幅图所描绘的读书场面,既没有"窃读"的艰难,也没有"窃读"的担心和惧怕,所以它们没有体现出"窃读"。画者并没有站在"我"的心情角度上去想当时的情景,没有了解"窃读"的真正含义。

师:说得好!大家观察得真仔细,理由也说得充足。我们同学比插图作者水平高!真的!

四、比较阅读,见表达之美

师:下面是《窃读记》的两个版本,人教版七年级上册和五年级上册。我们用圈点批注的方式来细读。

PPT:七年级上册是未标注的加画线的;五年级上册是未标注的加小括号的(画线的为删除的,小括号的为改动的)。删改处后已依次标注序号,请用字母标注删改的效果(a删改得好;b删改得不好;c可删改可不删改),每段中自选某处删改,说说你的看法和理由。

PPT：点评（示例）：

1. 转过街角，看见三阳春（饭店）的冲天招牌①，闻见炒菜的香味，听见锅勺敲打的声音，我松了一口气，②放慢了脚步。下课从学校急急赶到这里（放学后急匆匆地从学校赶到这里）③，身上已经汗涔涔的，总算到达目的地——④目的地可不是三阳春（饭店）⑤，而是紧邻它的一家书店。

①⑤b"三阳春"的饭店名更具体，更能增加故事的真实感，"冲天"加大了"物质食粮"和"精神食粮"比照的力度，不删为好。

②④b 后一句写出了路程的遥远和"求知的欲望"，不删为好；相应地，前一句也宜保留。表达之美，在于恰当。当简则简，当繁则繁。此文本此语境，非繁不能写出"窃读"的诸般滋味。

③c 即使"下课"不改为"放学"，联系下文，也知是下了最后一节课，并不会产生误会。

师：（再次详细说明示例后）其余的段落请同学们来点评。

〔说明：比较阅读的环节，限于篇幅，课例中也只能撮要举凡，存其大体了。下面是学生点评的汇总——关于删改的效果，有些地方，学生之间有争论，这是好事，这里没有照录，采用的是交流的结果，并不能复现现场。自然，迂回引导的过程也没有照录，比如：

师：看第三段前三句，你有什么疑问吗？

生："我踮起脚，从大人的腋下钻过去。"她为什么要踮起脚钻呢？

师：（灵机一动）来，小伙子，你从我腋下钻一下——

生钻。

师：你为什么不踮起脚钻，反而缩着身子呢？

生：那怎么可能呢？

师：大家明白了吧？——"我踮起脚"，是为了"使矮小的身体挨蹭过别的顾客和书柜的夹缝"，而不是为了"从大人的腋下钻过去"。编者把中间这句话删掉了，这就导致了——

生：前后句矛盾了。

生：也不礼貌。

生：不符合实际情况。]

PPT：2. 我趁着漫步给脑子一个思索的机会（边走边想）①："昨天读到什么地方了？那女孩不知最后嫁给谁？②那本书放在哪里？左角（边）③第三排，不错。……"走到三阳春的门口，便可以看见书店里仍像往日那样（一样）挤满了顾客，（。）④我可以安心了。但是⑤我又担忧那本书会不会卖光了⑥，因为一连几天都看见有人买，昨天好像只剩下一两本了。

生：①b 具体不好吗？突出了"我"对书的牵肠挂肚，迫不及待。

生：②b 删后虽简洁，但好奇心没有了，渴求读书的味儿不足了。

生：③⑤⑥c

生：④bc 先从饭店门口观察书店里的情况，多么细腻的动作心理刻画啊！而这样的删改已经改变了作者的原意了。

PPT：3. 我跨进书①店门，暗喜没人注意。我踮起脚（尖）②，使矮小的身体挨蹭过别的顾客和书柜的夹缝，③从大人的腋下钻（挤）④过去。哟，把短发弄乱了，没关系，我到底（总算）⑤挤到里边来了。在一片花绿封面的排列队里（一排排花花绿绿的书里）⑥，我的眼睛过于急忙地（急切地）寻找，反而看不到那本书的所在（却找不到那本书）⑦。从头来，再数（找）⑧一遍。啊！它在这里，原来不是⑨在昨天那位置（的地方）⑩了。

生：①b 这里不加"书"字，大家也知道是书店。

生：②b "踮起脚尖"，不符合实际情况。

生：③b 准确生动的描写，更体现出"窃读"的艰辛，而删后导致前后句矛盾了——容易顶到大人的腋窝。

生：④b "钻"是不是更符合实际呢？

生：⑤⑩c

生：⑥b "封面"比"书"表达准确一些吧？

生：⑦b "过于急忙"不是比"急切"更急切吗？而且，"过于……反而"，因果关系交代明确，突出了"我"因太想要找到那本书，而过于急忙慌乱地寻找而找不到的着急的心情。

生：⑧b "数"是从头一个一个地特别认真仔细地"数"，而"找"就是不太有顺序，只是大体地看一下。

生：⑨b"位置"比"地方"具体。

PPT：11.（急忙打开书，）①一页，两页，我如饥饿的瘦（像一匹饿）②狼，贪婪地吞读下去（着）③。我很快乐，也很惧怕，（——）这种窃读的滋味！（我害怕被书店老板发现，）④有时一本书我要分别到几家书店去读完，比如（每）当我觉得当时的环境已不适宜我再在这家书店站下去的话（再读下去的时候）⑤，我便要（会）⑥知趣地放下书，若无其事地⑦走出去，然后再走入（进）⑧另一家。（有时，一本书要到几家书店才能读完。）⑨

生：①④b联系下文读，这不废话吗？

生：②b比起"一匹饿狼"，"饥饿的瘦狼"更好一些。"一匹"一般是指称动物的，这里被用来指"我"，明显不尊重、不礼貌。原文不只是"饿"，还有"瘦"，"瘦"的意思被改掉了，表现力就弱了许多。

生：③b"吞读"比"读着"好，突出了快速和急切；所谓"狼吞虎咽"，也照应了上文。

生：⑤b"这家书店"一方面指代明确，另一方面照应"另一家"，还是不删好吧；"站下去"就意味着站着读，也没有改的必要吧。

生：⑥b"便要"好像有时间的逼迫，不太情愿、爱不释手，无法割舍也不能不放下书的味道；而"会"让人觉得看不看无所谓，放不放都可以。

生：⑦b"若无其事"，一副冷静沉着的模样，当作没有这回事似的，这是"处心积虑"地"伪装"，掩饰窃读，还是不删的好。

生：⑧c

生：⑨b放在原位置更好。

PPT：12. 我希望（喜欢）到顾客正多着的书店①，就是因为那样可以把矮小的我挤进去，而不致（会）被人注意②。偶然进来看看闲书的人虽然很多③，但是像我这样常常光顾而从不（购）买一本的④，实在（恐怕）⑤没有。因此我要把自己隐藏起来，真是像个小偷似的⑥。有时我（会）⑦贴在一个大人的身边，仿佛我是与他同来的小妹妹或者（小）女儿。⑧

生：①b"喜欢"没有"希望"的那个意味。每个书店里的书"我"都很

"喜欢",而自己没有多余的钱买,所以想到书店去"窃读"。"正多着"更准确,表示就在那个点儿多。哪个书店在哪个时间段里顾客最多,"我"费尽心思,算计好了。改了不好。

生:②b 删改后"窃读"的滋味不足了。

生:③b "偶然"可能是有时正好路过,看会就走;删去就是特意、经常了。猜测不该改成肯定。再联系后一句看,这样的删改也改变了作者的原意。

生:④b "不致"有可能会被人注意,而"不会"是根本"不会"了,但这是不可能的。

生:⑤b "恐怕",不确定;"实在没有",非常肯定,把一个"窃"字表现得淋漓尽致。不可替换。

生:⑥b 这句比喻的话十分得体,表达出当时内心的真实感受,自卑自悲而又忧伤。也应了题目的"窃"字。

生:⑦b 添字多余。

生:⑧b 伪装成与一个大人同来的孩子,多么苦心孤诣啊!何故删改?

PPT:13. 最令人开心的还①是下雨天,感谢雨水的灌溉,②越是倾盆大雨我越高兴,因为那时我便有充足的理由在书店待下去。好(就)像躲雨人偶然避雨到人家的(在)屋檐下(躲雨),你总不好意思赶(我)走吧③?我有时还要装着皱起眉头(,)不时望着街心,好像说:"这雨,害得我回不去了。"其实,我的心里是怎样(却)高兴地喊着④:"再大些!再大些!"⑤

生:①b "还"表示这已经不是一次了。

生:②b 这是为什么啊?多有悬念啊!"窃读",当然非常感谢下雨了;"灌溉",哪怕是来去淋雨,也值得。

生:③bc "躲雨人"是泛指,自然包括"我",添之不当。其余可删改可不删改。

生:④b "是怎样"是多么期盼,多么高兴啊,比"却"表达的意思更强烈。

生:⑤b 用反复的手法双重写"再",无法抑制自己内心的兴奋、窃喜,急切希望下得更大,而有机会在书店能多待一会儿多看一会儿书。编者不懂

"我"的心，改后味道就淡了。

PPT：14. 但我也不是个读书能够废寝忘食的人，①当三阳春正上座，(饭店)②飘来一阵阵炒菜香时③，我也(已)④饿得饥肠辘辘，那时我也不免要做个⑤白日梦：如果(口)袋中(里)有钱够(该)⑥多么好⑦！到三阳春(去)⑧吃(一)⑨碗热热的排骨大面(条)⑩，回来(到)⑪这里(时，)⑫已经有人给摆上(了)⑬一张弹簧⑭沙发，坐上去舒舒服服地接着看。我的腿真够酸了(哪)⑮，(不得不)⑯交替着用一条腿支持另一条(支撑着)⑰，有时忘形地撅着屁股依赖(又靠)⑱在书柜旁，以求暂时的休息。明明知道回家还有一段路程好走，可是求知的欲望这么迫切，使我舍不得放弃任何可捉住的窃读机会。⑲

生：①b 联系下文"忘记吃的花生米"，可以看出她是一个谦虚的人——她就是一个"读书能够废寝忘食的人"。

生：②b "上座"，这样的语言表现力十足，即使不加注释，读者也不会误解吧？

生：③b 生菜一般不香。

生：④b "我"饿得难受，"也"强自忍受，是不是还有这样一层意思呢？那就不要删改吧。

生：⑤b "个"，特指此时此刻此梦的特定内容，删后给人的感觉倒像有什么病似的了。

生：⑥c "够"有点别扭，可能是方言吧。

生：⑦⑪⑰c

生：⑧b "三阳春"是紧邻它的一家饭店啊。

生：⑨⑫⑬⑯b 添之多余。

生：⑩⑭b 梦想只是"一碗面条"，连根"排骨"也不舍得让吃；"'弹簧'沙发"也不舍得让坐，编者可真够狠心的！其实，这种幻想只是为了应付"窃读"时的饥饿和疲劳，然而这种最简单的需求对一个穷学生来说，却像"白日梦"一样不可能实现。由此可见，"我"所遇到的困难和内心的无奈，同时反衬出"我"对读书的渴望。

生：⑮b 像是"我"在自语，删改后倒像是意在说给别人听似的了。"了"不是更能说明站的时间之久吗？

生：⑱b 读书人境，竟忘了是在"窃读"了，难道编者也忘了？

生：⑲b 为了"窃读"，哪怕路程之远！为什么要删呢？

PPT：25. 当书店的日光灯忽地亮了起来，我才（发）觉出（已经）站在这里读了两个（多）钟点（头）了①。我合上最后一页——（书，）②咽了一口唾沫，好像（把）所有的智慧都被我吞食下去了。（，）③然后抬头找寻那耳朵上架着铅笔的人，好交还他这本书。在远远的柜台旁，他向我轻轻地点点头，表示他已经知道我看完了，④我默默地（才依依不舍地）⑤把书放回书架上⑥。

生：①b 不删改的文字是不是更有味儿？

生：②b "合上书"不能表示看完了。

生：③b "被"字句是不是更有强调的味道？

生：④b 因前文的删改，后文不得不相应地删改。

生：⑤b "默默"好像包含了"依依不舍"等更多的味道。虽然"我"没有当面谢他，但心里已经非常感激，也去除了"对人类的仇恨"。

生：⑥c

PPT：26. 我低着头走出去（书店）①，黑色多皱的布裙被风吹开来，像一把支不开的破伞，②可是我浑身都松快了。摸摸口袋，里面是一包忘记吃的花生米，我拿一粒花生米送进嘴里，③（脚站得有些麻木，我却浑身轻松。这时，）④忽然（我总会）想起有一次⑤国文先生（老师）⑥鼓励我们用功⑦的话：

27. "记住，你（们）是吃饭长大（的）⑧，也是读书长大的！"

28. 但是今天我发现这句话还不够用，它应当这么说：

29. "记住，你是吃饭长大，读书长大，也是在爱里长大的！"⑨

生：①b 添之多余。

生：②b 这正是"贫苦"啊！

生：③b 这可不就是"废寝忘食"吗？另一方面，即使删除了前文"花生米放在口袋里"的伏笔，这里保留之不仅不突兀，反而使读者自然生出对前文的猜想，编者也太死板了。"松快"改为"轻松"，含义不就单薄了吗？

生：④b"却"转折意味太明，不改是不是更自然呢？

生：⑤b"忽然""有一次"，即时灵感才更可信，"总会想起"夸张过度，则落入俗套了。

生：⑥b"先生"更符合历史语境。

生：⑦⑧c

生：⑨b 最重要的是爱，人如果没有了爱，就会变得自私自利，而"我"之前对人类的仇恨也因为店员的一句关心的话而烟消云散，这说明爱的伟大，也说明了"我"对读书和"人类"又有了新的认识。这一段"我"明白了爱对于一个人成长的作用，删改后悲喜交织的感悟不见了，只剩下读书的说教了，主题也变得肤浅了。

师：最后一句是全文的旨归，前文就是错删，这里一错再错。

大家点评得真好！正是"窃读"的诸般滋味，细腻生动地表现了"我"对读书的热爱和对知识的渴求。但选作小学课文，考虑到篇幅问题，删节有其必要，不过，从同学们的点评来看，效果要大打折扣了。4—10、15—24，"窃读"受辱和被关爱的这些段落被全部删除了，大家在这些段落前面标上"×"——后果则是——

生：删后我们将无法读出"我"产生的"对人类的仇恨"和改变看法的前后反应与情感变化。

生：这些情节不该删。删后体现不出"我""窃读"的坎坷和受的苦，也无法体现"我"的精神成长过程了。

生：删前，读者可以更全面地了解"我""窃读"的困难过程，对她会有更深的了解，对她的那句"也是在爱里长大的"有了更深的体会；删后，篇幅变短，读者只能局部地了解"我""窃读"的过程，感情色彩淡薄，使之看来更像是一篇文章，而不是"我"的亲身经历。

生：删后文章告诉我们就只是要热爱读书了，不删的话，受辱和被关爱形成对比，从中懂得"也是在爱里长大的"，彻底改变了原来的看法，效果截然不同。

师：想想题目是什么？我们再换一个角度思考。

生：这样大幅删节，好像通篇与"窃读"无关了，违反了"窃读记"的本意了。

生：是啊，这样一删，给人的感觉，并没有人干涉"我"读书，也看不出"我"有"窃读"的必要了。

师：说得好！总体来看，小语课文删改的效果并不佳。不计删节的，单看删改的段落，也减少不了多少文字。在老师个人看来，还没有发现改动得好的，哪怕是一处。老师的主张是：可删改可不删改的就尽量地不动；删改后若使滋味尽失，更不如不动；删改不应改变作者的原意，这也是基本的尊重。

第三部分　见自己

师：孩子们，在今天，你想读书还需要"窃读"吗？（生：不需要。）我们再重读描写"窃读"细节的这些语段——（PPT重放）

师："窃读"中有忧有急有贪有难有智有酸有苦也有甜——她，为了读书，可以连跑几家书店才看完一本书；她，为了读书，甚至"感谢雨水的灌溉"；她，为了读书，即使饥肠辘辘也忍受着炒菜香味的诱惑；她，为了读书，更可以忍受屈辱！……"窃读"的滋味不好受啊！孩子们，你们有没有过类似的经历呢？

（老师介绍自己的经历。此略。）

PPT：作者简介（此略）。

师：你从中看出她是什么职业或身份？

生：编辑、作家。

师：作家就是这样炼成的！孩子们，请记住——读（逐句出示）——

PPT：你是吃饭长大，读书长大，也是在爱里长大的！

我是吃饭长大，读书长大，也是在爱里长大的！

我们是吃饭长大，读书长大，也是在爱里长大的！

师：读"阅读提示"第一段最后一句——

PPT：这样的写法，在我们自己写记叙文或讲故事的时候，也可以学着用一用。

师：你偷吃过东西吗？偷玩过游戏吗？……那是一种什么滋味？我们现在就来讲一讲。

（过程略。）

师：大家讲得多有趣儿，多有味儿。请补充题目，仿照课文的写法，课后完成作文——

PPT：窃____记　jys0537@126.com

师：作文写完后，请发到老师的邮箱，好吗？

师：读"阅读提示"第二段最后一句——

PPT：名家谈读书经历或读书体验的文章很多，可以找几篇来读一读，比如冰心的《忆读书》、冯亦代的《书癖》、柯灵的《书的抒情》。

师：（配合PPT图片）作者所写"我"的读书有没有像今天这样方便？

生：（齐）没有。

师：孩子们，在资讯如此发达的今天，一个人只要具备最基本的阅读能力，他就有无限的学习可能和发展可能。除了这几篇，大家可以看看这部电影——

PPT：推荐阅读：林海音《城南旧事》（封面与剧照）。

师：最好是读原著。

【教后反思】

是什么　教什么　怎么教　怎么样　（此略）

（发表于《读写月报·语文教育版》2017年第1期，该文题目被列入封面要目。）

【附】 贾龙弟老师点评《这种教学的滋味——李明哲老师〈窃读记〉课例点评》：http://blog.sina.com.cn/s/blog_5cd4dc8d0102x68l.html

11　"诗中画"与"画中诗"

——《天净沙·秋思》教学实录（片段）

（时间：2015 年 11 月 6 日；班级：鱼台县实验中学七年 7 班）

师：苏轼在观赏王维的诗画后评价说："味摩诘之诗，诗中有画；观摩诘之画，画中有诗。"教科书上的这幅插图是否最好地体现了《秋思》的意境呢？

屏显：课文插图（此略。）

田雅琪：我认为这幅画画得非常紧凑，非常淡雅，但是还有些纰漏。

师："紧凑""淡雅"与否，我们暂不评价。同学们先按行文顺序找找纰漏。

宋美佳：我认为"枯藤"是干枯的枝蔓，插图中远处的树却画得生机盎然的样子，不符合这首词凄凉忧郁、死气的感觉。

宋奕洁：诗中表现的环境是凄凉的，但这幅画中除了两棵枯树，其他的树却生机勃勃，河边的草也是郁郁葱葱的，而且还全都向上挺立。

李志远：不应该生机勃勃，死寂一些更有韵味。

田雅琪：秋天，树应该落叶，草应该枯萎，可是画中树上还有树叶，河边还有青草。

田崇政：不一定，松柏四季常青。

师：按理说，什么树都可以画。但是，在这首小令中，松柏入画到底好不好？为什么？

陈思雨：这首词表现的是游子漂泊他乡的凄苦，如果画了松柏会和词的意境格格不入。

师：即使要画松柏，也是画枯死的更合适，是吧？（生：是的。）

郭文昊：画"昏鸦"飞着，不如画老树上半蹲着很多昏昏欲睡的乌鸦。

师：半蹲似乎比轻盈地飞着要好得多。

田雅琪：小桥和流水是我们常见的景物，当它们与"断肠人在天涯"同处一幅图景中时，若能给人一种凄凉的感觉会更好一些。

宋美佳：我认为在房屋上画一缕炊烟要更好一些。还有，我觉得流水上再漂几片落叶会更好。

师：水是不是也太湍急了点？不应该缓慢一些吗？（生：是啊！）

田雅琪：有了"人家"，古道才会显得非常温馨。

郭文昊：为什么要温馨啊？

师："小桥流水人家"——正如同学们所说，这样的画面给人的感觉是温馨的。那它和这首词的基调是不是不合拍啊？这又该怎样理解呢？

赵慧：这是作者记忆中的故乡。

郭文昊：我认为这一句写的是路旁人家的温馨，诗人自己当时是在荒凉的古道上行走……

宋美佳：他说的凄凉与温馨是对比。

陈思雨："小桥流水人家"表现的这种温馨，应该是和游子思念家乡的凄凉形成对比，生动形象地表达了游子思念家乡时的惆怅。

宋美佳：这一对比会更加衬托出词人的离乡之痛、思乡之悲。

郭文昊："小桥流水人家"不一定是实写，可能只是作者因为思念故乡才想象出的画面，就像《九月九日忆山东兄弟》中的"独在异乡为异客"。以想象的"小桥流水人家"对真实的"断肠人在天涯"，更能体现作者浓浓的思乡情。

师：这就是说，一方面可能是在词人脑海里，记忆中故乡的"小桥流水人家"和现实中的"古道西风瘦马"是可以相互切换的；另一方面可能是词人由眼前的"小桥流水人家"，想到了家乡的温暖情景。这是一种"实中隐虚，虚中扣实"的写法。继续看下一句。

仇兴杰：词中写的是"瘦马"，可画中的马却比较壮，和词中写的不匹配。

师：是瘦些好吧？马犹如此，人何以堪？

陈思雨：我感觉那个古道上再有一层枯叶会更好，这样更能衬托出秋天的沉寂和主人公的凄楚。

缪欣燃：人牵着马慢慢走，更能体现人的忧愁。

师：的确，人无力地牵着老而瘦的马慢慢走，才更有鞍马劳顿的味道。

宋奕洁：词中的"西风"没有表现出来。

师：你是说要表现出凄风苦雨吧？

田雅琪：把帽子去掉，把头发画得飘起来就可以了。

宫嫱：词中是"夕阳西下"，可插图的太阳还高挂在天边。

宋美佳：既然是"夕阳西下"，那就应该画成落日的余晖。

陈思雨：是啊，为什么要画一个又小又圆的太阳呢？

刘宇航：画里的太阳给人的感觉是中午的太阳，和词人的心情格格不入，应该画半个太阳。

师：的确，夕阳还应画得再大一些，最好画出半边已经落下山的样子，这样才能显现出黄昏凄凉的味道。

张茗淇："断肠人在天涯"在图中没有体现出来。虽然断肠人的伤心、忧郁在图中都较好地体现了出来，但断肠人应该是在很远的地方，而不是在我们的面前。

宋奕洁：这幅画太拥挤了，有些杂乱。

刘宇航：景物与景物之间也要有一点距离，这幅画给人的整体感觉确实太乱了。

师：是啊！诗与画，有时都需要留白。看来我们挑出了课文插图的很多纰漏，那从整体来看，怎么安排人物和背景，如，远近、大小、层次、疏密、浓淡……才能更好地体现这首词的主题呢？

宋美佳：我认为，这幅画中的房子更远一些会更好。还有那个马，不是很瘦，反倒是人的那副忧郁的表情比较到位，但整体来看也还不是很好。

刘雪：古道，指的是古老荒凉的道路，可图中的景物有山有水，一派生机勃勃的样子，怎么能体现出荒凉呢？西风那种萧瑟的韵味也没有体现出来。我认为，为了更好地应和词意，可以在画面上减少一些景物，更加突出人物的孤单和凄凉。比如，用近景大远景小来反衬山水，再把马画得消瘦一些，并且让人牵着马走，以便借马的消瘦反衬出人的辛苦。还有，可以让人的帽子下飘出几缕发丝，或让帽带飘舞，以便表现"西风"。这幅插图的优点是人物的表情体现了沧桑、忧郁的既视感，远处的夕阳映衬着老树，也突出了词的主题。

师："既视感"，很专业的术语啊！你能简单解释一下吗？

刘雪：就是似曾相识的感觉。即未曾经历过的事情或场景，却有仿佛在某时某地经历过的感觉。

师：你美术学得不错啊！

陈思雨：我感觉这幅画只有比较单调，才能衬托出词人的忧愁。

宫嫱：的确，背景景物应该稀疏些，这样才可以使画面更凄凉。

郭文昊：词中一个"断肠"就把天涯沦落人的感伤与苦楚表现得淋漓尽致。插图可以这样画：一轮血红的夕阳，把人和马的影子拉得很长，这样可以更加引人惆怅和伤感。

张茗淇：把断肠人与马在视角上安排得远一些，就可以体现出远在天涯的感觉。

田雅琪：让小桥、流水、人家再深远一些，让古道再悠长一些，让景物再少一些，让地理环境更偏僻一些，便可让词人更孤单，更哀愁。

师：这样画视野更开阔，意境也更显得荒寒萧疏、寂冷落寞。现在，我们来看一位学长当年对这幅插图的看法：

屏显：如果景物能真正地成为背景，以此突出主人公的孤独，画面的整个格调就改变了。

缪欣燃：我认为，我们是在学词，插图中有什么景物、没什么景物，以及有什么样的景物，都不重要，因为我们可以根据文字进行想象。

师：文字确实可以给读者更大的想象空间，"亦诗亦画"无疑是赏析诗词最美最高的境界。今天，同学们通过修改插图，对这首小令的理解更加深刻了,并且初步接触了"亦诗亦画"这种学诗词的最美境界,非常好!

(课例与点评发表于《语文教学通讯·初中刊》2016年第11期"精品课例"栏目。)

【附】贾龙弟老师点评《诗画两观照,意境互相随——李明哲老师〈天净沙·秋思〉课例点评》:http://blog.sina.com.cn/s/blog_5cd4dc8d0102x67z.html.

12　"我是一个萤火虫"

——《我的早年生活》教学实录

　　["正道语文"转载按：面对一篇存在着东西文化隔阂、学生理解起来很费力的文章，该在哪儿发力，如何巧妙切入、深入文本内核，引领学生沉潜到文字背后，品味作者的语言风格和人格魅力呢？山东名师李明哲老师的《我的早年生活》一课，以其独到的眼光，深厚的功力，巧抓"矛盾"，拢纲撒网，给予我们一个很精彩的示范。]

【背景】

　　《我的早年生活》是丘吉尔的一篇自传，入选人教版初中语文七年级上册。作者以诙谐幽默的语言，回忆了早年的求学生活，表现了在尴尬与不顺中仍然保持了自信、乐观、谦逊等优秀品质，内容浅显，主旨明了。但是，对于文本语言的诙谐幽默、充满轻松的调侃和自嘲这一特色，学生能领会多少？课前了解到，不少学生对文本的多处语言感到迷惑不解。我意识到，这将影响学生对丘吉尔精神世界的深入把握。于是，在教学中，我从"矛盾"入手，引导学生品味作者的语言风格。

【课堂实录】

一、问题导入

　　师：大家在预习的时候，提出了很多有价值的问题（PPT展示，内容此略），我们在学习过程中逐步解决这些问题。先来说说你初读课文后对丘吉尔的印象，要结合具体语句来说。然后把你对丘吉尔的印象用词语概括并写在黑板上。

生：（板书）志向远大、有梦想、心态好、幽默、风趣、诚实、谦逊、顽强、执着、坚持不懈、幸运、勤奋、乐观向上、开朗、自信、有主见、有恒心、记忆力好、目光长远、努力……

二、文本研习

师：作者回忆了早年的求学生活。在撷取的几个生活片段中，处处充满了"矛盾"与"意外"——是哪些片段？哪些"矛盾"？（回答此略。）

矛盾一："我"与考试——所考非所爱。

PPT：冯德昭：主考官们怎么会有"偏爱"的科目呢？

师：我们先从这一句读起。

PPT：刚满12岁，我就步入了"考试"这块冷漠的领地。

师：你的理解是——

刘雪：从"冷漠"这个词可以看出作者很讨厌这种考试，作者对不喜欢的考试内容感到反感和无奈。但从写作手法上也可以看出作者语言的幽默诙谐。这句话也为下文作了铺垫。

师：你从中体会出了丘吉尔对那种教育的否定。老师读一、三、五行，同学们读二、四、六行——

PPT：我喜爱历史、诗歌和写作，

而主考官们却偏爱拉丁文和数学，而且他们的意愿总是占上风。

我乐意别人问我所知道的东西，

可他们却总是问我不知道的。

我本来愿意显露一下自己的学识，

而他们则千方百计地揭露我的无知。

师：就你读的这几句，如果你是丘吉尔，你内心会有怎样的想法？

王诗画："我一点儿也不觉得自己比他们差"，只是不符合当时哈罗公学的一些特殊要求罢了。

师：悲哀啊！所考非所爱。对"偏爱"你是怎么理解的？

李志远：主考官们是不会"偏爱"哪个科目的，这是作者的幽默的说法。

PPT："那是我一生中唯一的一段毫无意义和毫无乐趣的时期……生活中尽是不舒适，限制和漫无目的的单调。"

师：伟人的成长轨迹中并不一定总是伴随着荣誉与自豪，丘吉尔的早年生活中反而充满了尴尬与不顺。功成名就后的回忆，自然是轻松的。然而，我们可以想象，一个12岁的孩子，面对考试的挫败感和无力改变的痛苦。读一读第三段作者在拉丁语考试中的表现。

矛盾二：入学考试——拉丁文考试得零分，却被哈罗公学录取。

PPT：刘文豪："我进入哈罗公学的入学考试是极其严格的"，"我"拉丁文一道题也不会，为什么能进入哈罗公学？

师：是啊，说说看。

张国华："我喜爱历史、诗歌和写作"，考他喜欢的科目时，他也会失败吗？

冯德昭：可一个什么都不会的学生怎么会被录取呢？校长是见他其他科目好才录取他的吧？

刘雪：校长是因为什么事对作者"宽宏大量"的呢？我觉得入学考试不一定只考拉丁文和数学，作者可能在其他科目上发挥了自己的优势，校长也同时看到了作者单方面的才华吧？

PPT：正是从这些表明我的学识水平的蛛丝马迹中，威尔登博士断定我有资格进哈罗公学上学。

师：你从中找到了什么样的"蛛丝马迹"？

王光裕：我觉得他比较细心。

郭文昊：他也比较诚实，并没有瞎蒙。

甄超：看得出，他一丝不苟，老实安分。

朱凯文：没有什么"蛛丝马迹"，白卷你们能看出什么？

刘雪：丘吉尔有坚定的信念、乐观的态度，他也有自己的长处，他"能一字不漏地背诵麦考利的1200行史诗""将这个国家的地理状况记得滚瓜烂熟"……这些应该都是老师所说的"蛛丝马迹"。他成功的主要因素就是靠自己的不断努力。

师：说得好！我们有不少同学还是找出了那么多的"蛛丝马迹"。我想，丘吉尔在写这篇传记的时候，听到我们刚才这些同学寻找的"蛛丝马迹"，肯定在偷偷地乐了。看来，我们都被作者绕进去了。事实上是没有的，只不过是他的一种——怎样的个性表达？

冯德昭："蛛丝马迹"，是作者的一种自嘲。

刘铭扬：正因为他幽默，才会用"蛛丝马迹"。

PPT："拉丁文考试完全不会，却被哈罗公学的校长肯定。"（"研讨与练习"三）

师：也找一找校长的"肯定"的"蛛丝马迹"。

张安庆：只是勉强通过吧，一种自嘲。

师：丘吉尔在叙述中表达了对威尔登校长的感激和尊敬之情，既发自真心，又包含着玩笑的成分——这就是丘吉尔的幽默。再品品这些加粗的词语的独特内涵。

PPT：我进入哈罗公学的入学考试是极其严格的。校长威尔登博士对我的拉丁文作文宽宏大量，证明他独具慧眼，能判断我全面的能力……这说明，他能通过现象看到事物的本质。

杜谦：大词小用，很幽默。

师：对。大词小用、庄词谐用。考得比他还差的，也被录取了。可见，所谓"极其严格"等词，都是丘吉尔幽默的语言表达。面对入学考试的结果，作者是怎么说的？这样说有什么意味？

张国华：第四段，作者用委婉的方式写出他全校倒数第一的事实，有一种幽默的意味。

师：这样的表达说明了他的什么品质？

甄超：说明了丘吉尔并不因为成绩不好而失望。

张茗淇：作者以自嘲的方式，给人一种幽默的感觉，表现了丘吉尔乐观自信的品质。

师：这是一个乐观自信的"萤火虫"。

矛盾三：学习英语——尴尬的处境中，获得了更多的优势。

PPT：宋美佳：丘吉尔是怎样认识和对待自己在哈罗公学的处境的？

刘雪：难道英语就不是一门"辉煌"的学科？作者为什么会认为自己最不喜欢的学科是"辉煌"的呢？表达了作者怎样的情感？

师："在这种尴尬的处境中"，丘吉尔却——

陈思雨：第五段开头两句话中，就看出了丘吉尔乐观坦然的心态和坚持不懈的努力。这是因为他能清醒客观地认识自己。

师：丘吉尔对学习英语是怎么评价的？

甄超："这是光荣的事情。"

师：老师把第五段变了一下脸，读——

PPT：正是由于长期在差班里待着，我获得了比那些聪明的学生更多的优势。他们全都继续学习拉丁语、希腊语以及诸如此类的辉煌的学科，我则被看作是个只会学汉语的笨学生。我只管把一般汉语句子的基本结构牢记在心——这是光荣的事情。几年以后，当我的那些因创作优美的拉丁文诗歌和辛辣的希腊讽刺诗而获奖成名的同学，不得不靠普通的汉语来谋生或者开拓事业的时候，我一点也不觉得自己比他们差。自然我倾向让孩子们学习汉语。我会首先让他们都学汉语，然后再让聪明些的孩子们学习拉丁语作为一种荣耀，学习希腊语作为一种享受。但只有一件事我会强迫他们去做，那就是不能不懂汉语。

师：你从中体会到了什么？

赵孜涵：我们对待汉语要像丘吉尔对待英语一样，对待英语像丘吉尔对待拉丁语、希腊语一样才对。

师：因为英语是他们的母语，就像汉语是我们的母语一样。所以，丘吉尔认为——

刘雪：学好母语是最重要的。母语是最常用到的，学好母语能对自己有很大的帮助，也是对自己国家的一种尊重和热爱。

师：母语在生活与工作中使用最多，最有实用价值。"我会首先让他们都学英语……不能不懂英语"——作者非常反对全民学外语。这一段中，还有哪个句子，最能看出他的自信？

张茗淇："……我一点儿也不觉得自己比他们差。"

PPT：当我的那些因创作优美的拉丁文诗歌和辛辣的希腊讽刺诗而获奖成名的同学，不得不靠普通的英语来谋生或者开拓事业的时候，我一点儿也不觉得自己比他们差。

师："不得不"，读读看，什么滋味？

宋美佳：迫不得已、无奈。

师：而丘吉尔现在呢？"我一点儿……"读一读，什么感觉？

杜谦：自豪、开心。

师：很好。学习母语的一段，你用什么词来评价作者？

张茗淇：目光长远、有主见……

师：这里的"辉煌"怎么理解？

刘雪：英语是很重要的，它不次于其他几门学科。我觉得这里写自己最不喜欢的学科是"辉煌"的原因可能是写的他人眼中的观点吧，表达了作者喜爱母语的感情。

师："辉煌"也即后文"荣耀"的意思。从"……同学，不得不靠普通的英语来谋生或者开拓事业"来看，在这里，与自己只学英语并取得不世之功是个对比，有自得之意。再联系本文的语言风格来看，这是反语，说反话，说母语远远不如拉丁语、希腊语等学科的地位。应有嘲弄和自豪的意味在其中吧。

矛盾四：征兵考试——全校最后一名，却成功地通过了征兵考试。

师：接着，小丘吉尔又遇到了一件什么"幸运"的事？

刘雪：征兵考试中"碰巧遇到了好运"。

PPT：冯德昭：如果丘吉尔没有抽到"新西兰"，是不是就通不过征兵考试了呢？

甄超："接着我就大用其功"，他还是努力了。

李鑫：到头来还是要努力，如果丘吉尔不用功，抽中也白抽。

刘汪洋：有他自己的努力，还有一些运气。"碰巧"是偶然的，但更多的是丘吉尔自身的努力。

刘雪：我认为，作者的成功，也不全是幸运。他也有自己的努力，也很好地发挥了自己的长处。我觉得真正能获得成功的人，一定不是只靠幸运的，他一定在某些方面付出了努力，展现了自己的才华。我觉得"幸运"有点不恰当。

师：说得好！为什么"许多名次在我前面的人都失败了"？丘吉尔的成功，还有什么很重要？

宋美佳：兴趣。

刘宇航：他们不像丘吉尔对军事那么感兴趣。

宋美佳：玩锡兵培养了丘吉尔对军事的兴趣。

师：这正是小丘吉尔的长项！联系到军事这门科学的特点，他能通过不也就在情理之中了么？

冯德昭：还有，他的记忆力非常好，能"将这个国家的地理状况记得滚瓜烂熟"。

师：还有一处也告诉我们，他的记忆力超强，是——

冯德昭："而另一方面却能一字不漏地背诵麦考利的1200行史诗。"

师：这说明，除了记忆力好，他一定是对麦考利的诗——

冯德昭：感兴趣。

师：有兴趣，才会去坚持。

刘宇航：第八段写到："从那时起，我的希望就是考入桑德赫斯特皇家军事学院。"他有远大志向，并且一直坚持不懈。

师：我们从他"将这个国家的地理状况记得滚瓜烂熟"就看出他的刻苦，对这场考试，他就只准备一个国家，一个方面么？

PPT："凭抽签猜中试题，也能成功通过第二天的征兵考试。"（"研讨与练习"三）

刘铭扬：课文写到："第一道题就是'绘出新西兰地图'"，还有其他题呀？

师：是啊。教材编者只说对了一部分。事实上，他"猜中"的只是其中的"第一道题",并不是全部。

刘梓萌:如果他没有努力,怎么可能会把新西兰的地图绘出来呢?机会只留给有准备的人,没有努力就没有幸运。幸运也是可以创造出来的。

师:多有哲理啊!可见,这是一个自强不息的"萤火虫"。机会总是光顾那些有准备的人。丘吉尔反倒是对自己的努力轻描淡写,甚至归功于"碰巧",这其实还是一种——

刘雪:幽默的表达。

师:他本身对这个就有兴趣,靠自己的努力,再加上一点儿幸运。二战,是全人类的灾难。但是,从另一方面说,时势造英雄。对丘吉尔个人来说,如果不是二战,哪有显示丘吉尔军事天才的世界舞台?

冯德昭:是金子总会发光的,如果没有二战,丘吉尔也有可能成功。

师:后生可畏!好小子!老师喜欢!

矛盾五:开始军旅生涯——父亲想让我当律师,我想统领一支部队。

PPT:张茗淇:为什么说"我开始了军旅生涯……是由于我收集玩具锡兵的结果"?

田崇政:父亲要花"20分钟"研究阵容?需要那么长时间吗?

冯德昭:结尾一句怎么理解?

刘梓萌:"20分钟",突出了"我"等待时间的漫长。

刘雪:小时候玩锡兵这件事,给了作者很大的启发,使得他成功地通过了征兵考试。

宋美佳:"小锡兵改变了我的生活志向",决定了他一生的走向。

师:这是一个发展个性的"萤火虫"。

PPT:但是我们制定了条约,不许他发展炮兵。这非常重要!

刘文豪:谁能让敌人不发展炮兵呢?这不切实际。

甄超:这是游戏规则。

宋欣:我觉得光靠这一点是体现不出他有天赋的。

刘宇航:"我有近1500个锡兵",这个数量体现出了他对军旅生涯的期待和热爱。

师：是的。他有近1500个锡兵，经常与弟弟的"敌军"对抗。二战期间，丘吉尔带领英国人取得了胜利。他回顾小时候和弟弟玩锡兵的游戏，读——

PPT："如果没有童年时代统帅军队的雄心，我就不可能有在军旅生活中带兵打仗的本领。"

郭文昊：多亏了小时候玩锡兵培养了"我"的军事才能。

师：所以，兴趣爱好对一个人的发展是多么的重要！

PPT：他花了20分钟的时间来研究"部队"的阵容。最后他问我想不想当个军人。

师："父亲"从小丘吉尔的调兵遣将、排兵布阵中，看出了什么？

冯德昭：看出丘吉尔对军事有着浓厚的兴趣和天赋。

师：这两句之间，好像省略了一些内容，你觉得是什么？

刘雪："父亲"看出了作者军事方面的天赋，因而放弃了自己想让丘吉尔当律师的想法。

师：他又"碰巧"遇到了一个什么样的"父亲"？评价一下。

PPT：多年来，我一直以为父亲发现了我具有天才军事家的素质。但是，后来我才知道，他当时只是断定我不具备当律师的聪慧。

张国华：他发现了孩子的兴趣，并尊重了孩子的愿望。

郭文昊："父亲"支持了"我"的爱好，他不把自己的想法强加给孩子。

师：再来找一找最后一段中表现"父亲"的一些语句。

赵孜涵："正式的视察""敏锐的目光具有强大的威慑力""花了20分钟的时间来研究"……

师：读读看，这些语句给你什么感觉？

宋美佳：比较庄重、严肃。

师：为什么他要这样来写呢？

王诗画：这是早年对他有巨大影响的一件事，他自然要郑重其事地写了。

师："正式""研究"等，这是适度夸张。当"父亲"问及"我想不想当个军人"时，小丘吉尔马上回答："想"。——可见，这是一个目标明确的

"萤火虫"。

宋美佳："我不具备当律师的聪慧"，是不是作者的谦逊呢？

师：是的。自嘲是最高级的幽默。自我调侃、自我贬抑地"示弱"，在幽默中是最上层的。以丘吉尔这么好的记忆力，又有坚持不懈的可贵品质，法律难道还能学不好么？他志不在此。结尾一句怎么理解？

张茗淇：未来的路是需要自己去开辟的，我们要靠自己的双手创造自己的未来。这个过程"只有靠自己去探索、实践和学习了"。

师：说得好。至此，他的兴趣和理想合二为一，收束全文。

矛盾六：谦逊与骄傲——"我是一个萤火虫"。

师：丘吉尔用非常形象而又含蓄的话来告知世人——"我"是这样一个人。哪句话？

刘汪洋：第一自然段。

PPT："每个人都是昆虫，但我确信，我是一个萤火虫。"

师：从哪些词看出他的自信？

刘铭扬："确信""萤火虫"。

师：丘吉尔以此自喻，到底想要向世人表达什么？

杜谦：他把自己只说成了一个小小的微不足道的萤火虫，这是作者的谦逊。

李志远：既有谦逊，也有"是金子总会发光"的自信。

宋美佳：萤火虫虽然弱小，但在黑暗中顽强地发出光芒，这种精神是可贵的，恰好符合作者谦逊和自信的精神品质。

刘雪：这句话显露出作者的自信，他一直都坚定不移地相信自己其实不比别人差，甚至在某些方面是超过别人的。所以，作者认为自己能够像萤火虫一样地发光！

师：说得真好！丘吉尔凭什么发光？

张安庆：有自信、有潜力。

陈思雨：丘吉尔的自信来源于哪里？

甄超：来源于内心。

师：（指板书）这些好品质都可以让人发光。（在黑板上的词语上辐射状地画线。）萤火虫发光，它的光怎么样？

生（齐）：微弱。

师：非常微弱，但，还是要发出自己的光来。事实上，丘吉尔他只是发了些萤火虫一样的光么？

生（齐）：不是。

师：人们眼里的"笨"学生，最终成为了——老师点出一句，同学们读一句。

PPT：掌握英语单词词汇最多的人之一；

两度出任英国首相；

1953年获诺贝尔文学奖；

近百年来世界最具说服力的演说家之一；

二十世纪最重要的政治领袖之一；

政治家、军事家、文学家、演说家……

李志远：渺小背后是伟大的成就，人生的彩虹。

师：好诗意哟。"笨"学生竟然成了一个闪耀的"萤火虫"，发出了耀眼的光芒。二战期间，他以其卓越的口才使民族保持旺盛的精神——这是一个能点亮整个民族的"萤火虫"。请看就这句话，与我群聊中老师们的理解——

PPT：吴超：萤火虫还让别人发现了自己。

杨万得：暗喻他自己是能给别人带来光和希望的人。

徐宗斌：他自信和别的昆虫不一样，他是会发光的！

……

某网友：萤火虫会发出微弱的光，容易被人发现，比起"芸芸众虫"来，自己十分幸运（还真不是一般的运气）。从后文简单几句透露他父亲后来的信息来看，作者也不见得真的靠运气，所以这是典型的英国式幽默。

李明哲：也许，校长看在他当大官的父亲的面子上，才录取了他。但是，不是每个人都有这样的"运气"，那你更要加倍地努力了。政治家、军事家、文学家、演说家……这一切，的确"也不见得真的靠运气"。这样一位大人物，功成名就后，回忆早年的学习生活，自然是轻松的。但不管怎样的诙谐幽默、自嘲和调侃，都掩盖不了作者的骄傲和自豪。这是谦逊中的不谦逊。——文本内部也有与"自豪"语义逻辑关联的"蛛丝马迹"。

三、总结收束

师：他拉丁文考试得零分，却被哈罗公学录取；他几乎全校最后一名，却成功地通过了征兵考试；他父亲想让他当律师，他却想统领一支部队……如此"与众不同"的一个"萤火虫"，正是奠定他伟业的基石。每个人都会有属于自己的天空。最后，让我们再读这句丘吉尔的名言——

PPT："每个人都是昆虫，但我确信，我是一个萤火虫。"

（在朗读声中下课。）

【教后反思】

置学生于"矛盾"之中（此略）

（发表于《教育研究与评论·课堂观察》2016年第3期，该文题目被列入封面要目。）

【附】崔成志老师点评：《在"矛盾"处巧切入，在咀嚼中悟深情——李明哲〈我的早年生活〉教学启示》，发表于《中学语文·上旬》2016年第7—8期。http://blog.sina.com.cn/s/blog_5cd4dc8d0102x682.html.

丁学松老师点评：《找到实现教学目标的最佳路径》：
http://blog.sina.com.cn/s/blog_5cd4dc8d0102x686.html.

杨富志老师点评：《什么样的课才是学生需要的》：
http://blog.sina.com.cn/s/blog_5cd4dc8d0102x687.html.

第四编　研读备教

"数理化英语教师的解释，往往是现成的，全世界公认的，而语文教师，却需要用自己的生命去做独特的领悟、探索和发现。"（孙绍振语）敲开语文的果壳，研读文本是第一步。语文教师作为普通的读者，应该能自主读懂课文的基本意思，最好有独立的见解。

下面的研读文章只是一家之言，一己之思，仅代表个人观点。见仁见智，都在读者。

13　感受生命的存在、活跃和强盛
——跟着刘成章读《安塞腰鼓》

　　[《关于〈安塞腰鼓〉》是作者的创作谈。跟着作者读课文，会发现作者意义与文本意义的极不对等。这篇文章想要表达什么？作者如是说："那就是讴歌改革开放。"那么，这篇文章主要表达了什么？用文本中的一句话来说，那就是："感受到生命的存在、活跃和强盛。"这是文本意义对作者意义的超越。无疑，这种超越是一种有价值的突破。]

　　"安塞腰鼓"成就了《安塞腰鼓》，也成就了刘成章；《安塞腰鼓》选入教科书，也传承了"安塞腰鼓"。

　　刘成章在谈到《安塞腰鼓》的创作时写到：

　　"早在1977年，我即被安塞腰鼓深深震撼了……无意瞟了那么一眼。但这一瞟就放不下了，觉得那些农民后生简直神透了，他们舞臂啸风，踢腿喷火，他们的每一个动作都扑打着我，点燃着我……安塞腰鼓是安塞农民骨头里生出的艺术……我是被安塞腰鼓彻底征服了。"①

　　作者将一场奔放、狂野、恢弘的安塞腰鼓，"狂舞在你的面前"，以铿锵的短句、激昂的排比、疾猛的节奏，将"安塞腰鼓"的力与美推向了极致，尽情展现了生命的舞蹈与狂欢，带给我们力量的奔腾、生命的升华。"它使你从来没有如此鲜明地感受到生命的存在、活跃和强盛。"

　　刘成章的《安塞腰鼓》较为浅显，可以说是一览无余，与杨绛的《老

---

①　刘成章. 关于《安塞腰鼓》[J]. 语文学习，2006（5）.

王》、朱自清的《背影》等最主要的区别，就是它的"背后"没有多少东西。作者所要表达的所有一切，都在它奔放的文字表面上了。孙绍振教授说："越是伟大的作家，越是深刻的倾向，往往越是隐蔽。有时，就潜藏在似乎平淡的，并不见得精彩的字句中。"① 以这个标准来衡量，该文还称不上"伟大"。经典的文本是没有技法，或者说，隐藏技法，让人难以看出技法。而《安塞腰鼓》有一种刻意的不刻意，它有刻意的艺术追求，是精雕细琢的语言艺术品。"经过一番苦心孤诣的设计，使整个散文充满一种神奇的形式美。"② 当然，作为上世纪八十年代改革开放时期的一篇时文，该文自有它的价值，但离经典似乎还有一些距离。自然，这样的评价是否客观、公允、中肯，还留待于时间的沉淀来检验。

编者编选该文的目的，我揣摩，大抵是把它当作一篇写作型文本，也就是王荣生教授所说的"例文"。比如，开头和结尾的以静衬动；表演前、中、后清晰的行文思路；主体部分中都各用一次"好一个安塞腰鼓！"呈现的四个小层次递进的结构；排比、反复等修辞方法创造性的运用；结尾的言已尽而意无穷等技巧，皆便于学生学习模仿。所以，从写作例文的角度来看，《安塞腰鼓》对学生来说还是非常值得借鉴的。

小的方面来看，比如，这一处就很有意思：

黄土高原啊，你生养了这些元气淋漓的后生；也只有你，才能承受如此惊心动魄的搏击！

多水的江南是易碎的玻璃，在那儿，打不得这样的腰鼓。

作者并不是对江南和西北作一个评判。其实，这只是一种写作技法，是为突出主题而用的一种衬托而已。铁马秋风塞北，杏花春雨江南。一壮美，一柔美也。有了这两段的存在，更能衬托出安塞腰鼓的粗犷、有力、磅礴的气势和能量。

大的方面来看，比如，《安塞腰鼓》的开头和结尾有讲究：

---

① 孙绍振. 超出平常的自己和伦理的自由——《荷塘月色》解读[J]. 名作欣赏, 2003 (8).

② 刘成章. 关于《安塞腰鼓》[J]. 语文学习, 2006 (5).

一群茂腾腾的后生。

他们的身后是一片高粱地。他们朴实得就像那片高粱。

咝溜溜的南风吹动了高粱叶子，也吹动了他们的衣衫。

他们的神情沉稳而安静。紧贴在他们身体一侧的腰鼓，呆呆地，似乎从来不曾响过。

开篇宁静而富有张力。这是一个"于无声处听惊雷"的背景，为下文的力的爆发蓄足了一股气势。如箭在弦，扣人心弦。我们期待着一场龙腾虎跃的安塞腰鼓……

当它戛然而止的时候，世界出奇的寂静，以至使人感到对她十分陌生了。

简直像来到另一个星球。

耳畔是一声渺远的鸡啼。

好像这场安塞腰鼓的表演根本就不曾发生过。以"鸡啼"反衬寂静。当鼓声停止后，人们仍沉浸在激情中。炽热后的沉寂，"此时无声胜有声"。我们那刚经历"隆隆隆隆"翻腾的心灵，瞬息获得了淘洗过似的净洁。这使我们热血沸腾的场面，似乎永远地定格在了我们的心中。

作者写道："写的时候我甚至还借鉴了《阿房宫赋》的修辞方法：排比，比喻，本体和喻体的倒置……"[1]（后两者怎能并列？这似一个病句。）

我们来看一下林嗣环《口技》的头尾：

口技人坐屏障中，一桌、一椅、一扇、一抚尺而已。

撤屏视之，一人、一桌、一椅、一扇、一抚尺而已。

由施屏障始，到撤屏障止。首尾呼应，开阖自如，起落分明，谨严有序。"而已"，以示别无他物。"撤屏视之"，仍是简单的道具。开头"亮底"，结尾"印证"，除了使结构保持完整以外，也具有侧面烘托、表现口技之"善"的作用。表演结束，场景再现，文亦戛然而止，煞尾干脆有力。

刘成章《安塞腰鼓》的头尾，也许还借鉴了这种章法吧？"一群茂腾腾的后生"，开头一句自成一段，出语不凡，兀立于天地之间，实令人为之感喟；

---

[1] 刘成章. 关于《安塞腰鼓》[J]. 语文学习，2006（5）.

"耳畔是一声渺远的鸡啼",结尾一句亦自成一段,颇具余音绕梁之味。而"研讨与练习"上的问法颇值得商榷。"耳畔是一声渺远的鸡啼。"编者非要问:"为什么听到这样的'鸡啼'?"(类似的问题就有四个,此不赘述。)"这不是硬要把作者和读者弄成白痴吗?"①

作者坦言:"《安塞腰鼓》中后生们身后的高粱,长着酸枣树的山崖,咝溜溜的南风,以及前边说到的渺远的鸡啼等等,都是凭借我胸中丰厚的陕北资源信手布置出来的。"②

不妨这样来表述:开头和结尾写到环境的寂静,其作用是什么?

刘成章在谈到《安塞腰鼓》的创作时写到:

"……我决定……只留下观看安塞腰鼓表演的一小段,正面描写它……我动笔时的思维处于一种自由状态,沸腾状态,几乎像风一样自由,水一样沸腾。"③

全文也不尽是"正面描写"。比如:

"使人想起:晦暗了又明晰、明晰了又晦暗、尔后最终永远明晰了的大彻大悟!"——"这正是中华民族艰难坎坷的历史进程的一种写照,也是作者的一个美好的期待和祈愿。"④"容不得束缚,容不得羁绊,容不得闭塞。是挣脱了、冲破了、撞开了的那么一股劲!"——"这是呐喊,这是呼唤,这是蛰伏的心灵的颤栗,这是禁锢的生命的奔突。"⑤"……隆隆隆隆的阵痛的发生和排解……痛苦和欢乐,生活和梦幻,摆脱和追求……交织!旋转!凝聚!奔突!辐射!翻飞!升华!"——"这是一个不甘屈辱的民族,这是一个继往开来的民族,这是一个开拓进取的民族!"⑥

"本来文本可以轻盈地带领学生的思想飞得更远,更自由,可是文本的羽翼上总是绑缚了太多的东西。"⑦ 显然,段增勇的解读政治味道是浓了一些,不过,这样的解读也绝对是没有错的,只是,未免把文句客观上的多义性给

---

① 王荣生. 听王荣生教授评课 [M]. 上海:华东师范大学出版社,2007.
②③ 刘成章. 关于《安塞腰鼓》[J]. 语文学习,2006 (5).
④⑤⑥ 段增勇. 吟唱生命壮歌 展现时代精神 [J]. 语文学习,2006 (5).
⑦ 黄新囡.《囚绿记》文本细读 [J]. 语文学习,2015 (6).

读狭窄了,读僵化了。"文学的文字有时却必须顾到联想的意义"(朱光潜语)。如果和背景一一对号入座,坐实了,便失去了言语丰富的张力。

那么,这篇文章想要表达什么?作者如是说:

"好的作品往往形象大于思想……我没明写的是什么呢?……我是企图……让人看到历史的纵深,感受到我想说的更多的内容……那就是讴歌改革开放。那个时期,我满脑子都是改革开放。因为天地的巨大变化给我个人和国家都带来了希望,我对改革开放充满了热情。"[1]

读者的看法也不尽然。关于这篇文章的主旨,人教版《教师教学用书》就列出了四种:

歌颂生命中奔腾的力量。这股力量,由西北汉子热情奔放的腰鼓表现出来。

表现要冲破束缚、阻碍的强烈渴望。贫瘠的黄土地、困倦的生活,生活在这里的人们,物质上、精神上受到太多的压抑、羁绊。安塞腰鼓,表现了挣脱、冲破、撞开这一切因袭重负的力量。

歌颂阳刚之美。"一群""朴实得就像那片高粱"的"茂腾腾的后生",他们"释放出那么奇伟磅礴的能量",表现了一种独特的美。

人就应该这样痛快淋漓地生活、表现。"遗落了一切冗杂",打破人们身上层层坚硬的外壳,而不必计较功名利禄,不必患得患失,不必苍白憔悴。

一个人在一个特定时期只能看到他所能看到的,这就是视域。如果抛开本文特定的写作背景去孤立解读,难免会陷于片面或肤浅之中。但若仅仅囿于"讴歌改革开放"的时代背景,那么,千百年后,随着写作背景的淡逝,这样的定向解读还有多少价值,颇是问题。正如论者所说:

"刘成章的《安塞腰鼓》即是他从'安塞腰鼓'的舞姿和鼓声中发现并攫出了陕北人的元气和神魂!《安塞腰鼓》是一曲陕北人生命、活力的火烈颂歌。"[2]

"某种意义上,'安塞腰鼓'所释放出的能量,不仅仅是陕北这块古老的

---

[1] 刘成章. 关于《安塞腰鼓》[J]. 语文学习,2006(5).
[2] 刘锡庆. 我读刘成章[N]. 文艺报,1999-10-5.

黄土地的地域文化信息，更重要的是它已经成为中华民族坚毅不屈、意气风发、蓬勃向上、积极进取的精神象征。"①

"形象大于思想。"读者阅读时的理解未必就是作者当初的所思所想。"作者立意，诚然直接影响作品涵义的构成，但作品的意蕴越出乃至违反作者的意旨，也已成了文学史上常有的现象。"② 读者在不知道、不查阅写作背景的情况下，恰能读出丰富的多元的象征意义。这篇文章主要表达了什么？用文本中的话来说，那就是："挣脱""束缚""冲破""羁绊""撞开""闭塞"，而后"感受到生命的存在、活跃和强盛"。个体的成长是如此，文明的进程也是如此。这种意旨无疑更普遍更宽泛更深刻。作者为什么要规定一个主题呢？读者为什么要明确一个主题呢？阅读《安塞腰鼓》这类散文，就不必拘泥于一个恒定的主题，不一定非得要有定论，何不尊重文本本身的多义性呢？突破特定的时代背景，才能使文章获得永恒的意义，永葆生命活力。

（发表于《读写月报·语文教育版》2016年第11期，该文题目被列入封面要目。）

---

① 厚夫. 高原生命的火烈颂歌　民族魂魄的诗性礼赞——刘成章散文《安塞腰鼓》赏析 [J]. 名作欣赏，2001（5）.

② 姜耕玉."雪"的丰富喻义与"自注"的"画地为牢"——毛泽东《沁园春·雪》新解 [J]. 名作欣赏，2001（3）.

14 巧言令色，鲜矣仁
——《好嘴杨巴》述评

［《俗世奇人》一课，《教师教学用书》"教学建议"中写到："可以进行口头评析，也可以要求学生写评析文章。由于初中学生对评析文章比较陌生，教师应该写一两篇类似短文供学生学习仿效。"鉴于此，我拟不揣浅陋，试作一粗略评析。］

初读《好嘴杨巴》，觉得不该把它选入教科书；再读，觉得该选，选得好！"巧言令色，鲜矣仁。"意思就是说：花言巧语，一副讨好人的脸色，这样的人是很少有仁德的。《好嘴杨巴》这篇文章让读者认清了现实生态和社会本质。较之《泥人张》《刷子李》只言底层手艺人手艺之精妙、人格之独立，要现实许多，也深刻许多。

［课文述评］

好嘴杨巴
冯骥才

津门胜地，能人如林，此间出了两位卖茶汤的高手，把这种稀松平常的街头小吃，干得远近闻名。这二位，一位胖黑敦厚［好一个"敦厚"！最后"反倒渐渐埋没，无人知晓"］，名叫杨七；一位细白精明［好一个"精明"！"自此，杨巴在天津城威名大震。"］，人称杨八。［京剧脸谱，黑脸代表正直之士，白脸代表奸诈之徒］杨七杨八，好赛哥俩，其实却无亲无故，不过他俩的爹都姓杨罢了。杨八本名杨巴［"巴结"之"巴"也］，由于"巴"与"八"音同，杨巴的年岁、长相又比杨七小，人们便错把他当成杨七的兄弟。不过要说他俩的配合，好比左右手，又非亲兄弟可比。杨七手艺高［还是八哥高——会做的不如会说的］，只管闷头［这是褒您呢，还是贬您呢］制作；杨巴口才好，专管外场照应［杨七，看见了么？要会"外场"，要会"照应"。"手艺再高"，"只管闷头制作"，能有啥出息？猴年马月才能像杨巴那样"发迹"］，虽然里里外外只这两人，既是老板又是伙计，闹得却比大买卖还红火。

杨七的手艺好，关键靠两手绝活。

一般茶汤是把秫米面沏好后，捏一撮芝麻洒在浮头，这样做，香味只在表面，愈喝愈没味儿。杨七自有高招，他先盛半碗秫米面，便洒上一次芝麻，再盛半碗秫米面，沏好后又洒一次芝麻。这样一直喝到见了碗底都有香味。

［杨七啊，你真傻！你做人也忒实在。人家是"捏"，你却大把地"洒"，还洒两次，这样做谁不会啊，但物资成本太高。你只想着真材实料，物美价廉，薄利多销；你怎么不想着以假乱真，以次充好，一本万利呢？］

他另一手绝活是，芝麻不用整粒的，而是先使铁锅炒过，再拿擀面杖压碎。压碎了，里面的香味才能出来。芝麻必得炒得焦黄不糊，不黄不香，太糊便苦；压碎的芝麻粒还得粗细正好，太粗费嚼，太细也就没嚼头了。这手活儿别人明知道也学不来。手艺人的能耐全在手上，此中道理跟写字画画差不多。

［杨七啊，你更傻！你这样用心做汤，不计劳动成本，难道也不计时间成本么？时间就是金钱啊。一小时做三碗汤，一小时做五碗汤，少赚了多少钱？你不会算这个账么？炒芝麻，火候有讲究；碾芝麻，粗细有讲究。这一手绝活，小嘴巴巴的杨巴，愣是天天看着你做，"明知道也学不来"。七哥，您是名厨啊，"杨家茶汤"之所以"远近闻名"，靠的全是您的手艺，却怎么反倒成了杨巴的打工仔？最后落得个"杨家茶汤"也被改称作"杨巴茶汤"了。——兄弟说句重话，七哥您还别不爱听——您砸了祖宗的招牌啊！］

可是［好一个"可是"！原来七哥您只是一个配角，只是一个陪衬。好话说了一箩筐，原来冯老夫子欲扬的，"可是"并不是您啊］，手艺再高，东西再好，拿到生意场上必得靠人吹。三分活，七分说，死人说活了，破货变好货，买卖人的功夫大半在嘴上。到了需要逢场作戏、八面玲珑、看风使舵、左右逢源的时候，就更指着杨巴那张好嘴了。

［若是七哥的茶汤做得稀松平常得紧，巴哥，您再吹吹试试？——不信是吧？巴哥一开口，保管"破货变好货"，这就是真本事！杨巴老师教育我们：第一，要吹，就像马季、赵炎的相声《吹牛》："上嘴唇接天，下嘴唇连地——不要脸了！"；第二，"死人说活了"，是吹的最高境界；第三，吹的手段，就是不择手段：逢场作戏、八面玲珑、看风使舵、左右逢源……］

那次，李鸿章来天津，地方的府县道台费尽心思，究竟拿嘛样的吃喝才能把中堂大人哄得高兴［好一个"哄"！俱并有所图也。李中堂光临敝地公干，体恤民情，我等战战兢兢，如履薄冰，如临深渊，自当竭尽地主之谊，竭尽犬马之劳，若求得李大人在太后老佛爷跟前给美言几句，加官晋爵，飞黄腾达，便指日可待也。——事关前程，机不可失］，京城豪门，山珍海味不新鲜［山珍海味都吃腻啦］，新鲜的反倒是地方风味小吃，可天津卫的小吃太粗太土：熬小鱼刺多，容易卡嗓子；炸麻花梆硬，弄不好硌牙。琢磨三天，难下决断［挖空心思，费尽心机，真是难为他们了］，幸亏知府大人原是地面上走街串巷的人物，嘛都吃过［通吃，给清知府大人点赞］，便举荐出"杨家茶汤"［学识渊博，知人善任，举荐有功］；茶汤黏软香甜，好吃无险［这个"险"字味儿足，更有"嚼头"］，众官员一齐称好［写活了一个官场，活脱脱一部《官场现形记》］，这便是杨巴发迹的缘由了［巴哥之才，天地可鉴；巴哥之好，日月可表。是金子总会发光的。咱们的巴哥终于熬来了出头之日］。

这日下晌，李中堂听过本地小曲莲花落子［会做事，会做人，伺候好了，保你一路高升，春风得意。中堂大人来天津卫公干，听听小曲，那是公务繁忙，放松一下］，饶有兴味，满心欢喜，撒泡热尿，身爽腹空，要吃点心。知府大人忙［正巴不得呢。也是"请好请赏"］叫"杨七杨八"献［让你献，那是看得起你］上茶汤。今儿，两人自打到这世上来，头次里外全新，青裤青褂，白巾白袜，一双手拿碱面洗得赛脱层皮那样干净［打娘胎出来还是头一遭。中堂大人大驾光临，千载难逢，受宠若惊。——若李中堂点个头，可上

"舌尖上的清国"]。他俩双双将茶汤捧到李中堂面前的桌上,然后一并退后五步,垂手而立[毕恭毕敬,怕是他亲爹也没有享受过此等待遇吧],说是听候吩咐,实是请好请赏[怵官。求官]。

李中堂正要尝尝这津门名品,手指尖将碰碗边,目光一落碗中,眉头忽地一皱,面上顿起阴云[胆敢怠慢朝廷命官],猛然甩手"啪"地将一碗茶汤打落在地[小子,你活腻了],碎瓷乱飞,茶汤泼了一地,还冒着热气儿[耍威风!摆官威!]。在场众官员吓蒙了[天啊,乌纱帽要不保了],杨七和杨巴慌忙跪下[下跪么,习惯了],谁也不知中堂大人为嘛犯怒[伴君如伴虎,弄不好,小命都不知道是怎么丢的]。

当官的一个比一个糊涂[少说为佳,不说为妙。比猴还精],这就透出杨巴的明白[陪同官员全是糊涂蛋!全成了杨巴的陪衬]。他眨眨眼[猥琐至极],立时猜到中堂大人以前没喝过茶汤,不知道洒在浮头的碎芝麻是嘛东西,一准当成不小心掉上去的脏土[判断极准],要不哪会有这大的火气?可这样,难题就来了——

倘若说这是芝麻,不是脏东西,不等于骂中堂大人孤陋寡闻,没有见识吗[想大人所想。大人么,自然就该嘛都知道;若不知道,该是小民的错]?倘若不加解释,不又等于承认给中堂大人吃脏东西?说不说,都是要挨一顿臭揍,然后砸饭碗子[那还是最轻的。弄死你就像捏死一只蚂蚁]。而眼下顶要紧的,是不能叫李中堂开口说那是脏东西。[急大人所急。千万不能让大人尴尬而丢了面子]。大人说话,不能改口[即使皇帝光屁溜,也要诚实地喊:"多么美的花纹!多么美的色彩!"]必须赶紧想辙,抢在前头说[大祸临头,命悬一线,敢说,巧说,抢说]。

杨巴的脑筋飞快地一转两转三转,主意来了!只见他脑袋撞地,"咚咚咚"叩得山响,一边叫道:"中堂大人息怒!小人不知道中堂大人不爱吃压碎的芝麻粒,惹恼了大人。大人不记小人过,饶了小人这次,今后一定痛改前非!"说完又是一阵响头。

["中堂大人息怒!"平常之言,换作是杨七,可能也会如此说。但"敦厚""闷头"的杨七习惯当哑巴了。

"小人不知道中堂大人不爱吃压碎的芝麻粒，惹恼了大人。"前半句是妙语，保全了李鸿章的面子，自然保全了地方官员，也就保全了自己。试想，若换作那个"敦厚""闷头"、老实巴交、笨嘴笨舌的杨七，不会拐弯抹角，实话实说："李大人，这是碎芝麻粒，不是脏东西。"——那还了得！你让大人的脸哪搁？后半句"惹恼了大人"，还"好嘴"呢，这话实在太笨。

但是，明明"猜到"，却说"不知道"——真是给中堂大人留足了面子，就是不知道给他自己还能留下点什么。杨巴无错却怪罪自己，杨巴这是罪己术呢。中堂摔碗的原因，是店主不知道浮头是碎芝麻粒，而不是中堂大人不知道。真是奇哉怪也。

"大人不记小人过，饶了小人这次，今后一定痛改前非！"这里我们分明见到一个双膝跪地，磕头如捣蒜的杨巴。错不在杨巴，可是杨巴却自认有"过"，作践自己，还说什么"痛改前非"——是犯罪了，还是违法了？要认罪伏法？

杨巴嘴是"好"，但性欠"好"。其实，他这样说即可："中堂大人恕罪！小人不知道中堂大人不爱吃压碎的芝麻粒。还望大人见谅！"

然而，杨巴却不——少了人格的尊严，多了奴才的嘴脸。巴哥辛酸么？无奈么？委屈么？——人家虚头巴脑，言不由衷，揣着明白装糊涂，逢场作戏罢了，您还当真了。

同一课中出自《俗世奇人》同书的泥人张，人家手上有绝活，艺高人胆大，愣是没把官二代放眼里，"贱卖海张五"，这是一场智力的较量，更是一场人格的较量——从头至尾泥人张连半个字都没说！再看杨巴，这小子就是没骨头。]

李中堂这才明白，刚才茶汤上那些黄渣子不是脏东西，是碎芝麻。明白过后便想，天津卫九河下梢，人情练达，生意场上，心灵嘴巧。这卖茶汤的小子更是机敏过人，居然一眼看出自己错把芝麻当作脏土，而三两句话，既叫自己明白，又给自己面子。这聪明在眼前的府县道台中间是绝没有的，于是对杨巴心生喜欢，便说：

[巴哥三两句话，就拍得中堂大人通体舒泰，于是，什么"人情练达"

啊,"心灵嘴巧"啊,"机敏过人"啊,大大的赞语统统出来了。而且"聪明"过府县道台,于是"心生喜欢"。只要中堂大人心里喜欢就好——奴才就是比人才吃香。杨巴要是也做个府县道台什么的,凭一张"好嘴",青云直上,当不在话下。]

"不知者当无罪!虽然我不喜欢吃碎芝麻(他也顺坡下了),但你的茶汤名满津门[(不是'你们'),杨巴对这个'你'心里头门儿清,却不说破;并坦然接受,'对此毫不内疚']。也该嘉奖!来人呀,赏银一百两!"[十足的官腔,十足的官威。看!——我都没喝吧,我说好就好!我说赏就赏!我是李中堂!动辄赏巨银!这是显示权力!]

这一来,叫在场所有人摸不着头脑。茶汤不爱吃,反倒奖巨银,为嘛?傻啦?[为陪衬杨巴,也不能把人都当傻瓜。]杨巴趴在地上,一个劲儿地叩头谢恩[巴狗儿,就差打个滚了],心里头却一清二楚全明白。

自此,杨巴在天津城威名大震。那"杨家茶汤"也被人们改称作"杨巴茶汤"了[连中堂大人都说"你的茶汤名满津门"了,凭巴哥这张"好嘴",要说这其中没有他的传扬之功,鬼才相信]。杨七反倒渐渐埋没,无人知晓[七哥,兄弟劝你,像巴哥这种人一抓一大把,凭咱的手艺,何苦跟在巴哥的屁股后面呢?重振"杨家茶汤"的牌子,为时未晚。不过,也难说得紧,既然中堂大人说了"你(杨巴)的茶汤名满津门""大人说话,不能改口",七哥,你"敦厚",你"闷头",你活该被埋没!]杨巴对此毫不内疚[一副小人得志的嘴脸!真是应了那句老话:"巧言令色,鲜矣仁。"]因为自己成名靠的是自己一张好嘴,李中堂并没有喝茶汤呀![想问巴哥:您还知道"杨巴茶汤"是谁做的不?]

[总评:明明是李大人的错,却要抢着加在自己身上;明明自己无错,却要抢着求恕罪。从杨巴的所谓"好嘴",不难看出,他是以牺牲自己的人格做代价的,而以泥人张、刷子李为代表的手艺人那种孤高、耿介、自尊的人格已荡然无存。作家之所以这样写,恰是一种讽刺。"用词不当",客观效果上恰是用得好啊,把杨巴的奴才嘴脸刻画得入骨三分。]

[研讨与练习述评]

二、品味下面的语句，揣摩语气、语调和重音，研讨括号里的问题。

3. 三分话，七分说，死人说活了，破货变好货，买卖人的功夫大半在嘴上。

（这个句子在句式上有什么特点？有什么样的表达效果？）

《教师用书》练习说明（参考答案）：句子整齐，每句押韵，且短句的字数逐步增多，在意思表达上有推进的效果。

［若说"酒香不怕巷子深"有些过时，倒还有几分道理。你答题只可就语言而论语言。——工具与人文势成水火，这真是"捡了芝麻，丢了西瓜"。连"诚信"都可以丢掉了，遑论什么语文的工具性！"小学而大遗，吾未见其明也。"］

4. 京城豪门，山珍海味不新鲜，新鲜的反倒是地方风味小吃，可天津卫的小吃太粗太土：熬小鱼刺多，容易卡嗓子；炸麻花梆硬，弄不好硌牙。

（府县道台们对招待吃食的计较，体现了他们什么心理？）

《教师用书》练习说明：府县道台们着意揣摩李鸿章的心理，希望能投其所好，博得欢心；但天津小吃的地方特色在于其平民性和大众性，未必合乎上司的胃口，因此陷入了两难。

［下属要善于揣摩上司的心理；这也有很大难处，弄不好，搬起石头砸了自己的脚。要勤加修炼还要多加小心喽。——难道这就是其教育意义？正如李克强总理所说：中国的教育技术层面已经走得太快了，"灵魂"跟不上了。］

读一读，写一写

怵　抠　逢场作戏　八面玲珑　看风使舵　左右逢源　孤陋寡闻　人情练达

［除了前两个字出自《泥人张》，后面的四字词语均出自《好嘴杨巴》，就没有一个是好东西（褒义词）。如果用上这些个词语，来客串一短文，那应该一定很有意思的吧。］

[教师教学用书述评]

需要指出的是，作者言辞之中对杨巴的圆滑、精于人情世故大加褒扬，并不是出于纯粹的道德判断。旧社会民间艺人处在社会的底层，在谋生过程中经常受到来自各方面的轻视、排斥、剥削和挤压。这种生存压力，也促成了小人物特殊的生存策略。杨巴的圆滑、见风使舵、八面玲珑等性格，与其说是性格上的弱点，不如说是应对生存环境的特殊策略，在教学时要引导学生理解这一点。

［"大加褒扬"，其实不明寓意。这种说法在文中没有证据支持，冯先生对杨巴抱的态度，非褒非贬。再说，讲"策略"就可以"特殊"到不要人格了吗？旧社会，底层人生存压力概莫能外，生意人还不是社会最底层呢（至于某些专家所说，杨巴的"好嘴"是被社会逼出来的，则更是胡云了，杨七怎么没被逼出来呢）。杨巴本就是性格使然么，和职业有哪门子关系哟，说什么环境决定论，就别瞎掰、开脱、打马虎眼了吧。

学生读了这篇课文，做什么样的人，这是一个要命的问题。——从这方面来说，除了批评产生这种"小人"的社会环境，难道就不该批评杨巴吗？跳出文本来看这两个人，看这个世界，我们应该有自己的评判。

不过，倒还没忘了补救，真是难为编者了！只是不知道小孩子们有没有这个解"毒"能力……教育的作用也实在有限。——孩子们该成为杨七这样的人，也是如此；该成为杨巴那样的人，还是会如此。］

（发表于《读写月报·语文教育版》2016年第4期。）

15 "超出了平常的自己"

——也谈《荷塘月色》

2015年8月20日，我参与了当晚8时开始的全国语文教学研讨群——文本研读沙龙第三期《荷塘月色》的研读。其中，赵广志等先生的观点与我不谋而合。

讨论从文本第一句"这几天心里颇不宁静"的解读开始，渐趋深入。早期的解读认为，"这几天心里颇不宁静"，源于大革命失败后的苦闷、彷徨，如此牵强的政治解读、过度阐释，自不必说了。正如杨占平先生所说："对这一句的解释太多了，实际上是拔高了。"至于"颇不宁静"的原因，文本里没有交代，解读自然难以落实，其实也不必落实，更没有必要纠缠不放。劈头这一句果真微言大义？未必如此。抓住这一句，解读和教学都可能跑偏，因为文本反而被遮蔽了。

个人认为，《荷塘月色》一文无非是表达作者彼时彼刻的一种情绪。也正如赵广志先生所说："它与一般具体著实的情绪无关。"

我们只看《荷塘月色》的本身。场景还原，以己度之：每个成年人都有很多身份、很多压力、很多束缚，不可能完全自由，本我受压抑，概莫能外。有点儿心思，夜游荷塘，一个人散心放松，此乃人之常情，这种情况很普遍，普通人的普通行为罢了，仅此而已，没有多么复杂的原因。心里有事，出去走走，这也是很自然的行为。夜游回来，生活还得继续，该怎样还得怎样。这种感觉我们不也常有吗？

把作者身上的一切光环都去掉，把名人请下神坛，就把他还原为一个普通知识分子，像我们一样的普通教师，独与天地精神往来。所以，我现在更愿意在更广义的人性意义上，去看待这个文本，不必深挖深抠，更不必无端拔高。敬畏经典，也不必处处寻找大义。

"这几天心里颇不宁静"，这句话通常被认为是文眼。我的看法却和赵广志先生一样：真正的"文眼"是该文的第三自然段，即作者在月下的内心独白：

"这一片天地好像是我的；我也像超出了平常的自己，到了另一世界里……像今晚上，一个人在这苍茫的月下，什么都可以想，什么都可以不想，便觉是个自由的人。白天里一定要做的事，一定要说的话，现在都可不理。这是独处的妙处，我且受用这无边的荷香月色好了。"

这段内心独白"居一篇之要"，很多疑问都可以在这一段中找到答案。

夜游荷塘，摆脱束缚，在独处状态，回归本我。也正如赵广志先生所说："在幽僻的环境中有一个意外的收获，感觉是个'自由的人'，此可见其内心的不宁静乃是人生束缚与思想上的不自由。他在这样的境遇中不觉'自失'起来了，行文散发着一种淡淡的'自失'的情趣。"颇不宁静——寻求宁静——暂得宁静——失去宁静，其实很多人都有过这种排遣烦恼的经历，只是所见所想不同罢了——朱自清赏的是荷塘月色，忆的是江南采莲而已。

我不认为"黑影""阴阴"等词有什么深意，依我看，这或许就是景物写实，并没有多少微言大义。月圆之夜，我也曾看过月色下的荷塘，可不就是如此吗？

至于想起《采莲赋》，忆起《西洲曲》，以他国文教师的身份，这也很正常。

"热闹是他们的，我什么也没有。"的确如此，该句好像也没有更多的深意吧？

至于"这真是有趣的事，可惜我们现在早已无福消受了"。作为人子，作为人父，作为人夫……如我，生活中满是工作事务、家庭琐事。这般少年嬉游之事，自然是"无福消受"的了。

"轻轻地推门进去，什么声息也没有，妻已睡熟好久了。"有老师问：为什么朱自清这么不宁静，妻子这么宁静？我觉得这不是个问题吧，以我为例：

妻子连字都不会打，更看不懂沙龙里老师们的发言。像今晚七夕之夜，你看你的肥皂剧，我聊我们的文本解读，这就是两个精神世界，"我的心思，你永远不懂"，但这也并不影响我们是夫妻。解读文本实际上就是解读自己。面对经典，不能失去平常心，否则理解就很可能牵强附会。

综上所述，我认为思想性上不必纠结，倒是艺术性上值得探讨，特别对这样一篇"新文学"力作。

余光中先生在《论朱自清的散文》结尾说："不少新文学的老信徒，数十年如一日那样在追着他的背影，那真是认庙不认神了。一般人对文学的兴趣，原来也只是逛逛庙，至于神灵不灵，就不想追究了。"

我们是不是该从这句话中思考教学的定位呢？我与刘广文等先生的意见一致。这篇文本最独到的价值乃是艺术之美。教学内容的确定自然要结合文本的独特价值。教学中就要把重心放在文本表达上，即作者是如何表情达意的。

在艺术性方面，应着重让学生紧贴文本，从景物的描写中去发掘文字中蕴含的情感。个人认为，余光中的《论朱自清的散文》，可资借鉴。

教学上，我的初步定位是：教审美，包括批判（审丑也是一种审美，如余光中先生的批判）。虽然朱氏的描写我不喜欢，太软、太甜、太腻、太脂粉气，但我也不拟把批判作为本文教学的重点。

我拟分三步实施教学：

这是一篇抒情散文，先读叙述部分，感知作者所表达的此刻的情绪；

这还是一篇写景散文，再读描写部分，评断作者写景的佳处及瑕疵；

写景是为了抒情，第三步是将二者合而为一，研读作者是怎样将情与景水乳交融的。

朴一些、拙一些、浅一些、实一些，浅读简教，也未必就是没有思想了吧？

（发表于《语文报·高中教师版》2016年3月1日第5期。）

16 《〈湖心亭看雪〉误读探析》之探析
——与陈金强先生商榷

经典常读常新。关于《湖心亭看雪》这篇课文,笔者发表过一个课堂实录[①],一个文本解读[②]等。陈金强先生在《〈湖心亭看雪〉误读探析》[③]一文中不指名地对某些观点作了批评,其中包括我的《实录》,我欣然接受。自己的一篇旧文,得失自知。《实录》沿袭了《教师教学用书》的某些解读结论,现在看来,好像有失之偏颇之嫌。五年后重读此文,我又有了一些新的思考。《重读》一文,已规避摈弃了《实录》中的某些"臆想之辞"。

我也并非完全赞同陈先生《探析》一文中的每一个观点。我的分析,也仅仅是贴着文本的猜读而已,一己之思罢了。文本中未必有,未必没有。既然我们都无法确证,我有几点想法,也与陈先生商榷。

陈文:标点符号真的如此神奇吗?假如真的这样,多用些标点,文章岂不更加妙不可言?其实解读者忽略了一个基本事实——文言文当初并没有标点符号,现在我们看到的标点符号,是现代人后加的。更让人大跌眼镜的是"湖中焉得更有此人"这句话,人教版的《语文》用了感叹号,而语文出版社的《语文》中恰恰用了问号。其实这句话使用感叹号或问号表达效果并没有明显的差异,也难分轩轾。

探析:标点符号当然神奇,这样的例子俯拾即是,就不用我再举了吧。

[①] 李明哲. 都云作者痴 谁解其中味——《湖心亭看雪》课堂实录 [J]. 中学语文教学参考, 2008 (11).

[②] 李明哲. 一片痴心在雪湖——重读《湖心亭看雪》[J]. 语文学习, 2013 (11).

[③] 陈金强.《湖心亭看雪》误读探析 [J]. 语文教学通讯, 2014 (12B).

"多用些标点,文章岂不更加妙不可言?"更是笑话了,我没有这样的观点,也绝不认同这样的观点。"文言文当初并没有标点符号……",这是常识了,而且,这也不在我话题之内,我关注的正是"后加"的问题。其实,同是人教社的教科书,不同的版次,这一句的标点也有不同,若按您的逻辑,岂不是"更让人大跌眼镜"了?虽然"这句话使用感叹号或问号表达效果并没有明显的差异",但我个人还是觉得宜用感叹号:本以为"湖中人鸟声俱绝",不想,到亭上却听到"湖中焉得更有此人"主人口吻似的感叹。至于究竟哪个更合适,见仁见智,认识实难统一,也不必强求统一。

陈文:我觉得倒是应该使用"赏雪"更符合语境,也更符合张岱的心境——张岱正是一个清高、脱俗之人。其实"看雪"与"赏雪"在此难分伯仲,其意味的差异难以厘清。如此凌空蹈虚,只能让人感到语文的玄虚。

探析:其实,您也只是"觉得"而已。"赏"好像有备而来,有一种孤怀雅兴;而"看"是回忆中内心的回看默观,好像有念念不忘之意吧,也就更符合作者写作此文时的心境。——当然,这也只是我"觉得"而已。一字之差,心境迥异。咬文嚼字本如此,怎么倒成了"蹈虚"了呢?怎能"霸道"到不容别人"觉得"呢?就连作者使用、学界推崇的题目,您也推翻,这就不能不让人感到"玄虚"之至了。

陈文:这里"强"的解释直接影响到文章思想感情的把握。单说"强"解释为"勉强"也说得通,但这样就与后面的"三大白"相抵触了。还是教材中的注释——"尽力"更符合文意,这样后文的"三大白"才讲得通。

其实张岱不是不愿喝酒,而是不能。他并不擅长喝酒——他擅长品茶。在这冰天雪地的夜晚,能遇到志同道合的人,怎能不心中大喜呢?这里明写金陵人的大喜,实写自己的惊喜,这是一种背面敷粉、反客为主的写法。面对此情此景不擅长喝酒的张岱却尽力喝下三大杯,可见张岱是性情中人。孤傲的人不一定不喜欢热闹,从他的《自为墓志铭》中我们可以看到他"极爱繁华",特别是遇到与自己志趣相投的朋友时,应该是大喜才合乎逻辑。

探析:"少为纨绔子弟,极爱繁华……","爱繁华"和"喜热闹"能是一回事吗?我也不认同"这是一种背面敷粉、反客为主的写法(这也是《教师教学用书》的观点）"，"强"解作"勉强"还是"尽力"，是不是"大喜才合乎逻辑"等，至今在学术界还悬而未决。这些问题都要联系全文来看，要"知人论世"来看。拙文《重读》已分析，兹不赘述。解读但求言之成理而已，谁又能拿出一个大家公认的"确解"来呢？

陈文：其实这种阐释恰恰说明解读者不明文章的技法。"问其姓氏，是金陵人，客此。"这里应是文章的偷巧处，作者故意省略，造成了语意的跳跃，让人们运用联想和想象去填补作者留下的空白。这样文章的语言张力增强了，韵味也出来了。如果真如解读者所言，所有的问话都一一铺陈开来，那还能称之为文章吗？

探析：这是文本的留白，解读者不正是"运用联想和想象去填补作者留下的空白"么？怎么倒成了"不明技法"了呢？"铺陈开来"，这是文本解读，不是作者文本，如果连这一点也"分不清"，而是自己捏造一个观点强加于人，然后质疑之，那还能称之为"探析"么？而像"偷巧"之解读，倒是能称之为"文章"了？

陈文：作者写作本文的时间的确是在清代，但湖心亭看雪时距明亡（崇祯十七年）还有十多年的时间。故事发生之时并不是在明亡之后，哪里来的避世的幽愤？更何谈对故国的痴心、赤心。真不知是张岱"崇祯五年十二月"看雪，还是他在明亡入山之后写《陶庵梦忆》时看雪。自己连"当时"与"当下"都分不清。切莫以今天的情绪来解读当年赏美景的情绪。

探析：这是作者对于往事的追忆。我认为，确有如众多研究者所言，借前尘影事，表达故国之思，还有，是否也包含着对当年"繁华靡丽"随心怡情生活的留恋呢？如果不是国破家亡，如果张岱还是过着明亡前那般"优游"的生活，倒是没有"痴心"，没有"赤心"的。

第一人称的回忆性散文，总有双重叙述视角，即两个"我"——写作时的"我"与回忆中的"我"，也总是写到两种时空——"现在"与"过去"。张岱是以今日之魂历昨日之事，是今日之"我"对当日之"我"的感受的再感受。因此，准确的解读的前提，应该是"现在"的"我"的视角与感悟。

"看雪"之事与《看雪》之文，时隔多年。此时，明亡以后，当作者再追忆前尘往事的时候，还能洒脱得起来么？"瓶粟屡罄，不能举火"（《陶庵梦忆序》），"布衣蔬食，常至断炊"（《自为墓志铭》），"手勒大明字，悲凉思故君"（《和述酒》）……现时张岱已国破家亡，心境自是不同，他内心的"幽愤"，是可想而知的，不正是投射到当时的事件上了吗？所以，反而应该以写《看雪》之文时的心境来解读《看雪》。

您好像"真不知是张岱……时看雪"：揆情度理，经过时间的过滤和选择，这篇回忆之作，作者哪还分得那么清"当下"的雪湖和"当时"的雪湖，这种双重的自我，心灵的"穿越"，如果说使得读者也"分不清""当时"与"当下"，客观上恰成就了一篇经典之作，给了读者"无限阐释"的可能，又有什么不好呢？有多少文章能产生这样的效应呢？正如刘思远老师所说：

"当他一旦对往事进行追忆的时候，作者总会自觉不自觉地将往事中与自己此刻的情感相'合拍'的内容加以强化，或用它对往事进行过滤、修改。千万不要以为文本就是对往事的真实回忆，更不能为文本表面的洒脱所遮蔽"①。

当然，我的看法，也不一定对，每个人对文本的感觉肯定有不同，这是正常的。其实，我们双方的观点，都难以在文本中找到确证"令人服膺"，做不到像几何证明那样逻辑上的天衣无缝、无懈可击。说到底，也都只是一种猜读罢了。读文本，最有意思的就是这个"猜读"。摆在我们面前的文言文本，简直就像"出土文物"，有时某处还需要我们去"猜读"，把文本读活。各种说法都是在猜测最大的可能。"猜读"和"臆想"不是一回事，怎能轻易画上等号，甚而"误读""臆断""不靠谱"地乱扣帽子呢？

附带说一句，"夜半钟声到客船"，"太热闹"么？我怎么没有感觉到呢？

（发表于《语文报·初中教师版》2015年7月20日第14期。）

---

① 刘思远. 张岱缘何"看雪"不"赏雪"——《湖心亭看雪》探微 [J]. 语文教学通讯，2013（6B）.

17　疑点重重　令人费解
——重读《最后一课》

重读《最后一课》，发现某些语句读来疑点重重，令人费解。

"况且他说过要问我们分词，可是我连一个字也说不上来。"

"轮到我背书了。天啊……可是开头几个字我就弄糊涂了。"

一年级的小学生对母语会这样一无所知吗？怎么感觉小弗郎士学法语就跟我们初学英语时一样，基本上什么都不懂呢？

如果说小弗郎士是个贪玩不爱学习的学生故而没有学会法语，再看成人：

"郝叟老头儿跟初级班一起拼这些字母。"

如果说郝叟老头儿和文盲差不多（"还带着一本书边破了的初级读本"），再看"阿尔萨斯人最大的不幸"：

"现在那些家伙就有理由对我们说了：'怎么？你们还自己说是法国人呢，你们连自己的语言都不会说，不会写！……'"

这，岂非咄咄怪事？而且，为什么不简单地说成"是"，而要说成"自己说是"呢？

一、关于背景

小说的舞台是阿尔萨斯地区，阿尔萨斯语是德语系方言，是阿尔萨斯人的母语，法语非他们的母语。

阿尔萨斯历史上几度易手。直到路易十四时期，1618年法国占领阿尔萨斯最大的城市斯特拉斯堡，这才开始了对此地的正式统治，但阿尔萨斯依旧拥有自治的独特地位。1871年，法国战败后，阿尔萨斯被划入德国。1918年第一次世界大战结束重归法国。第二次世界大战德国再次夺取，战败后被盟国集团再一次判定为法国领土。德国占领阿尔萨斯后，恐怕确实干过企图消灭法语之事，然而，在1918年法国收回阿尔萨斯之后，也同样干出企图消灭德语之事。日本在我国东三省不就干过这样的勾当么？

此文内容是否真实，不妨看看两国之外的第三国英国的说法：

《不列颠百科全书》第一卷第244页："法国大革命中阿尔萨斯在行政上并入法国。阿尔萨斯人仍然讲一种称为阿尔萨斯语的德语方言，而法语在上流社会中流行。"第245页："日耳曼方言仍为当地通用口语，学校里既教法语也教德语。"同页："一战后，法国政府企图同化该地，特别是企图用国立学校取代当地传统的教会学校，并禁止德文报纸出版（德语是当地75%居民使用的书面语）。"后果是："阿尔萨斯自治运动蓬勃发展，寻求在法兰西共和国内自治。"后来法国政府放弃了这些文化同化的措施，自治运动才停歇。

不论是德语还是法语，对于阿尔萨斯当地居民来说都不是他们的母语。对阿尔萨斯人来说，最理想的形式莫过于阿尔萨斯作为一个独立国选择自己的母语（阿尔萨斯语）作为国语了——实际上这种运动过去就进行过。

《最后一课》还有个续篇，叫《新老师》。这篇文章的最后，弱小的加斯卡尔蹲在马车车角上哭泣，他用阿尔萨斯语恳求着"让我回家吧，克劳茨先生"。注意，加斯卡尔是用阿尔萨斯语哭诉——不是德语，也不是法语。

二、关于虚构

都德是法国人，《最后一课》是法国人的文学。作者的立场和情感自然是可以理解的。比如，"他说，法国语言是世界上最美的语言——最明白，最精确"（我认为，汉语汉字是世界上最美丽的语言文字——最美观，最动听）。

小说本来就是虚构的。问题是关于历史问题的小说其文学真实性可以多大程度上违背创作背景即历史真实？

《最后一课》是以普法战争真实的历史事件为背景的，不过，其内容严重地违背了历史真实：若小说所写的问题离实际情况差得太远，则这篇小说虽然算爱国题材，却不宜作为范文选到教材中。语言问题并非细节，不宜虚构或片面描写。但在《最后一课》中,似乎全阿尔萨斯的人都把法语当母语,显然和历史大相径庭,对历史缺乏基本的尊重。

我并不反对小说中的虚构。但基本的历史事实是不能违背的——文学真实与历史事实虽然不能划等号,但虚构不等于虚假——毕竟文学真实与历史真实不应差距过大。如果违背了这个标准,它的艺术价值就要大打折扣了,就更不要说教育意义了,而且,其教育意义就可能是负面的。艺术成就归艺术成就,不管它的成就有多么高。

作品的艺术价值,是不能违背基本的价值观的,应该建立在真善美的基础之上,离开了这些,则毫无艺术价值可言。只有"真"(艺术之"真"——而不是打着"艺术真实"幌子的假大空),才会"善"和"美",如果没有了"真","善"和"美"毛将焉附?

《最后一课》是爱国主义的名篇,但教育意义不是孤立存在的,在不了解真实历史背景的情况下教授这一课,是不是影响了学生的历史观的形成呢?如果给学生形成错误的历史观,那么这种教育徒具有负面意义。"法国中学并没有都德的《最后一课》,或许由于法国教育部门认识到该文故事和历史事实的不同,不传授给学生也是尊重历史的表现。"[①]

日本的本多胜一说:"事实如果如此,尽管小说属于虚构范畴,但如此完全相反且露骨的卫道士行为也实在罕见。这的确是可怕的。"[②]

其实,问题并没有上面说的那么严重。小说《最后一课》原来还有一个副标题——"一个阿尔萨斯小孩子的自述"(2016 年 11 月版部编本教科书预习中加了这个说明——笔者补注)。看,作者选取的叙述视角多么高明!作者如果是以成人的口吻来这样叙述,那么,上述问题倒真是成了严重的问题了。

(发表于《中学语文·上旬》2015 年第 6 期。)

---

① 王锦思. 法国为何不学都德的《最后一课》[J]. 中外文摘, 2010 (14).
② 本多胜一. 有关都德的《最后一课》[J]. 语文学习, 1995 (9).

第五编　创意作文

　　时下,隔绝生活,闭门作文,使作文之树失去了绿色。与其挖空心思刻意雕琢,不如垂下身子认识生命,投入生活,践行常识。回到写作的原点,作文,就是做人,就是按照常识生活,就是从对生命的正常认知,对生活的充分体验出发,活出真实可感的生活。

　　2015年秋,我兼了半个学期的课。下面的这一组作文教学案例,按照时间顺序记录了我和孩子们共读共写的生活。限于篇幅,从中挑选了一部分习作,和大家一起观察和思考。

18　回到写作的原点
——作文打假纪实

写作的原点，源头活水，那就是——生活。领你走进写作大门的，其实是生活本身。回到原点，皈依生活，作文真的不可怕，写出好作文自然就不难。

什么样的作文是好作文呢？首先要搞明白内容和形式的关系。内容是"锦"，技巧是"花"，没有内容之"锦"，技巧之"花"将焉附？"锦"上添"花"，才是好作文。好作文不是一成不变地复制生活。真，是基础，是"璞"，琢之方成"玉"。

所以，一定要回归生活写作文。真人真事真感情，真话实话心里话。多写自己经历的事情，最好是刻骨铭心的，难以忘怀的。亲身经历的，新鲜独特的，与众不同的，就有一种如鲠在喉、不吐不快的写作冲动和表达欲望。情怀（不同于"真情实感"）有了，才会让人眼前一亮，怦然心动，过目不忘。而脱离生活，胡编乱造，就是坏作文。遗憾的是，这也是学生作文问题最为常见的一景。

那么，怎样引导学生们写出好作文呢？我的初步思考是：

摆正方向，明确要求。符合题意，中心明确，内容充实，感情真实；符合文体要求，结构完整；语句通顺；字迹工整。对教育基层来说，这个"基础等级"（高考作文评分标准）二类卷的要求并不低，但应是起步阶段师生努力的方向。学生作文不能等同于文学创作，而且，实用文体的写作，比文学创作更重要。七年级学生写记叙文，首先，写好一件事，写好一个人。先学会走路。

先写后教。孟子云："能与人规矩，不能使人巧。"写前，我不指导。指导多了，怕束缚孩子手脚（当然，这也不是绝对的。若题目较难，我会让大家先议议）。再说，考场作文，你能写前指导吗？没有前指导，学生作文中会出现较多问题，但没关系，可以写后再讲评。出现什么问题，谈什么问题。后指导能对症下药，更有针对性。所谓"吃一堑，长一智""从哪里跌倒，就从哪里爬起来"，孩子们对什么是好作文什么是坏作文的感受才会深刻。

一文两稿。根据第一稿后老师的评语进行修改，再撰写第二稿。之所以一文两稿，我是基于这样的认识：好作文是写出来的，更是改出来的（请注意，这个句子表述的主体是作者）；只有在写的过程中才能学会写，写着写着你就会写了，写着写着你就爱上写了。这也是从自身写作实践中得出来的。

以上只是一种构想，一种思路。我还没有想太透。实施起来我是摸索着前行，两条腿走路：一是作文打假，一是走进生活。在根源——命题上就尽量杜绝坏作文的萌生。

下面是前三次作文的题目和部分习作。需要说明的是，后面所附以成绩中等的学生的习作（第一稿）为主，因为这能较全面客观地反映作文打假的效度和产生好作文的过程。把 A 生教成 A 生，不是成绩，把 B 生甚至 C 生教成 A 生，才是成绩。

第一次作文内容： 第一单元写作实践二

古人说："乐莫乐兮新相知。"你步入了中学时代，有了新的老师，认识了一些新同学。相识是人生的缘分，是彼此交往的开始。选取一个你最难忘的相识瞬间，自拟题目，写一篇不少于 500 字的作文，描述当时的情景和你的心情。

这是教科书上的题目。作文中最大的问题，就是——假！看来，这是一拨被"教坏"了的学生。说假话、唱高调、喊口号、套模板……学生们在还没有学会作文之前，就已经被引上了歪门邪道。有些孩子之所以"学坏"，一个重要的原因在于，久陷应试作文的泥沼，师生对"坏"已经浑然不觉，到了不辨好坏的地步。正如清华大学附中王君老师所说："如果一个老师长期只关注应试作文，只关心如何骗得好分数，他的文字审美能力也会弱化，也会迟钝。"作为老师，不能为了让学生考场作文侥幸多得几分就去做这种自残的事儿，这是教育者专业的良知和伦理的底线。老老实实地教学生把记录描写生活的本领练好，才是正道。

讲评时，也不得不对坏作文做个透视。如，有一些学生写的内容是升入初中的第一堂语文课，与我这个老师的"相识瞬间"。奇怪的是，所写内容我怎么根本就不知道呢？这不是睁眼说瞎话嘛！孩子们就笑了。看来是习惯使然了。在作文中说假话（虚构也不等于虚假），我是深恶痛绝的。作文也是做人！要写自己的话，写真实的话。其他则较多过度抒情，空洞无物，假话空话大话套话废话充斥全篇。如，A生：第一段升入初中的心理，第二段学校环境，第三段教室环境和陌生面孔，第四段班主任外貌，第五段学习决心。"相识瞬间"在哪里？B生：第一段认识一个新同学，第二至四段寻班之旅，第五段见到同桌，第六段同桌外貌，第七段互通姓名，第八段去搬新书，第九段（最长）同桌搬书，第十段同桌姓名。足足有三页。学生写作的时候肯定认为自己的作文内容充实，但恰恰相反。第二至八段一带而过，充实第九段，才叫有内容呢。不少学生连选取印象深刻、难以忘怀的素材都做不到，更遑论通过叙写独特的情景和对话，表现"相识瞬间"的情感反应或心理变化。

看来，学生们并不清楚什么叫好作文，什么叫坏作文。对于作文教学来说，还有比这更严重的事情吗？于是，我就以课文为例子，尽力打通阅读教学和作文教学的通道。如，在七年级上册前三个单元的学习中，我们对《秋天的怀念》段略顺序的质疑，对《羚羊木雕》课文和原文的臧否，对《荷叶 母亲》的求疵，对《王几何》的指瑕，对《天净沙 秋思》插图的求真……入选教科书的作品，也有经不住推敲的呢。不好的文本就教孩子看出它的不好来。收效还是有的，从冯德昭等孩子们的日记（此略）中就可见一斑。

为了下次再下次少出现甚至不出现坏作文，纠正虚假的文风，必须进行作文打假！之后的写作，教科书第二、三单元写作实践的题目，就没再用（用作小作文或日记的写作方向），拟了如下题目，目的就是作文打假。

第二次作文内容：给妈妈写一篇小传

先采访自己的妈妈、外祖父、外祖母、舅舅、姨姨、爸爸乃至妈妈出嫁前和出嫁后的邻居、还有她的同学和同事等，从而更深刻地了解自己的妈妈。然后，在采访的基础上，给自己的妈妈写一篇小传。

七年级的小孩子真的能写出像样的人物小传来吗？同样没有写前指导。作文中出现了这样的问题：不符合写作要求（人数不少）；外貌描写模式化——全班的"妈妈"几乎成孪生姊妹了；内容空洞，如，"妈妈"的生平事迹成了次要的，而抒发和突出妈妈的"慈爱""伟大"等倒成了最重要的——事件本身才是表现文章主题之所在啊；滥情、矫情，如，"啊，妈妈！我会永远孝顺您，爱您的！"生活中谁会这样和妈妈说话？先学会说自己的话，把自己的话说好，这非常重要！模板化，如，有好多学生开头即引《世上只有妈妈好》《游子吟》……主要问题，还是内容，一个班83个"妈妈"区别不大，下雨来学校接我，夜晚送生病的我上医院……这些小学就写滥了的素材再度上演！而且，符合文体要求吗？——同是"内容属实"（要求孩子妈妈签的字），也还是有优劣高下之分的。思维方式很重要，要避开老生常谈、人云亦云，关键还是要写出"不一样"来！写出"这一个"来！但是，与第一次作文相比，已经出现了可喜的变化：有了一些生活的滋味、生命的体验和生命的质感。还真有一些略具雏形的人物小传呢，虽然血肉丰满还说不上，但已是十分难得了。

讲评课：再读相关课文，弄清什么是"传记"；各层次习作展示；交流、讨论：写什么，怎么写；升格建议：明确要求，优化素材，框定格局，删多余，补阙如……然后，再写二稿。

在交流、讨论的环节，孩子（优生）就说：写妈妈，要尽量用上一些好词好句。看来，被"教坏"的程度还真是不轻呢！我说：的确，句，有"好句"，有"坏句"——病句就是坏句。词，也有"好词""坏词"之分吗？哪个词是"好词"，哪个词是"坏词"？谁能举个例子？贬义词也不是"坏词"啊。词，要看怎么用，用得好就是"好词"，用得不好就是"坏词"。再说，假设词也好、句也好，但是，如果没有情怀、没有思想，就算堆砌了满篇的"好词好句"，这样的作文，那也不过是锦绣的垃圾啊。

其实，根本原因在于访谈的工作做得还不是很到位。鉴于此，下次命题，加大点力度。

第三次作文内容：自己去挣一元钱

自己去挣一元钱。不缠家长给联系；不拿家里破烂卖；不替同学写作业收钱……总之，一定要用自己的劳动实实在在挣这一元钱。然后，把经过、感受等写下来。

可真是八仙过海各显神通啊。我欣喜地看到，学生的作文有了生活气息。事非经过不知难。这个写作任务虽然有一定的难度，但它是实用的，日后工作也能派上用场。它的导向是脚踏实地，而不是凌空蹈虚。批阅中，就有家长打来电话，夸赞自己的孩子懂事了，还感谢我这个命题的老师呢。看来，学生们的收获是实实在在的。

下面分享几篇习作。

我 的 妈 妈

刘　雪

我的妈妈，一米六的个子。短头发，经常穿着一件毛衣，一条格子裤，显得十分朴素大方。妈妈性格比较温柔，在外，总是听父亲的；在家，也还是不停地为我和姐姐操劳。妈妈经常去的地方是厨房，她少语，默默地照顾我们的衣食起居。

她喜欢打太极拳。那天，我随妈妈一起去了北大桥的河堤，妈妈在那安静地练着，我在一旁看着。一会儿，她打累了，我俩便一同坐在石凳上。宁静的夜，明亮的星，她给我讲了许多以前的事。

原来，妈妈小时候的爱好是扔沙包、踢毽子。她经常邀着三两个玩得好的伙伴，去村东头，一玩便是一下午。回到家，太阳已经落山了，姥姥便会嗔怪妈妈："你这坏孩子，怎么像男孩一样皮，跑到哪里去了？"妈妈便会腼笑而不作声。

后来，她小学毕业升入初中，在初中三年里，家里发生了很多事，妈妈迫不得已，上完初中便退学了，因为作为长姐的她，需要让弟弟妹妹读上高中。夏季，火辣辣的热，她依旧随姥爷农忙，想象得到，汗珠大滴大滴地从脸上滑落，炽热的阳光把妈妈的脸晒得红彤彤……

再后来，妈妈到了二十几岁，去工厂打工赚钱，通过李工的介绍，认识了我爸爸。爸爸和妈妈在一起工作，是同事。妈妈说爸爸人很好，待人也很友善、热情，很照顾她。最终，爸爸妈妈结婚了，在北京天安门广场拍了一张照片，回来办了几桌酒席，潦草地完成了妈妈的终身大事。

没几年，妈妈生下姐姐，因当时是冬季，门前的河结上了冰，冻得像石头，所以取名叫刘冰。姐姐没多大，妈妈又因工作原因，不能照顾她，把姐姐留在家，让姥姥一手抚养长大。后来又因厂里有了损失，妈妈便下岗回家了。没出两年，又生下了我。真巧，当时也是冬天，窗外下着纷纷白雪，所以又把我取名叫刘雪。妈妈应该也是希望我和姐姐冰雪聪明吧！

妈妈又有了一个做生意的想法，开一个农药店。爸爸也支持。说干就干，可是，事情总不像预想的那样顺利，生意冷清，一天根本挣不了几个钱。还好，时间可以治愈一切。开店的时间长了，远近都已经知道有这么一个店，生意便渐渐红火起来。每到农忙季节，店门口就停满了车，大大小小，活像一个小型停车场，这自然是我亲眼看到的。妈妈尽管再忙再累，内心也是甜蜜的，欢喜的。

当然，不停地奔波劳累，也使妈妈的身体一天不如一天，她经常腿疼、腿肿，有时甚至都走不了路。脸上的皱纹也明显多了起来，头发也不像以前那么油黑发亮，渐渐有了白发，手变得粗糙起来，皮肤开始松弛。妈妈，慢慢变老了，精神也大不如从前。

现在，她依然少语，为一些小事操碎了心。妈妈唠叨我，有时会让我反感，甚至还会有失礼貌地跟她顶嘴。我终于知道，我做错了。珍惜跟妈妈在一起的每一天，不会等到失去了才感到后悔，才感到无奈。

简评：娓娓道来，情真意切，像轻轻飘来的深情的小夜曲。讲述往事的情景和氛围营造得好，读后，眼前似有淡淡月光，潺潺流水。结尾若能再回到开头的情景，首尾圆合，也不失为一种选择。过渡语"后来""再后来"删掉也未尝不可。

自己赚的一块钱

黄　峥

怎么挣一元钱，我觉得最简单的方法就是去捡垃圾。

离我家不远处有一废品收购站，于是我决定捡点垃圾去卖。我便从家里拿了一个塑料袋跑到楼下寻找可以卖钱的垃圾。

刚开始挺幸运的，我刚走到楼下就看见一个阿姨扔了一个纸盒子，这当然就成了我的战利品了。捡废品也很容易嘛，我心里想。装好纸盒子，我又开始寻觅起来，可是找了半个小区却再没有找到能卖钱的物品了，而且还有几个老奶奶用异样的眼光看着我。她们可能把我看成小偷了，可怜啊我，为了挣一块钱，认了。

正在这时忽然看见前面有一个小孩在喝饮料，他手里的饮料罐也值几分钱吧。于是我偷偷地跟着他，等他扔了我好拾瓶子。可是他喝得好慢啊，我又不敢吱声。此时感觉自己就像谍战剧上演的跟踪一样。后来他终于喝完扔了瓶子，我马上飞一般地跑过去捡起瓶子，就像是怕别人抢走似的。嗨，又挣了几分钱！

在小区转悠了一上午，拾了四个瓶子和一些纸盒子，纸盒子居多。拿到废品收购站，人家算了算值九毛钱，最后却给了我一块钱。

拿着自己辛苦挣来的一块钱，心里十分激动，我都快十二岁了，还是第一次自己挣钱。虽然只是一块钱，却是我自己辛苦劳动换来的，同时也感受到父母挣钱的不容易。在以后的生活中，我们不能随便乱花钱，因为每一块钱都来之不易。

简评：一句话入题，开头简洁。最有趣的是小作者的心理描写，太生动了。为了得到一个瓶子，偷偷跟在别人后面，居然还把自己想成了一个谍战人员。为捡垃圾挣钱也是太拼了！好玩！不过，"的""地""得"不分，"在""再"不分，老师帮你改了过来。查一查它们的用法，相信你能分得清。

（其余习作与点评，此略。参见发表版。）

再摘抄几个片段：

贾庆林：存二百元钱，给一元的辛苦费，这"作业"简单！

去银行的路上，卖菜的大叔仿佛成了蓄谋已久的小偷，到了银行门口，看门的大伯仿佛成了一尊凶神恶煞的黑门神。反正看谁都不像好人。存钱都这么紧张，那要是取钱，还不得带一把小步枪。

——真真是小屁孩的心眼嗳。文字中的淘，才更可爱哟。

葛恒利：回到家里，我拉着妈妈的手，把那一元钱放在妈妈手心里，妈妈就问我"你哪来的一元钱？"我高兴地对妈妈说："妈妈，这是我拾瓶子，卖瓶子的钱。"妈妈仿佛不认识了我似的，惊讶地看着我说："你真的太棒了！你保护了环境，还懂得了挣钱，妈妈真是太高兴了，晚上给你做好吃的。"

——做了再说，有点意思嗳。

陈思雨：我接过这浸透了汗水的一元钱，心里充满了自豪。一出门，看看天，看看地，瞧瞧花，瞧瞧草，感觉一切都是那么的美好。

——真是一个含蓄有意韵的结尾！

后两次作文，有大量的前期工作要做，它与社会与生活是紧密相通的，是自然状态下的自由写作实践，不是在课堂上能拿出来的。不逼着孩子当堂交稿，孩子们便无需临时胡编乱造。正确处理了作文与生活的关系，从而有效避免了假话空话大话套话废话的泛滥。既是真诚写作，也可以应对考试。

上述习作及片段有的出自优生之手，一板一眼，太规矩了，反而有失灵动了。有的出自"忧生"淘气包之手（字写得像小狗爬），还算生动吧？

为什么一些成绩堪忧的孩子，作文也像作文了呢？一是大概在小学这类孩子不受老师关注，被边缘化，也没有被教导多少"作文技巧"，更少受到急功近利应试作文的"污染"吧。二是这样的作文是真作文，孩子们回到了写作的源头，在生活中采撷，他们有话可说，有话想说吧。

看来，作文打假，初见成效。但孩子们毕竟在应试作文训练中浸泡太久，绝非一朝一夕就能彻底扭转过来的，任重而道远。

当然，这些习作还很稚嫩。一口吃不成胖子。慢慢来，不着急。"写吧，只有写，你才会写。"（巴金）

（发表于《课堂内外·创新作文》初中 B 版 2016 年 1-2 月号。）

19　读写一体　互助共生

——打通阅读与写作的通道

阅读与写作，是生命成长的双翼。阅读是吸收，写作是倾吐。阅读是写作的基础，二者又相辅相成，相互促进。写作是阅读技能的高级形式，从个人发展来说，写作可能比阅读更重要。我同意潘新和教授的观点：所有的阅读，最后都要指向写作。写作能力是语文素养的综合体现。写作是语文教学的最终归宿。读和写是不能截然分开的，阅读写作，两翼一体。多读多写，是语文学习的不二法门。文本蕴藏着写作的酵母，打通阅读与写作的通道，形成这种思维习惯，掌握这种学习方法，读写有机结合，相互为用，则相得益彰。

而目前作文教学的现状基本上还是各自为阵，各自为战。我的做法是：除了概写、缩写、扩写、仿写、改写、补写、评写、续写……这些常用策略，我又做了一些探索与尝试，努力打通阅读与写作的通道。

依托课文，加强阅读指导，让阅读为写作服务，在阅读中学写作。真阅读促真写作。为写而读，对人是一种极大的淬炼和提升。在文本的使用上，最大限度地发挥它对写作的促进作用。好的文本，教学生看出它的好来，教出学生"感觉到又说不出来，或者以为是一望而知，其实是一无所知的东西来"（孙绍振语），跟着作者学写作。如，蒲松龄的《狼》，"写鬼写妖高人一等"（郭沫若语），我就引导学生揣摩其语言和写法，发掘文本自身的魅力。不好的文本，教学生看出它的不好来，从"反面教材"中学写作。如，《王几何》，我发现该文的瑕疵、疏漏、缺陷和败笔就有50多处，我就采用了批判性阅读的教学策略。

"双剑合璧",读写一体化,就要开掘教材里的写作风景,从课文中捕捉读写最佳结合点。找到这个结合点,进行整体设计,做到牵一发而动全身,要研究文本特质。如,学习《孤独之旅》,我让学生替杜小康写放鸭日记。这个活动可以以写促读,以读促写。为了替杜小康写放鸭日记,学生对课文的时间、地点、人物、主要事件、故事脉络都要作整体的了解和清晰的把握。因为是第一人称,景物和细节的描写都要作调整,而且学生可以在心理描写方面有所发挥。这样一来,学生就非得认真地阅读和品味原文不可。这实质上是另一种形式的改写,但这样的改写,因为其新异性,更能激发学生的写作兴趣。再如,我教《都江堰》,拿其2014年版与1992年版进行比较阅读,引导学生实事求是地评鉴新旧两稿各自的优点和不足。

上述课例中,教学的重心均定位在一个"写"字上。下面两个案例,就是对读写结合形式的一种初步探索。

【课例一】

亲子共读课文共写随笔
——以《走一步,再走一步》为例

[按:李老师通过亲子共读、共写,搭建了一个亲子交流的平台,写作的内容也不再仅仅是一篇充满着各种套路的读后感,孩子发出了内心最真诚的呼吁,家长也通过读与写反思了自己的教育,父子(女)的情感达到了深度交融。]

亲子作文不仅是一种作文方法,更是一种生活方式。以我个人为例,孩子小学的时候,我虽然教的不是语文,但毕竟是教师,还是有点教育者的职业敏感的。与孩子朝夕相处,日常生活,点点滴滴,只要你想捕捉,都不乏写点。怎么引导?自然而然,不要说教。把教育的目的隐藏起来,让孩子在感觉不到受教育的时候受教育。这是应该追求的一种教育境界。

我基本不过问孩子的作文,更不要说命题让孩子作文了,但是,小小的孩子却拿出了让我不敢相信的习作来。我的做法非常简单：

一是暗示。"哈哈……这个……真有意思。"说者有心作无心，听者有意，顺其自然。孩子的心扉一旦开启，他自己就会主动"觅食"，捕捉可写的东西了。虽然是小孩子，哪个没有创作的冲动呢？

二是示例。有一年，我家养过三只小鸡，一晚，黄鼠狼吃掉了两只，只剩下曾把大狗啄得夹着尾巴跑得最勇敢的那只（我活到 50 岁，这样的鸡还是仅见），狼口余生，从屋脊上找到它时的惊魂未定，看着让人揪心（和天敌黄鼠狼"战斗"过的鸡也是仅见）。那年我 40 多，一个大男人竟然有想哭的滋味。当时上小学的儿子心疼得都哭了。我写了一篇小文，《三只小鸡的故事》，读给孩子听。我是想让孩子知道，作文就是从生活中来的。没有想到，不久，他写了篇关于小猫的作文（那年我家也养猫），投稿后发表了。

小学阶段，孩子在国家级的几种作文刊物上发表了约 10 篇小作文，并获奖多次，这在我们这个偏僻的小县城，不能说不是罕异之景，估计也没有第二人了（不过，上中学后，由于课业负担等原因，就没投过稿了）。

这点经验说明，作文，特别是小孩子作文，他想写的时候，自然愿意写；不想写，就不要硬逼。顺其自然为好。灵感来了，还用老师、家长催么？（作文要写好，还是需要点灵感的。至少，也需要勤于思考，善于发现，有点想法，愿意动笔才好）另一方面，也要巧妙地指导，包括生活中的亲子作文和阅读中的亲子作文的指导。下面拿《走一步，再走一步》这篇课文，以"案"说"法"，简要汇报我教学中的操作方法。

人教版七年级上册，美国作家莫顿·亨特的《走一步，再走一步》，以现实之步阐释人生之步，自己的人生需要自己的双脚一步步去丈量，"一步"话人生，"一步"言真谛。这篇课文蕴含着深邃的哲理，非常有教育意义。为什么不能让学生思考和探寻这篇课文丰富的人文内涵呢？语文课，如果唯工具性的话，实在是对不住这篇课文、这帮学生；如果唯人文性的话，又有"非语文""泛语文"、上成了思想政治课的嫌疑。而如果孩子们不能将这篇课文铭记一生的话，那就太遗憾了。

"……请你变换视角，从杰利或'我'父亲的角度改写'悬崖脱险'的部分……"——教科书"研讨与练习四",给了我启发。对学生来说,阅读这篇课文,理解肯定是较为浅表化的,我自己不也是做了父亲之后,理解才更深了一层的吗?所以,我决定,读写结合,一文两用。在第一课时常规的学习之后,让学生与其父亲共读课文,共写随笔、读后感,我拟促成一次亲子阅读体验的深度分享。

于是,我让学生们给自己的爸爸带了这样一个作业:

各位孩子父亲,您好!前不久,孩子们学习了莫顿·亨特的《走一步,再走一步》,为了让孩子们更好地理解这篇课文中别样的父爱,让我们的孩子更健康地成长,今天,我留了这样一项特别的家庭作业:让孩子们写一篇《走一步,再走一步》的读后感,同时,也想让各位孩子的父亲写一段《走一步,再走一步》的读后感(不需要很长,几句话也可以),目的是希望让孩子们看到,您做了父亲之后,读这篇课文,比孩子更深刻的理解。我知道很麻烦各位家长,但是,还是希望得到您的支持,这是对孩子进行成长教育的一次难得的机会。如果您肯支持我,就请您写完之后发送至我的邮箱:jys0537@126.com,署名×××的爸爸。如果您手写的话,也请您写完之后交给孩子,让孩子下周带给我即可。下周的语文课,我会在班里进行一次展示,让所有的孩子得到您文字背后爱的感化!谢谢各位家长了!

这样一来,学生们就非得认真地阅读和品味课文不可。这个作业可以以写促读,也可以以读促写。这个作业也得到了众多家长的支持,他们都很感谢能有这个亲子共读共写的机会。家长们的"作业"也非常优秀!

因此,第二课时的教学流程就成了这样的:

第一步,读同伴的读后感(附后)。我选取了几个学生的读后感(PPT依次出示——先隐去孩子的名字,点击后再出现)。果不其然,课堂上学生们惊喜连连。

第二步,读同伴父亲的读后感(附后)。我选取了几个学生父亲的读后感(PPT出示),先随意让一个学生朗读,然后点击出这位作者的名字:×××的父亲。教室里掌声一片。当让这个学生再读的时候,这个学生就情不自禁了……依次进行。学生们读完父亲们的读后感,教室里唏嘘一片……家庭教育对学生的健康成长何等重要！当父亲把心交出来，而且是用文字的形式在课堂上呈现出来的时候，较之于家庭平时的"说教"就有非同寻常的意义了。

第三步，回读课文"悬崖脱险"的片段。可能在学习课文的时候，还会有不少学生走不进去这部分与己无关的他人的文字，但此刻，学生们对这部分的文字一定会有更深的理解、更深的领悟了吧。

第四步，拓展阅读（PPT 出示）美籍黎巴嫩作家纪伯伦的《孩子》（此略）。"孩子是因你而来，不是为你而来。"纪伯伦说得真好！发言环节，我让学生们说一说自己的感受：读了纪伯伦的《孩子》，你是怎样重新看待家庭教育和理解父母与子女的关系的。课堂上再次掀起高潮。这么一比读，学生们对《走一步，再走一步》的理解，又上一个台阶，思考更深入了。

这是在教科书"研讨与练习四"的基础上改进的一个方案。把作者和读者这个时空，把阅读和写作这个时空，把亲子两代人这个时空……全部结合，全部打通。于是，语文课，呈现出了生命课的状态。这堂课，我的感觉，酣畅淋漓；学生们也非常动容动情。有了这样体验的学生，在以后的某次阅读中，可能就不再是读文本，而成为了真正"与文本对话"了；在以后的某次写作中，也可能就不再是"写作文"，而成为了真正写"文章"了。实现了阅读和写作的自由转化，打通了阅读与写作的通道，学生们会有所受益的。受益的又何止是孩子，还有父子（女）情怀的深度融通吧。起码，能引起家长们对家庭教育的一些思考，我的目的也就基本达到了。

下面是几篇学生们的读后感——

悬崖上的经验

刘梓萌

莫顿·亨特的《走一步，再走一步》是一篇非常有教育意义的文章。文章讲述了这样一个故事："我"与伙伴们一起去爬悬崖，爬到一半，"我"不敢再前进，独自留在悬崖上，直到父亲来到悬崖下，一步一步引导"我"从悬崖上爬下来。

当我第一遍读这篇课文时，我对文中父亲的做法持不理解态度。那时天已经全黑了，小亨特又处于极度恐慌的状态，就算有人在下面用手电筒指引，危险性依然很大。稍不注意，后果不堪设想。

第二遍读时，我特意留意了文章的最后一自然段。我认真品味了几遍，发现作者那一次悬崖上的经验，让他受益匪浅，发现父亲这样做，其实都还是为了自己的孩子好。的确，这样做固然很危险，但是引导孩子勇敢地迈出许多个"第一步"，不也正是父母的职责所在吗？可是，我曾经也遇到过与作者类似的一件事，当时我父亲的做法却大相径庭。

那时我有八九岁，我跟着父亲一起回老家，几个小伙伴拉我去爬大卡车。看着几个小伙伴依次都爬上去了，我只能站在那里干着急。我不愿被他们嘲笑。在卡车的尾部，我借助使力点，脚一蹬，一跨，爬上了大卡车。我们在卡车上玩了一会儿，就听见父亲在喊："该吃午饭了！"小伙伴们听到，都干净利落地爬下卡车，我独自留在了卡车上。我按上车的方法寻找落脚点。这时，父亲过来了。他抓住我的手，将我从卡车上抱了下来。我脚一着地，就听见了父亲的训斥："女孩子家家的，不能去干这么危险的事情，知道了吗！"被父亲这么一说，我偷偷地抹起了眼泪。这就是两个父亲之间的不同，一个是"放手""鼓励"，一个是"保护""责备"。

如果没有最初勇敢的一步，哪里会有自信的下一步？哪里会有成功？这篇文章令我受益匪浅。

（其余习作，此略。）

学生们的读后感虽然还不怎么成熟，但是，一遍遍地去读，能用自己的心灵去感悟，并且，能联系自己的学习和生活，用自己的语言去表达，这份用心，已经实属难得了。

下面是几篇学生爸爸们的读后感——

刘宇航的爸爸：

读了《走一步，再走一步》这篇文章，只有初中文化的我产生了共鸣。感谢李老师给我们家长留的这个特别作业，能让我这个父亲给我心爱的女儿写一写我的心里话。

心爱的女儿,你知道吗?爸爸很理解你。在这个应试教育的年代里,爸爸看到了你的压力和勤奋,看到了你攻克一道难题的兴奋和为了下一道难题紧锁的眉头。分、分、分,学生的命根!但爸爸不这样认为,爸爸最关心的是你的身心健康。当知道这次期中考试的分数后,你伤心地哭了。心爱的女儿,爸妈非常理解你的心情,你的目标没有达到。但爸妈想告诉你,对这个成绩,我们已经非常满意了。知女莫若父,你是一个慢温型的小女孩,你有你的学习节奏和方法,不要为一时的得与失而打破你的学习节奏。每次的小小考试,只是对你一段学习的一种检验。做错了几道题,这证明你有些知识还没有掌握,补上来,这就是离成功又迈进了一小步。所以,爸妈不希望你把分数看得那么重,而更希望看到一个阳光、自信的你。

就像这篇文章写的那样,不要想着远在下面的"岩石",那样只会束缚你前进的脚步。最主要的是当下,要着眼于脚下的一小步,走了这一步再走下一步。这需要你的勇敢、自信和健康的心态。爸妈坚信,我们心爱的女儿,能抵达你所要到的地方。

宫嬗的爸爸:

莫顿·亨特的这篇文章,讲述了一个人生的道理。面对困难,勇敢地迈出一小步,将会是人生道路上的一大步。这篇文章,对成长中的孩子是一个启示,不要畏惧困难,要勇于面对困难,克服困难。困难来源于内心,而不是外在因素。在困难面前,哪怕是小小的行动,也是成功的开始。

这篇文章同样也给作为家长的我们一个提示。教育子女,要善于诱导、鼓励,而不要一味地强硬。小孩儿有贪玩的天性,不要犯错就一味地指责,这样会对孩子脆弱的心灵造成损害。多鼓励,增强孩子的自信心。现实中,如果孩子做出超出大人想象的事情,特别是危险的事情,指责反而会适得其反。而莫顿·亨特的父亲就没有指责,而是轻描淡写地说了一句"晚饭做好了",并就此鼓励、指导孩子,使其孩子安全下山。反过来,通过这件事,莫顿·亨特增强了自信心,在以后的人生道路,遇到困难,就会想到这件事,提醒自己,克服困难。

在教育孩子的道路上任重道远。方式方法很重要,但言传身教更重要;

教会孩子方法固然重要，但增强其自信更重要。

（其余爸爸们的读后感，此略。）

家长们能积极参与，与孩子互动，善莫大焉。还有什么"说教"，能比得上这些文字的力量啊！

只是，这里出现的最多的一个词，就是：成功。冷玉斌老师说："儿童，本应在这金色年华尽情享受纯粹的童年的快乐，却不料已经背上'成功'这个重重的包袱。"薛瑞萍老师（网名看云）说："成人如果常常放下功利之心，教师卸下教师的甲壳，也可以随儿童，具有童心——具有吸收能力的心灵。这才是我们家长和教师能够得到应当得到的最美好的馈赠。"两位老师的话给了我们许多有益的启示。

不独这一篇课文，像《背影》，面世之后，感动了几代人，也非常适合亲子共读共写。

李永红点评：本案例以《走一步，再走一步》为读写素材，并以"特别的家庭作业"的方式，围绕关键词"父爱"，家长学生同写"读后感"。学生看"父爱"，不仅看了莫顿·亨特父亲"父爱"的智慧，更关注了现实生活中"父爱"的不足。当家长阅读到学生所叙写的不够智慧的"父爱"时，家长是会去反思的。同样，当学生阅读到父亲们所写的文字时，父亲们的思考和表达也会给孩子以启发。经过这样亲子写作体验的孩子，不仅学习了与"文本对话"，更经历了与"亲情对话"、与"生活对话"，达成了阅读、写作、生活的高度融合，"语文课，呈现出了生命课的状态"。

【课例二】

师生同读一本书　共写读书笔记
——以《救救孩子：小学语文教材批判》为例

初中议论文写作，成为命题"弃妇"、教学"弃儿"，被边缘化，这个不争的事实，导致学生拙于理性思考和研究性写作。近年，我们的高考作文，考查理性思辨的因子也显现出了势头，这是一个可喜的进步。思维是一步步发展的。批判性思维是最高级别的思维，从小就要开始培养。写作与阅读相携相扶、相融相生。在七年级写作教学中培养学生批判性思维能力，我初拟起于读，落于写，读写联姻，在读写联动中渗透批判性思维。

"任何知识都应该经得起质疑，只有辩论才能发展新知识。"（傅丹灵语）"从阅读的本质上说，文本是拿来质疑、批判与超越的。"（潘新和语）我不认为好的文本，要我教出它的好来，我做不到。当然，批判，只是其中一种方式，不是语文学习的常态。

可能有不好的"选文"，但没有不好的"课文"。作品不完美，没关系，怎么用？这才是我们应该着力思考和探索的问题。真正做到了"用教材"，才能使之更好地为语文学习服务。切不可一味将其当作不可非议的"经典"和"定篇"来欣赏。

比如，人教版七年级上册第29课《盲孩子和他的影子》，教学本文，不妨尝试批判性阅读的教学策略。在第一课时常规的学习之后，第二课时教学伊始，我就PPT打出：阅读交流会：你喜欢这篇课文吗？来说一说，可以是印象，可以是感受、心得、观点、看法、疑问……（可以找优点，可以提不足——你认为写得好或不好的地方。）

有孩子就说：像《安徒生童话》等，让人一看，就觉得是童话。而这篇童话给人的感觉怪怪的，有点别扭，不像纯粹的童话，缺少童话感。

我追问：你感觉哪里别扭、怪怪的？

这个孩子说：《盲孩子和他的影子》，总觉有点做作，不够自然。不像《白雪公主》《灰姑娘》那样，故事情节离奇曲折，引人入胜。要写童话就用童话的方式去写，我觉得用写诗的语言写童话不太合适。少了生动的故事和鲜明的形象，与童话的趣味相去甚远。

还有孩子说：灰姑娘有水晶鞋变身王后，小人鱼有巫婆的酒蜕去鱼尾……盲孩子不知怎么的就获得视力了，影子不知怎么的就变成人了，让人觉得有些别扭。

有孩子附和说：盲孩子没来由地就获得了视力，少了童话惯有的带来转变的神奇的力量，就觉得很奇怪。可能人们喜欢童话的美好，也因这种不可能存在的神奇的力量吧，也正是因为这种神奇，童话才是童话。

我继续问，能不能具体说说？

"我跟你玩儿呀！"这一天，忽然有谁在他耳边轻轻地这样说。

——为什么影子是"忽然"出现的呢？"这一天"之前影子在哪里呢？

忽然，在他的"黑洞"里，他第一次看见一个淡淡的光点在他的手心里移动着。

——盲孩子怎么会"忽然"就获得了视力呢？我读过的关于"变"的这类童话中，都是有外力的，并且会给神奇的外力一个合理的交代。我觉得这个"忽然"太忽然了。

他发现，他的影子慢慢退去了黑色，变成了一个衣着美丽的孩子。

——像孙悟空七十二变，是瞬间的事。影子怎么是"慢慢"地"变成了孩子"的呢？

还有：从第51段"夜深了"到第74段"太阳出来了"，这说明盲孩子一夜未归，家人竟然连一丝牵挂都没有啊！盲孩子的父母到底哪儿去了？

是啊，我总结说，大家有没有发现：盲孩子"日子过得很寂寞"，而通篇，他的父母，连提都没提到，更不要说出现了。盲孩子"出家门""去牧场""攀山坡""过小桥""去树林""跌倒在水坑里""坐在风雨里""走过泥泞的旷野"……让人揪心不已，可是，我们连他父母的影子都看不到。对一个盲孩子来说，他的父母对他不管不问，是不是让人困惑呢？总觉得盲孩子被遗弃了。

我补充说，还有让人不可思议的呢：

无论他们走到哪里，人们都会对盲孩子这样说："看，你有一个多么好的影子啊！"……

人们常常看到他俩在阳光下、月光下，像好朋友似的说说笑笑……

——这两处"人们"中，也竟然没有他的父母！

更让人不可思议的是：他看见了周围的一切！……人们说，他们像一对孪生兄弟。

——盲孩子获得了视力，这一处"人们"中，竟然还没有他的父母，与他分享快乐!

　　他的父母为什么不能出现呢?抑或他没有父母,甚或连一个家人也没有?但这也是文中该有的交代啊。可是,作者偏不——这不是美,而是别扭。在文本创作层面,如果盲孩子失去了亲人,无疑,更"寂寞",更不幸,更让人同情。但是,如果说,父母的缺位,母爱的缺失,是为了让位于影子,在生活中就首先不真实啊,更消解了童话本质的真实性。"其实越是成功的幻想类作品,它的细节里、骨子里,全是生活的真实。"(王君语)

　　另外,这篇童话也暴露了它自身逻辑上的破绽:光照之下,盲孩子还有影子吗?变成了孩子的影子,他会有影子吗?

　　作者说:"我是带着写诗的激情,带着写诗的语感,来创作这篇抒情童话的。"设若写过《影子》的安徒生,地下有知,读了这篇拙劣的模仿之作,不知作何感想。

　　坦率地说,《盲孩子和他的影子》,其情节没有童话的真实感,敏感的孩子们更能直觉到这一点,我实在无法回答孩子们的疑问。

　　孩子们的疑问正印证了郭初阳《谎话说不圆:我看〈盲孩子和他的影子〉》(《读写月报·新教育》2008年第7期)一文中的三点质疑(PPT出示):

　　本文的第一处败笔,是盲孩子莫名其妙地恢复了光明……在现实层面,每一个读者都打心底同情那盲孩子,希望他能看见这世界的美好,但是在文本创作层面,读者的怀疑是有充足理由的——你凭什么让盲孩子恢复视力?

　　与此相关的第二处败笔,是盲孩子的视力是渐渐恢复的。这让故事变得更糟糕了,因为这样的设计,违背了童话的"瞬间原则"——在童话中,大凡属于个体能力的奇迹,都是在刹那之间完成的。

　　第三处败笔,在于没有任何前兆,没有符合角色性格的内在理由,也没有外在的力量,影子就变成了人,莫名其妙。

　　郭初阳等著有《救救孩子:小学语文教材批判》一书。我拟就势拓展阅读,并以写作梳理提升检验之。刚升入初中的孩子,读一读对被奉若神明的小语课文的批判,于批判性思维的萌芽,应该不无裨益。于是,我就命了这样一道作文题：

结合本课的学习，关于批判性思维，选择一本书，可以就整本书，也可以就其中的某几/一篇，写一则读书笔记。推荐书目：《救救孩子：小学语文教材批判》；也可以自选书目/篇目（课内外皆可）。

我们知道，西方的小学生就能写有模有样的研究论文并能做像模像样的论文答辩了。我们的孩子笨吗？不，"因为我们从来没有真正教过那种样式的阅读，那种样式的写作。"（王荣生语）鉴于这次习作对七年级的孩子来说，可能有些难度——之前进行的《盲孩子和他的影子》"阅读交流会"，说到底是序幕，就是为此做铺垫、做准备的；我还专门写了一篇下水作文，以之示例（为什么要选批这一篇呢？我很担心孩子们读过本书后批判性思维的萌芽，又被这一通似是而非的说辞所扼杀）。

与杨于泽先生商榷
——《救救孩子》读书笔记

智慧在民间。郭初阳、蔡朝阳、吕栋等所著《救救孩子：小学语文教材批判》（长江文艺出版社，2010年9月版）一书，指出了小学语文三大教材母爱文本的四大缺失：经典的缺失，儿童视角的缺失，快乐的缺失，事实的缺失。虽然不能说没有一点过激之辞，但是其提供的观照文本的全新视角，醍醐灌顶，振聋发聩，不啻当头棒喝。

然而，本书附录的最后一篇文章，杨于泽先生《小学语文的真正问题是现代价值缺失》（原载《中国青年报》2009年9月24日）的批评意见，窃以为不无偏颇。

"如果有人较真，要翻开二十四史、相关传记、回忆录进行考证，那真的会感到失望。所谓割股疗亲、凿壁囊萤之类，即便史书有所记载，所据大抵也是传闻，较真起来，多半查无实据。"

"简单用'真实'标准来衡量，西方用于教化的道德故事可能更属虚妄。西方人道德观念的一个主要来源是《圣经》，而《圣经》是一部宗教经典，也是一部文学作品，没有真实性可言。"

人所共知，我国向来文史不分。南怀瑾先生在《文史哲不分的中国文化》（《原本大学微言》，复旦大学出版社，2003年版）一文中写到："十八九世纪以前的中国，素来是文哲不分、文史不分、文政不分，是混为一体的文化学问。"以"二十四史"之首《史记》来说，它既是中国历史上第一部纪传体通史，也是一部优秀的文学著作，有很高的文学价值。《圣经》的内容有传记、历史、律法、礼仪、诗歌、戏剧、寓言及神话等，这其中的一部分，属于文学范畴，自然允许合理虚构。《史记》既然也有文学的成分，自然也不例外。

"中国用来进行道德教育的西方故事，现在陆续被人考证出来，属于无中生有。有一个美国开国总统华盛顿儿时的故事……此类故事，要说作伪，始作俑者也是西方人自己，而非中国人自欺。既然西方人这样教育孩子，中国人拿来作为教材，似乎也无大碍。"

《华盛顿的故事》，请问杨先生，西方的教育中有没有？有，请拿出确凿依据；没有，那也许是"中国用来进行道德教育的西方故事"。我也有一个诛心之论，这个故事，看着是西方人的名字，骨子里的，却是中国的旧观念。编来教育人的，假借华盛顿之名也说不定呢。退一步说，就算别人作伪，于是也便理直气壮毫无愧色地跟着作伪，这什么逻辑啊！

"浙江三位语文老师，最近给小学语文教材挑毛病，发现某些名人美德故事是假的……"

愚以为，这种质疑精神是值得肯定的。没有"真"做基础，道德说教势必沦为伪善。

语文教材中一些文学作品虚假，有人质疑，就有人为之辩护，说不能"简单用'真实'标准来衡量"。那么，请问杨先生，应该用什么标准呢？用"艺术"标准吗？即使是文学作品，"艺术"也不是万灵的遮羞布。童话、寓言、科幻、神话、志怪……读者一看就知道不是真的，作者也没打算让读者相信是真的。没有人去质疑女娲会飞，孙悟空会变，哈利波特会魔法，魔戒有魔力……但是，有些文学作品，散文的语言，写实的风格，说得跟真事似的，而经不起推敲，不合理，不科学。比如，学习《斑羚飞渡》，我让孩子们画过"斑羚飞渡"的示意图。得到的结论是：凡符合课文的，均试跳失败；凡试跳成功的，均不符合课文。作者在描写上确实出现了纰漏。

在初中语文教材里，有很多这类的作品，也有很多历史不像历史、传记不像传记的散文篇目。对这种作品就不能"较真"吗？杨先生的观点，我不能认同。诚然，文学创作，源于生活，高于生活（前者是前提和基础）——但不等于在任何形式的作品中都可以天马行空、胡说八道。许作者胡说，不许别人批评，天下哪有这样的道理？

"三无"食品能不能上市？"三无"车辆能不能上路？如果不能的话，那么，无作者、无出处、无发表时间来路不明的"三无"文章，就不能入选小语教科书。事实上，不仅入选了，而且入选的还不少，它损害的是亿万孩子的精神健康！是不是可以用更好的方式告诉孩子们一些更好的故事呢？以此等水准，担当小语教材编写之大任，良可叹也。

——孩子们的积极性非常高，近乎鸡蛋里面挑骨头的架势。下面就分享几篇习作：

爱，需要理由吗？
——读《我不是最弱小的》点评
刘宇航

《我不是最弱小的》是我小学二年级下册所学的一篇课文。因为我非常喜欢这篇文章，所以留下的印象很深刻。

它主要讲述了在一个周末，萨沙一家去森林中玩，突然下起了大雨，妈妈将雨衣让给哥哥，哥哥又将雨衣让给最小的萨沙，在一家人的影响下，萨沙又将雨衣遮到身旁娇嫩的蔷薇花上。

文中的萨沙是一个善良又有爱心的小姑娘；文中的母亲是一个懂得如何教育子女的母亲，她让孩子们从小就培养一种保护弱小者的品质。一开始我认为：这是一篇十分完美、不可挑剔的文章。可是当我读完《救救孩子：小学语文教材批判》对该文的点评时，我又不得不承认我当时对该文的看法太过浅显，这篇文章还是有它的不足之处的。

　　点评者除了赞赏，最后有一句批评是这样的："唯一美中不足的是，文章描写萨沙保护花朵，目的是为了成为强者。"我以前怎么没想到呢，我不由得对该文的点评者产生了敬佩之情。是啊！文中有很多地方容易让读者误解萨沙是有什么目的而去保护弱小者。尤其是倒数第二段和最后一段，萨沙与妈妈的对话。我初学这篇文章时，认为作者进行这些语言描写更可以突出萨沙的天真可爱有同情心。但是现在看来，则截然不同了。这些语言描写更能让读者理解为萨沙只是不想让别人说她是最弱小的。

　　是"妈妈"的话，让萨沙的这份爱意给人的感觉有些变味了——成为只是为了不愿做那个"最弱小的"了。"妈妈"的教育方式是不是最好的呢？为什么一定要用"比"的方式呢？特别是最后一句话及其"勇敢"一词，能不能换一种表达呢？比如，"我们都没有想到可怜的蔷薇花，你真是一个细心善良的好孩子！"

　　保护别人，帮助别人，爱别人，是不需要理由，也不需要为了达到什么目的而这样去做的。它发自于人的内心。

　　这样看来，题目"我不是最弱小的"，有失之偏颇之嫌。淡化弱化"勇敢"，强化凸显爱意，如何？

　　另外，"妈妈赶紧从背包里拿出雨衣递给身边的托利亚，托利亚又把雨衣给了萨沙"。"妈妈"没有直接把雨衣给最小的孩子萨沙，而是给了"身边的托利亚"，不偏不避，而且，"妈妈"相信托利亚，托利亚没有丝毫犹豫，"又把雨衣给了萨沙"，相信相信的力量，效果果然令人欣慰。简简单单的动作，透露的是"妈妈"教育的艺术和智慧。不过，我总觉得，"身边的"，这个情节设计有点刻意。

　　"天生同情"，呵护弱小，是好品质。不过，离开了阳光雨露，花儿草儿们怎么能茁壮成长呢？对孩子也是这样，过度溺爱，温室的苗儿，怎能适应狂风暴雨的洗礼呢？当然，这不是本文要表现的主题，不过，萨沙的妈妈能补上这一课，就更好了。

　　读了这篇点评，我收获很多。我们不能太过于相信权威。我们要有自己的主见和思想。敢于坚持自己的见解。这样，才能活出与众不同的人生！

（其余习作，此略。）

（课例一发表于《课堂内外·创新作文》初中 B 版 2016 年 12 月号。）

20　真作文　假作文

——习作/日记与点评（三篇）

留美学者黄全愈《素质教育在美国》（广东教育出版社，1999年）一书，其中叙述了他儿子矿矿在国内学画和在美国学画的不同经历。中国孩子问"像不像"，美国孩子问"好不好"，评价标准，孰优孰劣，我不拟评说。那么，什么是真作文，什么是假作文，我也不必再多说什么。这里选了两篇习作和一组短小日记并附简评，读者诸君自己看吧，您还会看明白，什么是好作文，什么是坏作文。

【习作品评一】"忧生"也可爱

睡觉的艺术

李昊阳

说起来我们班的刘曙光同学，那可真是无人不知，无人不晓。先不说别的，仅在睡觉这一方面，他就将"奇"发挥得淋漓尽致。

有一段时间，我有幸坐在光哥后面。根据我的长期观察，他上课基本上除了说话就是睡觉……

光哥一般是在英语课睡觉，别的科目说话，但在老班朱老师的数学课上，他向来是比较乖的。当然，凡事都有例外，比如——

那是星期五的数学课，照例，讲评试卷。由于下午的原因，我们都有些犯困，迷迷糊糊地听了半节课。光哥在前面不停地摆弄他的杯子，一会儿打开，喝一口；一会儿又扣上，咬一下……旁边的魏单林有一句没一句地和他扯淡。看得出来，魏单林已经微微有些困意了，但碍于朱老师的课，还在苦苦支撑。过了一会儿，前边没了动静，只见光哥半躺着，头歪向右侧，两只手好像叉在胸前，似乎在思考着什么。我十分感动啊，原来光哥也是一个认真听课的好孩子。魏单林向光哥看了一眼，随即大笑不止，我很惊异他为什么笑。这时，朱老师走过来了，一直看着刘曙光，脸上有种哭笑不得的感觉，魏单林见此，更是笑得前俯后仰。看到朱老师那无奈的表情，我更疑惑了。旁边同学也都发现了，纷纷偷笑，继而全班大笑。我更是一头雾水了，连忙询问魏单林："到底怎么了？发生什么了？"

这时，光哥才发觉，听到全班人大笑不止，十分认真地问："怎么了？"这时我才明白，原来他在睡觉！朱老师那无语的表情，魏单林的夸张笑法，再加上光哥那正在沉思的背影，可以想象他当时的"优雅"姿态：两手抱着水杯，嘴靠在杯盖上，牢牢地啃住杯盖，不时吧喳吧喳嘴……

【简评】

最真实的往往是最动人的。先看这几句：

"光哥在前面不停地摆弄他的杯子，一会儿打开，喝一口；一会儿又扣上，咬一下……"

"过了一会儿，前边没了动静，只见光哥半躺着，头歪向右侧，两只手好像叉在胸前，似乎在思考着什么。"

"可以想象他当时的'优雅'姿态：两手抱着水杯，嘴靠在杯盖上，牢牢地啃住杯盖，不时吧喳吧喳嘴……"

"原来他在睡觉！"狂笑！绝倒！读来令人忍俊不禁，真要让人"前俯后仰"了。睡觉也能睡出这般"优雅"的姿态，那可真是"睡觉的艺术"了。更"奇"的是，小作者竟然也"想象"得到，小作者文字的功力由此可见一斑。

再看这两句：

"他上课基本上除了说话就是睡觉……"

"光哥一般是在英语课睡觉，别的科目说话，但在老班朱老师的数学课上，他向来是比较乖的。"

哈哈，因为教数学的朱老师是班主任的原因吧？

这可真是让"朱老师……哭笑不得"了。

看来，"光哥"的学习成绩应该是堪忧的了。但正是这样的一位"忧生"，在小作者写来，却是那么的可爱，"似乎在思考着什么"，你看，连睡姿都是这样的可爱。在小作者的笔下，我们看不到丝毫的戏谑、鄙弃、揶揄、嘲弄、讥诮……有的只是善意的调侃，比如"我十分感动啊，原来光哥也是一个认真听课的好孩子"等等，幽默、风趣。这是因为，一是小作者有善于发现的眼睛，而且，他看到的是美；二是在小作者的眼里，没有"忧生"，众生平等。读来惭愧，我们成人却总是单单以当下的分数论英雄，怎么能看到淘气包们可爱的一面呢？

另外，我要小小地批评一下小李同学了：你观察得那么仔细，老班的试卷讲评怎么能听得仔细呢？你说是不？

【习作品评二】断不可学这浅近的

积弊之下，高考作文魔棒所指，中考作文套作、抄袭之风，也甚嚣尘上。偶从某期《××学苑》得知，下面某考生的这篇作文，为济宁市2015年中考满分作文。搜索可见，就是一字不差的抄袭之作——2014年10月，网上就有这篇文章了，题目是《感受邻居的温暖》。这里不谈抄袭的问题——说不定就是同一作者呢，且看这篇文章本身质量又如何呢？

邻　居

【插评】

比棉袄温暖的是火炉，比火炉温暖的是太阳，比太阳温暖的呢？是人世间至真、至善、至美的真情！［模式化的开头，大而无当的帽子；文绉绉的套话，虚头巴脑的把戏。修辞手法齐上阵，"好词佳句"大比拼——不要再重复那些烂俗的陈词了。］

那个大雨滂沱的日子，我永远难忘……［此句开头，就不错！季节、时间等还是有必要点一下，增加点真实感也是好的。］

第五编　创意作文　207

　　那天放学后，我像往常一样，第一个冲出教室［脱缰野马］，耳畔响起雨水的"哗哗"声，我条件反射［用词不当］般大叫："呀！下大雨了！"［放学前都不知道下雨？学习可真够专心的，但看"第一个冲出教室"，好像又不像。走着上学，不骑车？要不，离家较近？但这又与下文"叔叔"的话矛盾啊。］而后，便沮丧地向家里走去。走出校园，看见奶奶撑着伞，焦急地等着我，我心里一热，迎了上去。

　　没走几步，鞋就已经湿得不像样了，由于和奶奶打一把伞，我的一半身子已经淋透了。［"奶奶"并不是专来接"我"的？但看"奶奶焦急地等着我"，好像也不像。下雨天，"奶奶"也是"走"着来的？还有，怎么就只带了一把伞？家里就只有一把伞？］我无奈地埋怨这鬼天气，听到身后有人叫自己的名字，我疑惑地转过身，朦胧中看见一个撑伞的人向我们走来［这个人也是步行！他的伞肯定会送给我们的］，走近了，我才看清是邻居的刘叔叔。

　　叔叔看见我和奶奶，大惊失色［过度夸张］："呀！怎么淋成这样了？会感冒的！"顿了顿［要不要让伞，"叔叔"是在犹豫吗？这倒也真实可信。］又说："这么远的路，如果走回去，恐怕……"我说："没事，走快一点就行。"叔叔却一本正经地说［哦，原来，前两句话"叔叔"并不是"一本正经地"说的］："不行！你拿［用"打"怎样］我的伞吧，我抵抗力强。"我再三推辞，叔叔却硬把伞塞给了我，独自走了［"奶奶"一句话都没有，不会是哑巴吧？但下文"奶奶"又"慈爱地"说话了］。

　　望着叔叔远去的背影，我热泪盈眶［第二次过度夸张］，忽然觉得莫名的温暖，只有头顶的雨伞知道为什么［这不废话吗，删掉］。

　　等我醒过神来［什么时候愣的神啊］，发现奶奶手里的书包［凭空冒出一个书包，还真少见放学有拿书包的］不见了，我问奶奶："书包呢？"奶奶指了指叔叔回去的方向，慈爱［该词用得不是地方］地说："你叔叔拿走了，他怕我拿着费力［不可思议——为了下文要书包吧］，就从我手中接［瞧这"接"字用的，"奶奶"若不给，"叔叔"怎么"接"啊］过去了。"［原来"奶奶"和"叔叔"只有动作，没有语言。——瞧这魔术变的，"我"竟然没有发现！］我再一次热泪盈眶［再一次过度夸张。一会儿两次"热泪盈眶"了，作者不觉得矫情，读者都受不了了]。

回到家后，由于伞庇护[用词不当。不说也知道，该句可删掉]，身上没有再淋湿，我匆忙跑到叔叔家还伞，他已经到家了，见我来了，边[应该是"便"吧]热情地迎我进了屋，还满怀愧疚[何愧之有]地说："哎呀，我怎么都忘记[这个"叔叔"记性可真够差的！鬼才相信？建议改为"我正准备……"]把你的书包送过去了，真是……"说着，便把书包递给了我。我本想，叔叔没伞，书包一定湿得惨不忍睹了，看书接过书包[此句大不通]，我却傻了眼，我的书包幸福[用词不当]地被一个塑料袋罩[用字不当]着[这个"叔叔"是魔术大师吧？从"奶奶"手中"接"书包，"罩"塑料袋，这一系列动作，"我"硬是没看见]，没有一处被雨淋湿[遇到"奶奶"之前，书包是怎样"没有一处被雨淋湿"的呢]。叔叔见我疑惑的表情，笑着说："哦，今天早上吃完早点，顺便将这个塑料袋装进了兜里，没想到还用上了……"[如果没有吃剩的早点装走，用过的脏兮兮的塑料袋装它干嘛？如果是顺手牵羊的新塑料袋——这个"顺便"的习惯可不大好吧？作者的意图读者都懂，你是为了情节需要，但是，你也不该如此这般作践"叔叔"啊？这并不是美，而是别扭！不能不说是一大败笔。为文造情（节），真的是害人不浅。此等噱头不要也罢，改为"叔叔一定是把我的书包裹进了自己的衣服里"，怎样？绘不出感人的人物，就别硬绘嘛]我感激地连连向叔叔道谢。

那天雨虽然下了一整天，但我的心里却是晴朗的[这种技没有炫的意义，看似新奇，实则普通。再说，"叔叔"淋雨，你"晴朗"，你让"叔叔"情何以堪]，因为有真情，这个最温暖的太阳烘烤着我，我感受到了邻里间真诚相待[这件事与"真诚相待"不搭界，一码归一码，题不能这样点。点出亲密的邻里关系即可。"真诚相待"还是留着用在心与心之间吧]的温暖……[模式化结尾。套话]

【总评】

我们无从得知作者姓名，不过，这并不重要。

它真的是一篇好作文吗？这篇满分作文，只是看上去不错而已，其实问题不少，阅卷者却被蒙蔽了。

假。一看就知道作者是在写作文。刻意编得像真人真事似的，但显然是一篇试图为真的假故事。也许正在看着点评的作者要说，我写的就是真人真事！你瞎眼了？——也许这是作者亲身经历的，那为什么会给人假的感觉呢？作者感受不真切，叙述看着都像假的。不就让把伞吗，弄得一再"热泪盈眶"，有那么夸张吗？抑或就是虚构？但也编造得太蹩脚了——真作文是以真人真事真景真情真感为基础，进行艺术加工形成的作文。

旧。不要说似曾相识，简直是老熟人了——妈妈下雨来学校接我，这是小学就写滥了的素材再度上演。只不过，改头换面，穿了件马甲，粉墨登场罢了。选材还是老俗套，给人一种扁平的感觉；唯有在细节上下功夫才有活路，但细节上却又偏偏经不起推敲。

俗。开头扣题结尾点题，俗套模式。不是说这种模式是垃圾，而是你一旦上了瘾，就难以摆脱、丢开了，极有可能误入歧途，甚至"走火入魔"。这不，连内容都落入俗套了。罪不在考生，显然是"毁"人不倦、思想僵化老师的蹩脚要求。

浅。这正是我忍不住吐槽的原因。该文被评为满分作文，孩子们群起而效之，趋之若鹜，甚或蔚为风气。缪种流传，危害不小。"模仿"是初中生提高写作能力的有效途径，在"向谁模仿"的范例选择上应强调"取法乎上"。题目那话不是我说的，是黛玉说的，其实，也不是黛玉说的，是曹雪芹借黛玉之口说的："断不可学这样的诗。你们因不知诗，所以见了这浅近的就爱，一入了这个格局，再学不出来的。"

这不是真正的写作方式，仅仅是"作"文而已。情节不尽合理，根本不堪深究，情感矫情做作，叙述词不达意……硬伤如此明显，该文被评为满分作文，阅卷者脱不了干系。

【日记品评】苍蝇不稀奇，今天特别"怪"

课堂"捉虫"小记
——记一次课堂偶发"事件"

不曾想，课堂上出现了一起偶发"事件"。何不就地取材，当堂写一则日记呢？

刘雪：这节课上，飞来了一只调皮的苍蝇。可那苍蝇偏偏不听话，往哪飞不好，一个俯冲，就叮在了屏幕上，霎时，PPT自己跳向下一页了。同学们惊奇地看着荧屏，还在讲课的李老师，看到了同学们不解的表情，回头一看，也是惊奇地发出了一声"咦"，"老师，您看，是只苍蝇！""罪魁祸首"原来是它啊！大家都笑了，老师也笑了。

[点评] 加个尾巴：人都说，无头的苍蝇，一点不假。

李思雯："一只苍蝇，一只苍蝇，飞得快，飞得快，本来你有眼睛，为啥要叮屏幕，真奇怪！真奇怪！"哈哈，有趣吧？这首歌是我们语文老师为一只苍蝇改编的。说起这只苍蝇还挺神奇的呢！

老师背对着屏幕正在讲课，我们聚精会神地盯着大屏幕，这时，一只苍蝇在离屏幕不远的地方"翩翩起舞"。突然，片子向后跳了一页，竟是那只喝了酒似的苍蝇晕头转向地撞上去了。只听说过"苍蝇不叮无缝蛋"，原来还喜"亲"大屏幕呀！

[点评] 也加个尾巴：莫非屏幕上的"花花世界"招惹了它？

张茗淇：苍蝇，可恶的小虫子，成天嗡嗡嗡地烦死人。但是，在这节语文课上，一只小苍蝇，却引得我们哄堂大笑。

老师背对着屏幕讲着讲着，我们都笑了起来。一只苍蝇在做好事呢，它在帮老师翻页呢。

老师非但不生气，还唱了起来："一只苍蝇，一只苍蝇，飞得快，飞得快，本来你有眼睛，为啥要叮屏幕，真奇怪！真奇怪！"老师原来也有一颗童心啊！老师改编的童歌，再一次引得全班大笑。

苍蝇那么轻，却触动了屏幕，这真是一件奇妙的事。

[点评] 也加个尾巴：是不是给它一根杠杆和支点，它就能撬动地球呢？

黄峥：今天的语文课上，发生了一件最逗的事。

课件调好后，老师眉飞色舞地讲着，我们津津有味地听着。可是，屏幕自己一下子翻了几页，我以为是电脑坏了呢，可听前排的同学一说，才知原来是一只苍蝇搞的鬼，真是太搞笑了。一只小小苍蝇，竟干如此大事，太牛了！

[点评] 也加个尾巴：真是一只牛蝇啊！

甄超：苍蝇不稀奇，今天特别"怪"；要问为什么，听我细细解。

今天的作文讲评课上，老师正讲得起劲，同学们听得更起劲时，却被一个"捣蛋鬼"给打搅了。一只小苍蝇，它飞到白板上，一下就过了几张PPT。其实，大家都没太注意，是几个"眼尖"的同学先发现的……老师鼓励我们可以将此写进日记。老师还为我们编了个童谣："一只苍蝇，一只苍蝇，飞得快，飞得快，本来你有眼睛，为啥要叮屏幕，真奇怪！真奇怪！"

我也编了一个："一只苍蝇真奇怪，在我们面前要耍帅，一下撞到屏幕上，只为证明它的存在。"

[点评] 老师的只是改编，你的才是原创且押韵啊。厉害！

"捕捉"一只"神奇"的苍蝇，撷取一朵生活的浪花。有趣又好玩吧？正如张安庆同学所写："一个小插曲，让这堂课变得更有喜感了。"

不知你注意到没有，同一件事，从不同的角度上，看到的"事实"竟有这么大的差别。很值得思考吧？老师所接尾巴，纯属画蛇添足——哈哈，只是点评的一种形式而已。

我有一个观点：一看就是在写作文，往往不是好作文；看着不像在写作文，往往是好作文。不知读者诸君以为然否？

（发表于《新作文·中学作文教学研究》2016年第11期。）

21 底层劳动者生存纪实

——真实语境下的写作实践（一例）

【作文导航站】

这节作文引导课上，我先讲了一只小猫的故事。

记得几年前，一次，某地有一个活动。晚餐后和三两个同事步行，穿小巷回宾馆。初冬的夜晚，已经很冷了。行至某处，昏黄的路灯下，一垃圾箱，一小猫见人，"喵呜"一声，躲到旮旯里去了。蓝莹莹的眼睛怯怯地看着我……看样子也就几个月大吧，瘦骨嶙峋，毛色灰暗，脏兮兮的……看来，白天是不敢出来了？在这寒冷的夜晚，你找到食物了吗？你有住的地方吗？你的妈妈不管你了？这双怯怯的眼睛，让我心里一颤，冷飕飕的。我真后悔，早要见到你，我带点菜给你，不就够你饱餐一顿了么……怕人笑话啊，这比之你茕茕孑立，饥寒交迫，又算得了什么呢？

其他人没有留意，我脚下一迟疑，也没好意思停步，就这样走开了。但是，它的那双眼睛，我久久不能忘记，一直到现在，挥之不去。

其实，老师讲的，不如你们写的好。请看一则日记（PPT 出示）：

思念你的主人

赵孜涵

一阵风，把你的气味吹得越来越少，想你的样子，你却再也回不来了，相处3个月，你就这样走了。脏兮兮地来了，无声无息地走了，老天为什么这样对我，把我爱的人一一带走，大毛毛没了，小毛毛也走了，我还没等到你的生日，还没有来得及给你做一次饭，连你最爱的气球，也让我放飞了，你现在收到了吗？12月20日来到我身边的你，2月29日走的你，3月5日又来替代你的你，我想问一下，在天上的你，还好吗？别人说你命短，说我溺爱，是这样的吗？都怪我，我为了自己却把你得病的事放在了一边，家人说你没事，但我觉得是他们不想要你，到底为什么？动物也是命，不就是从工地上捡的一条狗，你们就白费心思地让它走，为什么？人与动物不可以好好相处吗？现在再也没有人可以咬我的鞋，惹我生气了，地上的你，我会好好爱你、天上的你，请不要忘记我——天上的你，不要忘记，我——爱——你！

心中有爱，笔下有情。赵孜涵同学的这份情怀，让人感慨。

（看到她受表扬时，两眼发光，我很欣慰。这里插一句："……我从小父母离婚了，我跟着父亲，但他不管我，我现在跟着爷爷奶奶住。小时候爷爷把我惯坏了，我现在脾气很坏，我和别的女生不一样，在小学也有很多事，但也过来了。在中学里我想好好改变一下。老师，说实话，我很喜欢您的课。"这是一次我批评她违反课堂纪律后她给我的短信。这个小女孩有点像个野小子，好多男生都怕她呢。课堂纪律堪忧，学习成绩堪忧。但是，在我表扬了她的上述日记后，她很少拖欠作业了。没有不想上进的孩子啊！）

接着讲我见到的可怜的老人的故事。

从家到办公室，直线距离，不到二十米，但要绕道大街，需几百米。街边农发行北门外，一字摆着八个垃圾桶，是每天上下班的必经之路。经常见有衣衫褴褛弯腰驼背的老人，在垃圾桶里捡东西。这里面能有什么能卖钱的？无非是一些废纸、废塑料之类的东西，又能值几毛钱啊？这些老人年纪至少都六七十岁了吧，是被不孝子女赶出来的？真是罪过！还是没有子女的孤寡老人？真是可怜！靠这个能吃饱饭么？晚上住在哪里？生病了怎么办呢？我估摸，达官贵人一顿饭，足够他们一年的生活了吧？我小时候就见，就在我们村，北面的河堤上，搭了很多茅草屋，都是给儿子盖了新房，娶了媳妇，被撵出来的，已经"蔚然成风"。这些老人，都是靠在河堤上开荒种地，勉强活命的。几十年没有走过的地方了，不知道那些茅草屋，如今安在否？但愿不在了吧，因为我县已经自称"孝贤"故里了。

要知，不孝，在古代，是要被治罪的。汉代，就有"举孝廉"一说，"廉"且不说，单是"孝"，就可以封官。这样的传统文明（传统文化不一定都是传统文明）是需要很好地继承和发扬的——跑题了，再回来。

然后讲了老刘的故事。

在我们这个点一支烟就能从这头抽到那头的小县城，前些年，对于北大桥头，西支河堤的老刘，很少有人不知道。小孩子不信，你可以问问爸爸妈妈爷爷奶奶——老刘后来是在一个冬天的夜晚，可能是生火取暖吧，把自己烧死了。

我第一次见到老刘，如果不是看到一个站着的人——他穿的那不能叫衣服，就是破烂，我根本以为就是一个垃圾堆呢。其实，那就是一个垃圾堆，全是他自己捡的和别人扔给他的破衣服的堆。他怎么住呢？仔细看，那不能叫房子，也是一个破烂窝。再看这个窝，蹲着、趴着，还有几个孩子呢，有大有小……老刘靠什么养活他们？这些孩子吃什么？走近看，用的是不知从哪里捡的掉瓷的瓷缸，吃的大概是老刘从一些饭店门口的桶里舀来的剩饭……

我们这个小县城，没有什么去处，夏天晚饭后人们经常到西支河堤散步，我也不例外，有时候带着上小学的儿子。暑假某天，就见到儿子的这么一篇小文，并没有人布置作业啊。——算来，应该是 2004 年写的了，搬家、卖废纸……它都居然还在，真是命大呢。不是说这篇习作写得怎么样，这份情怀，难得。

PPT 出示：

老　刘

人们都叫他憨老刘。五六十的人了，没有老婆，没有孩子……只有一头花白乱蓬蓬的头发，一双干瘪粗糙的手，一堆不知从哪里拾来的垃圾，用树枝枯草破烂组成的"房子"。但他居然养活了一些孩子，大概是被人遗弃的残疾儿吧。

呜……无法想象，东奔西走，就是这样的一双手，捡拾残羹冷炙、烂菜叶充饥，用一只残破的碗舀河里的水烧了喝。就是这样的一个老人，就这样养活着自己，养活着一些孩子！别人说他傻，逗他，欺负他，他也就那样地默默忍受着。

我也曾经问过他——你怎么就想了去养一些孩子呢？他没有回答，只是用他粗糙的手抚摸着一个孩子的头。我给他钱，他不要，只淡淡地说"我不会花"，他真的是不会花吗？我就给他买了几个馒头。

他怎么就想了去养一些孩子呢？回来的路上，我反复问着自己。他一定是可怜那些比他更可怜的孩子吧。在西支河边，树枝枯草破烂组成的"房子"，禁不住风吹雨打，一个老人佝偻着身体，拖着一些孩子，靠捡拾生活垃圾活命……

老刘啊……

后来，西支河两岸修成了公园，河堤上也铺了水泥路。岁月，改变了一切，可唯独没有改变的是你和你的孩子们。道路两旁不再有低矮的土屋，嫩绿的野草。高楼林立，车来车往。天寒地冻，你将怎样安眠？老刘啊……

后来，我再也找不到你了。

夜晚，华灯璀璨。有钱人随意地把大块的鱼肉丢进宠物的嘴里。你还紧紧搂着几个孩子在寒风中饿着肚子瑟瑟发抖吗？冬天的夜晚，富丽堂皇的酒店里，人们围坐在餐桌前吃着热气腾腾的火锅，觥筹交错……在那里，一个模糊的身影正弯腰在垃圾堆里捡拾着，难道？——我慌忙跑过去，是一位花甲老婆婆……

但我分明看见她也有一头花白乱蓬蓬的头发，一双干瘪粗糙的手，被岁月压弯再也直不起的腰。

老刘们啊，你们生活得怎样？还在饿着肚子瑟瑟发抖么？

我说，在我们的生活中，你是不是也看到过类似的苦人儿呢？

（屏显一组底层劳动者生存状况图片并引导学生发言。此略。）

我就想，为什么不能让孩子们笔下多一些悲悯呢？一个真正善良因子的激发往往是从关注和理解弱势群体开始的。现在的孩子，衣来伸手，饭来张口，一顿没有鱼肉，就嚷，就闹。生活优越的孩子，对苦难还没有认识，对贫困没有切肤之痛。但当你们的视线越过校园的象牙塔，在高楼大厦的背后，你们会看到，还有那么多苦难中的人们需要你们去关注，值得你们去书写。直面苦难，描写苦难，思考苦难……心中有爱，才能笔下有情。那就让孩子们以悲悯之心去关注人世间的苦难吧。

【文题新频道】

请你利用周末、节假日，对底层劳动者进行一次自然、深入的采访，了解他们的生存状况，他们的努力挣扎，他们的美好愿望……然后，根据采访进行写作：怀着悲悯之心，描绘他们的生活，感受他们的痛苦，思考他们的命运……

【习作发布台】

张姨的故事

李 欣

张姨又黑又瘦，五十多岁，是我们小区的保洁工，人称老张。我家住的6号楼就属张姨负责。要说我们单元的卫生，那可真的没得说。

春节前的某一天，我碰见张姨带着几大包东西出小区大门，兴高采烈的，像捡到宝贝似的。

"张姨好，今天这么高兴啊？"

"是啊，你看这些——都是鱼啊肉啊的（往某楼阳台努了努嘴），那家清冰箱给的。乖乖，这家可真有钱啊！这些东西快够我们过半个春节啦！"

一个周末的一天，我去打球，在楼下碰见张姨骑着她那辆破电动车，风尘仆仆地赶来。我见她脸蜡蜡的黄，就问她：

"张姨，您脸色不大好啊？"

"哎，你们城里的小孩子哪里知道，现在是农忙啊，夏收秋种都赶在这段时间了，是一年当中最忙的季节，今天忙得饭还没来得及吃呢。"

"哦，现在都快三点了，您还没吃午饭呢！张姨，我这带着奶呢，您先喝点……"

"不要，不要……"

我把奶塞给了她，赶忙上楼去，给张姨拿来了些吃的。

"哎呀，这真是……"

"张姨，您别客气，快点吃吧——"

"好孩子，谢谢你!"

吃着，吃着，张姨却哭了。

"张姨，您……"

"上午下了班又下地拔稻秧，你伯伯也忙，来不及做饭，带的馒头还掉水里了……"

"您这么拼命干嘛？农活这么忙，保洁的工作可以请几天假啊。"

从交谈中了解到：张姨是怕请假丢了这份工作。张姨要供养两个孩子上学，一个上初中，一个上大学。保洁的工作，工资才九百元，但农闲的时候也总比闲着强啊。再说，这么大一个小区，纸箱子、酒瓶子啥的少不了，每月也能卖点钱……伯伯开了个理发店，他一个人也够忙的。这才勉强供养两个学生。

快放暑假的时候，一天，我从几个保洁工身边走过，她们在说着什么——是在说张姨，说是张姨在清洁厕所的时候晕倒了，医院里查的是——营养不良。

哦，我说这几天怎么没见到张姨呢。不只是营养不良啊，像她这样拼命地干，怎能不劳累过度呢!

过了几天，听说张姨被辞退了，就是因为张姨的身体状况。哎，这可真是雪上加霜啊!

简评："张姨的故事"我间接地知道一点——恰巧，一个老师的家属就在那个小区做保洁。文中所写确是真人真事。但是，小作者听错了，晕倒的是宋姨，不是张姨。不过，也没关系，鲁迅先生就说过："杂取种种人，合成一个。"难得小作者如此有心。

还需要提升的是：叙述略欠生动，人物略显扁平。如，区区一碗饭，此时此刻，何以竟让张姨感动得流下了眼泪？这是最能打动人的地方，也是最见写作功力的地方，这个细节，宜用繁笔。

不知道你听说过没有，一对农民夫妇，靠捡破烂，供养两个孩子，双双考上了名牌大学。一时轰动小小的县城。值得一写。"民生之多艰"，就在我们身边。

（其余习作与点评，此略。）

读到这里，我忽然想起2008年高考上海卷作文题"他们"：平常大家关注更多的也许是"我们"，如果把视线转向"他们"，你会看到什么，又会想到什么？高考作文，考场作文，对于没有这方面生活阅历的考生来说，不是硬逼着他们生编硬造吗？

本次习作，不就是初一的孩子在写高考作文了吗？从这些孩子的习作中看得出，他们的灵魂世界里，有柔软质地，有悲悯情怀。

（发表于《同学少年》2017年第6期。）

22　写作之道　道法自然
——作文：生态的，生活的，生命的

叶圣陶先生说："写作系技能，不宜视作知识，宜于实践中练习，自悟其理法，不能空讲知识。"① 想想我们自己，什么时候下笔？大部分人还是工作生活需要的实用写作。至于创作，不管文艺性的，还是研究性的，谁来命题？有字数限制吗？有时间要求吗？基本上都没有。真实的写作，就是这样的。而考场作文，是"考生在特定的时间、特定的场合，就预设的题目，按照特定的要求，进行目的明确的高强度写作，这种写作的被动性、功利性与保守性不言而喻。因此，高考写作测试的意义是有限的，它未必能真实地、充分地表征考生的写作能力"。② 正常的写作，本来就不是这个样子的。

我对写作的基本认识

作文教学，目的是提高写作能力，而不仅仅是为了提高应试作文的分数。我经常告诉学生：你写文章是表达自己，不是为了迎合考试——自由地写，放松地写，大胆地写。做到了这一步，考试不丢分！

表达（口头、书面），是人的原欲。读书和练笔，就是学习表达的途径。首先在读中学写。经典文本就是写作标准。鲁迅先生说过："凡是已有定评的大作家，他的作品，全部就说明着'应该怎样写'。"③ 最重要的还是在写中学写。只有在写的过程中才能学会写，写着写着你就会写了，写着写着你就爱

---

① 夏丏尊，叶圣陶. 文心 [M]. 北京：生活·读书·新知三联书店，2008.
② 余党绪. 具体思辨：高考作文命题的理性选择 [J]. 语文学习，2016（8）.
③ 鲁迅. 二心集·答《北斗》杂志社问 [M]. 北京：人民文学出版社，1932.

上写了。自身的写作实践，也证实了这一点。除了多读、多写，没有第二法门，没有捷径可走。"无他术，惟勤读书而多为之，自工。"（欧阳修语）时下，写作降格为考试的工具，附加了太多功利的东西，使得作文不堪重负，让写作变异堕落，离写作的本质越来越远。现在市面上所谓"作文速成法""万能作文法"，其实就是模板作文法。鲁迅先生早就说过："不相信'小说作法'之类的话。"[1] "从'小说作法'学出来的作者，我们至今还没有听到过。"[2]

窃以为，对写作来说，大部分东西不可教。"术"可教，"道"不可教。教育有达不到的地方，老实承认就是了。作文也基本不可考。李希贵有一个说法："语文到了一定程度以后，有些东西是考不出来的。"[3] 作文应该指向真实的生活、工作和学习，考查学生真实的写作技能。叶圣陶曾经说："我谓实际作文（即真实写作），皆有所为而发，如作书信、草报告、写总结，乃至因事陈其所见，对敌斥其谬妄，言各有的，辞不徒发。而学生作文系属练习，势不能不由教师命题。学生见题而知的，审题而立意，此其程序与实际作文违异。"（《叶圣陶答教师的100封信·答宋育瞳》）学生写作，是准备，是训练。训练写作，目的应该是为了实际写作。绝对的"自由"是没有的，入格——出格，是必由之路。

关于写作的体验和心得

写文章，我从来都不是一气呵成的（拿初稿很快，但定稿很慢，而且似乎永远没有定稿。文字这个东西，没有止境）。七步成诗，出口成章，那是极少数天才，个别特例。既不聪明也不笨的多数人，像我，写作就不是这样的。正如朱光潜所说："想一个问题，也要等到用文字把所想的东西凝定下来之

---

[1] 鲁迅. 二心集·答《北斗》杂志社问 [M]. 北京：人民文学出版社，1932.
[2] 鲁迅. 且介亭杂文二集 [M]. 北京：人民文学出版社，1973.
[3] 李希贵. 在反思中重建——关于"语文主题学习"的思考和探索 [J]. 人民教育，2012（12）.

后，才能对这个问题想得比较透。"①

再说，考场急就章，水平又能高到哪里去呢？科举几千年，君见流传下来的状元文章有几篇？那是敲门砖，敲完就扔。每年，中高考刚结束，网络上，市面上，中高考"满分作文"满天飞。估计绝大部分都是拟托、伪作。想想阅卷机制不就明白了，各阅卷中心都严禁将现场任何资料带出去。

傅丹灵教授说："不会写的人只把'写作'本身当作'写作'，不把'不写'的生活状态当作'写作'，而会写的人把'不写'也当作写作的一个组成部分。"② 写作是我生命的一部分。我知道自己的文章是怎样写出来的。写作，让我处于一种思考、发现、探索、创造的状态；反之亦然，它让我"不写"时也处于写作的状态。

美国普利策奖获得者唐纳德·莫里教授在一篇文章中说："写初稿时要'vomit'，先不管好坏，把意思'吐'出来，捕捉住，放在那里，再不断'磨'，慢慢扩展、多次调整、反复修改。"③ 我也是如此。写作需要耗费极大心智，但它让我看到了不一样的风景。拿思路，较费脑子，有些时候，简直就是一种挣扎，但也是一种高峰体验——写作，何尝不是磨练灵魂的道场？拿出初稿来，再反复修改，那就是一种享受了。海明威说过这么一句话："初稿全是狗屎。"话糙理不糙。估计大部分写作者也都如我一般吧。莫里教授还说：如果你从来没有经历从痛苦到享受的写作体验，你就永远不懂得怎么去帮助学生学习写作。

也有思路滞涩的时候，没关系，放下就是了。想不下去的时候，就不硬想；写不下去的时候，就不硬写。对，鲁迅先生就说过："写不出的时候不硬写。"④ 这个时候，不妨读点什么，随手翻翻，开卷有益。人家说的这一层，我却想到了另一层，茅塞顿开，这种情况也是经常有的。正所谓"学而不思

---

① 朱光潜. 艺文杂谈 [M]. 合肥：安徽人民出版社，1981.

② 傅丹灵，曹勇军. 寻找写作教学专业成长的心灵种子 [J]. 语文学习，2015 (11).

③ 傅丹灵，曹勇军. 寻找写作教学专业成长的心灵种子 [J]. 语文学习，2015 (11).

④ 鲁迅. 二心集·答《北斗》杂志社问 [M]. 北京：人民文学出版社，1932.

则罔,思而不学则殆",说的就是这个道理吧?现在,我越来越感到,情怀,才是第一位的,思想观点还位居其次,技巧是末事。写作意识的觉醒,其实是生命意识的觉醒。什么开头十法、结尾十招……这种形式主义的东西很流行,有那么玄吗?我觉得就应该这样开头,这样结尾……

作文,特别是小孩子作文,他想写的时候,自然愿意写;不想写,就不要硬逼——顺其自然为好。灵感来了,还用你老师、家长催么?——作文要写好,还是需要点灵感的,至少,也需要勤于思考,善于发现,有点想法,愿意动笔才好。

作文教学现状依然不容乐观

作文评价机制影响着作文教学生态。

我们知道中高考作文网上阅卷的流程与标准。专家组的领导可利用电脑随时观察各评卷教师的评卷给分分布曲线,对于给分一致性偏差较大的评卷教师,随时给出相应提示,并指出其评卷质量问题。

有阅卷者统计过:平均一篇作文用时为30多秒。乖乖,怎么完成?不走马观花才怪呢。这还不是主要的。你作为评卷人,怎么做更安全呢?当然是不好把握的就打保险分了。那么,给分分布曲线,可想而知——合理差距也不好把握,不得不减少差距,向中间靠拢。有这道紧箍咒在,评卷人怎能放得开手脚?

这对作文教学的负面影响显而易见。没有一个安全的写作大环境。"平庸"就是这样炼成的,怎么"拒绝"?

作文教学的重点方向,应是思辨性的议论文,而不应该是太偏重抒情的"美文"。目前,不少教师教议论文写作,都是告诉学生一个模式,往里面套。学生写议论文,一般就是,一个观点,举几个例子。这不是议论文,与议论文的精神背道而驰,是错误的、有害的教法和写法。哪怕举例再多,也并不能论证观点。因为,举例是具体的个例,而观点代表的是普遍的规律,这两者之间并非紧密的逻辑关系。

孙绍振教授也说过:"要有自己的思想,关键不在于为现成的观点打正例，而是打反例。不能根据已有的观点来选择材料，因为选择意味着排除，排除了就不全面了……应该是把所有的证据都拿来，把正面和反面的东西全面地分析。把各种复杂情况拿来考虑，才有说服力。"①

徐江先生有这样一段话："……《教师教学用书》所讲是错误的，其错就错在对'事例'的'加工'要'符合论证需要'。论证观点引述事例，'需要'对事例进行'整理'，而不要将之称为'加工'，'加工'这个提法容易产生负面性的理解，即根据需要进行修改。'需要'进行'整理'，但这种'整理'不是根据'需要'进行。符合论证需要的提法，从哲学上讲是实用主义的，是唯心主义的。它将危及论证的客观性。"②

议论文写作教学，怎么搞？看看国外的作文题，网上随便一搜就有。我不拟多说。

我的作文教学实践

我对作文教学的认识不系统，更不要说有什么序列，甚至体系了。写作训练该不该有独立系统，缺乏共识。我觉得，事实上，没有一个终极性的教学序列或包打天下的训练体系，没有任何一本作文教程能让学生写作成功。我甚至觉得，教作文不需要什么"课"，更不需要什么教程。天地就是课堂，生活就是教程。生活的一切时间和空间都是学生写作的课堂。我还觉得，每个孩子天生就是作家，教师所要做的，就是让他成为最好的自己。为做人而作文，以做人促作文。作文教学就应该走在学生前面，一路引领着学生的成长。

课标对作文教学虽有总的目标要求，但缺少训练的具体内容和标准、训练的先后步骤等，教科书每个单元后的"写作"就是一附庸，不成体系，也不好操作。也有不少人在这方面做出了卓有成效的探索，编写出了比较科学的写作教学体系，这种探索精神值得肯定。不过，这样的教程，还只是一种理想模式。其实，再好的写作教程，也只能当成一种补充矫正的辅助性训练

---

① 孙绍振. 议论文写作：寻找黑天鹅[J]. 语文建设，2011（9）.
② 徐江. 事例性论据的使用教学流程构建[J]. 语文教学研究，2008（12）.

手段罢了。"语文这个学科跟理科不一样,它不是一一对应的,靠一个系列、一个梯级、一个台阶去给学生提高成绩。"[1] 写作训练,有一个大致的序列就可以了。怎样指导才能实际点,教师要靠自己想办法。追求作文教学科学化序列化,本身就是一种理想化,不如结合学情,对学生进行针对性的训练。

但另一方面,虽然教科书写作系统自有它这样那样的弊端,但是作为一线教师,你敢完全弃而不用吗?谁愿拿教学成绩当儿戏?所以,作文教学改革还应考虑一线教学的实际以及学校乃至社会的大系统。其实,我们没有必要完全脱离教材另搞一套,我们完全可以根据实际情况穿插补充。

"我们要来找出自己希望从事的职业。针对未来的职业写一份报告,而且每个人都要访问一个真正从事那行业的人,做一份口头报告。"

此种作文可以培养人的五种能力:抉择能力、思维能力、写作能力、处理人际关系的能力和口头表达能力。这道美国小学生作文题给了我莫大的启发。

怎么让写作变得有意思,不让学生因应试而放弃正常有效的写作呢?我的做法是,追求一种有根的写作。在根源——命题上就尽量杜绝假作文坏作文的萌生。激趣,要让孩子愿意写,进而喜欢写;给料,最好是让孩子自己找米,得让孩子有东西可写。把题目命到孩子的心里去,命到孩子的生活经验中去,不能把"真实性"仅仅局限在选材和写作主体真情实感的表达上,还应当与真实世界的需要和实践发生关联,让作文训练与实际需求统一起来。

去年我兼了半个学期的课——七年级上半学期。除了完成教科书以及部分试卷上的作文题目外,我还命制并训练了如下题目:

1. 给妈妈写一篇小传。

先采访自己的妈妈、外祖父、外祖母、舅舅、姨姨、爸爸乃至妈妈出嫁前和出嫁后的邻居、还有她的同学和同事等,从而更深刻地了解自己的妈妈。然后,在采访的基础上,给自己的妈妈写一篇小传。

2. 自己去挣一元钱。

---

[1] 李希贵. 在反思中重建——关于"语文主题学习"的思考和探索 [J]. 人民教育,2012 (12).

自己去挣一元钱。不缠家长给联系；不拿家里破烂卖；不替同学写作业收钱……总之，一定要用自己的劳动实实在在挣这一元钱。然后，把经过、感受等写下来。

这是链接生活。这两次作文，有大量的前期工作要做，它与社会与生活是紧密相通的，是自然状态下的自由写作实践，不是在课堂上能拿出来的。不逼着孩子当堂交稿，孩子们便无需临时胡编乱造。正确处理了作文与生活的关系，从而有效避免了假话空话大话套话废话的泛滥。

3. 亲子共读课文，共写随笔。

各位孩子父亲，您好！前不久，孩子们学习了莫顿·亨特的《走一步，再走一步》，为了让孩子们更好地理解这篇课文中别样的父爱，让孩子更健康地成长，今天，我留了这样一项特别的家庭作业：让孩子们写一篇《走一步，再走一步》的读后感，同时，也想让各位孩子的父亲写一段《走一步，再走一步》的读后感（不需要很长，几句话也可以），目的是希望让孩子们看到，您做了父亲之后，读这篇课文，比孩子更深刻的理解。我知道很麻烦各位家长，但是，还是希望得到您的支持，这是对孩子进行成长教育的一次难得的机会。如果您肯支持我，就请您写完之后发送至我的邮箱：jys0537@126.com，署名×××的爸爸。如果您手写的话，也请您写完之后交给孩子，让孩子下周带给我即可。下周的语文课，我会在班里进行一次展示，让所有的孩子得到您文字背后爱的感化！谢谢各位家长了！

4. 师生同读一本书，共写读书笔记。

结合本课的学习，关于批判性思维，选择一本书，可以就整本书，也可以就其中的某几/一篇，写一则读书笔记。推荐书目：《救救孩子：小学语文教材批判》；也可以自选书目/篇目（课内外皆可）。

这两题是打通阅读与写作的通道。阅读、写作，两翼一体，二者相辅相成，相互促进。命题上我力求创新（我追求的不是"标新立异"，而是有用），从课文中捕捉读写最佳结合点，以激发学生的写作兴趣。

题目3的作文整理后，没想到彭治旗主编给予了这么高的评价："李老师做的这个事情，不仅仅在于作文范畴，已经有了把家庭教育与学校教育相结合，从学校走向社会的这么一个视角，用作文来发挥更大的能量了……"惭愧之至，感激之至。

5. 底层劳动者生存纪实。

请你利用周末、节假日，对底层劳动者进行一次自然、深入的采访，了解他们的生存状况，他们的努力挣扎，他们的美好愿望……然后，根据采访进行写作：怀着悲悯之心，描绘他们的生活，感受他们的痛苦，思考他们的命运……

一个真正善良因子的激发往往是从关注和理解弱势群体开始的。生活优越的孩子，对苦难还没有体认，对贫困没有切肤之痛。但当视线越过校园的象牙塔，在高楼大厦的背后，会看到，还有那么多苦难中的人们需要去关注，值得去书写。直面苦难，描写苦难，思考苦难……以悲悯之心去关注人世间的苦难，心中有爱，才能笔下有情。

6.《花木兰》影评。

网上观看美国动画电影《花木兰》，结合课文《木兰诗》的学习，写一则影评——你更喜欢哪一种？为什么？

这是寓写于乐。娱乐中学习，应该是个值得选择的作业。电影，特别是好电影，很少有孩子不喜欢看的；但是，带着写作文的任务看电影，恐怕喜欢的孩子就会减少一大成了。不过，反正作文不能不写，也总比不看电影写作文要有意思些吧。网上的影评铺天盖地，怎么杜绝抄袭（疑似抄袭、变相抄袭）？我没想到好办法，只能在题目上作限制。

后两题，是假期作业。调查报告、影评，这样的作文，考试会考吗？其实，这既是真诚写作，也可以应对考试。亲身经历并写下来了，若遇到了平庸的命题人，其题目限制不了你的套作——不套作，岂不傻帽了？应试作文，不就是那么回事吗？经过了这样训练的学生，再写"考试体"的作文，还有何难？

效果也是显而易见的。写作的天眼一旦打开，考试，真的不过是小儿科。我还有一个很有意思的发现：学生真正（非应试状态下非"考试体"）的写作能力，并不一定和学习成绩呈正相关——以我的眼光来看，没有假话大话空话套话废话，是好作文的第一条标准。这一点，从这几次作文就看得非常清楚。这应该引起我们怎样的思考呢？我甚至认为作文方面没有"差生"，如果有，也是老师"培养"出来的。

萧红在《祖父的园子》中写到：

花开了，就像睡醒了似的。鸟飞了，就像在天上逛似的。虫子叫了，就像虫子在说话似的。一切都活了，要做什么，就做什么。要怎么样，就怎么样，都是自由的。倭瓜愿意爬上架就爬上架，愿意爬上房就爬上房。黄瓜愿意开一朵花，就开一朵花，愿意结一个瓜，就结一个瓜。若都不愿意，就是一个瓜也不结，一朵花也不开，也没有人问它。玉米愿意长多高就长多高，它若愿意长上天去，也没有人管。蝴蝶随意地飞，一会儿从墙头上飞来一对黄蝴蝶，一会儿又从墙头上飞走一只白蝴蝶。它们是从谁家来的，又飞到谁家去？太阳也不知道。

天空蓝悠悠的，又高又远。

这就是生态的，生活的，生命的写作状态。学生写作的主要问题并不在"写"上。"让孩子们发现了，觉悟了：天哪！生活好有趣儿，成长好有意思，一定要记下来，必须记录下来。那，写作，就成了！"① 作文教学，首先要建设一种理想的写作生态。向下扎根，向上生长。把根扎向生活的深处，紧贴生活的脉搏，追求一种有根的写作，才是改变作文教学生态的基础。一边应试，一边对抗应试。叶圣陶先生说："作文贵有新味，最重要的是触发的功夫。"② 用题目唤醒体验，激发写作。从作文题入手进行作文教学改革，是我的初步选择。愿如曹勇军老师所说："写作上回到根本，从发现自我入手，把社会与自我联系起来，杜绝假话大话空话，找到自己真实的声音。"③

（发表于《新作文·语文教学研究》2016年第7期，该文题目被列入封面要目。）

---

① 王君. 一路修行教作文·自序 [M]. 成都：天地出版社，2016.
② 夏丏尊，叶圣陶. 文心 [M]. 北京：生活·读书·新知三联书店，2008.
③ 傅丹灵，曹勇军. 读写教学中批判性思维的培养 [J]. 语文学习，2015 (12).

结　语

敲开语文的果壳
——还原读写本相，提高教学实效

〔背景：2016年1月29日，某语文群就"如何评价课堂效率"，特邀我和几位特级教师为嘉宾，作专题研讨。"如何评价课堂效率"的标准搞清楚了，如何提高教学效率的问题也就不难解决了。我们从不同角度阐释了各自的观点。第一位老师从概念辨析入手，简要阐述了"走进课堂前后学生的变化"的评价标准。第二位老师简要介绍了王荣生教授"从教学内容角度观课评教"的观点。我结合具体案例，以"案"说"法"，简要汇报了我的构想。下面是我对自己发言的梳理。〕

张载言："为天地立心，为生民立命，为往圣继绝学，为万世开太平。"现代教育旨在为一个尚未存在的社会培养新人。立人是教育之本，通过立言以立人，是语文的基本目的与任务，语文教师责无旁贷。

人的发展是教育的目的和本质。母语教育关乎人格、关乎人性、关乎信仰、关乎生命，关乎一个人的性格养成和情感培育，语文学习关系到一个人的终身发展。母语课程作为一门最基础的人文学科，对学生精神层面的影响最大。语文素养的差距，是人的品位的差距。语文教师一头挑着课程，一头挑着生命。我们将有可能介入学生的生命成长，参与学生的生命发育，建构学生的精神结构，涂抹学生的生命底色。语文教学的负效、无效和低效往往来自于原点认识上的错误。回到教育的原点，才能找到教育的真谛。不要忘记了为什么而出发，要到达哪里。以最初的心做永远的事，不忘初心，方得始终。可是，愈演愈烈的应试教育使得我们与语文教育的本质和原点，渐行渐远。

一、回到阅读的原点

先以阅读课来说。长远来看，真正的阅读不但不会影响应试，反而更有助于应试成绩的提高。一切教育归根结底都是自我教育。在资讯如此发达的今天，一个人只要具备最基本的阅读能力，他就有无限的学习可能和发展可能。不是为了教学的自然阅读是怎样的？我们大都有这样的体会，我们拿到一篇文章，在阅读中自然会产生一些想法、体会、发现和问题等。这就是原味的阅读。在现实世界或者虚拟世界如论坛或QQ群等，大家就同一文本或同一话题，做一些交流和探讨，互相都有启发和收获。那么，为什么不能移植到阅读教学中，遵从阅读经验和常识，以此来指导学生的阅读实践呢？"教的法子必须根据学的法子"（陶行知）。阅读教学有那么复杂吗？为什么搞得阅读教学不像阅读，而成了远离真实阅读的"伪阅读"了呢？为什么变味了呢？

美国著名学者布鲁巴克说过："最精湛的教学艺术，遵循的最高准则就是让学生自己提问题。"反观我们的课堂教学，教师问，学生答，已是司空见惯。我们都很少看到学生主动地提出问题，也很少看到教师让学生大胆地提出问题。即便是一些享誉教坛的名师，也不敢或不愿在课堂上让学生质疑，多是以设计的"精巧"、教法的老练显示其功力。虽然因"操作"便利而被大力推广，但是这种无视学生、以"教"为中心的现象是极不正常的。

"爱他就给他自由。"最佳的方法是引导学生自主提问。把课堂的主动权交由学生，让他们阐释自己阅读之后的真实看法，教师负责的应该是导向，而不是单纯的指引，把学生朝自己预设的方向牵引。其实，来自学生的问题才是真问题。学生的问题哪儿去了？在现实的课堂上我们极少看到。阅读，就是如何思考，所以，再往前走一步，一定要把阅读还给学生自己，把发问的权力还给学生，鼓励学生在充分自读、素读的基础上，不参考任何材料，提出真正属于自己的问题，这是阅读教学的原点也是起点。阅读教学就应从学生的真实问题出发，而不是从教材编者假想的问题或教师一厢情愿的主观设想出发。

如果我们不能从较宽广的视野来重新给语文教育定位，我们永远找不到语文教育的方法。放生孩子，给孩子的精神一个自由发育的空间。课堂的美丽和魅力，就在于不确定的前方。"真正的好课堂，它是有点随意的，甚至是有点散漫的，带有一定的即兴，带有一定的不可预测性。"（傅国涌语）朱熹曾言："读书是自家读书，为学是自家为学，不干别人一线事，别人助自家不得。某此间讲说时少，践履时多，事事都用你自去理会，自去体察，自去涵养。某只是做得个引路底人，做得个证明底人，有疑难处同商量而已。"（《朱子语类》）学生是种子，不是瓶子。教学其实是师生相互激励、启发和平等的对话、交流的过程，是师生共同发展、成长和完善的过程。"课堂是师生共同开辟道路的探险过程，而不是由教师事先探测好道路带领学生直奔目的地的团队旅游；课堂是师生共同经历的一段感受分享和思维对话的过程，而不是教师真理在握，再通过循循善诱的方式告诉学生。"[①] 我也说过："教师带领学生去攀登诗歌的高山，欣赏山的恢宏与深邃，而不是远离山景去分析这座山的景色为什么这么美；教师带领学生去徜徉在诗歌的海边，与浪花嬉戏，看水鸟疾飞，而不是让学生排好队讲述看海的注意事项和游泳的动作要领。"[②] 语文课，"便是搀扶学生来到一篇美文的门口，让他自由地进出文本，在语言文字间低徊、流连、徜徉"。[③] 是的，教师的任务就是把学生带到水草丰茂的地方，让学生自在地奔跑、吃草、闲游、看天……

本书《我的早年生活》《木兰诗》等课例，基本上体现了我的这种教学主张。

自然，这是就常态课而言，如果是公开课，时间不好控制；比赛课，不好操作。但那是特殊情况，家常课完全可以也应该这样做。

---

① 野狼. 走在老路上，还在老地方 [J]. 读写月报·新教育，2008 (3).
② 李明哲. 上学生喜欢的语文课 [M]. 福州：福建教育出版社，2016.
③ 董旭午. 试论生活化背景下的学生本真阅读 [J]. 新课程研究·基础教育，2016 (2).

基于上述认识，敲开语文的果壳，还原学习的本相，提高教学的实效，首先要明确是什么、教什么、怎么教、怎么样这样几个问题。其关系如图所示：

是什么（教学目标）⎫
教什么（教学内容）⎬怎么样（教学效果）
怎么教（教学方法）⎭

我想从这里出发，谈谈我几点粗浅的认识。

1. 是什么？

"是什么"的问题，决定了教学目标的制定。

文本解读，在教学设计之先。自己尚未读出个子丑寅卯来，如何制定教学目标？文本解读能力是语文教师的核心素养。文本解读的素养才是真正的语文专业"元素养"，是语文教学中最为实战的真功夫。这方面的历练不到家，哪怕教学理念再先进，教学技巧再纯熟，都无济于事。文本研读上，首先要求准，也即求真，读出文本应有之义。有把文本读错的吗？事实的确如此，特别是文学作品。

非文学作品，意义基本上是固定的，不存在"见仁见智"方面的问题。"文学作品教学有两种价值取向，一种是教'解读'，主要解决学生'懂不懂'的问题，一种是教'鉴赏'，主要解决学生'喜欢不喜欢'的问题。"（李海林语）

就"解读"来说，"诗无达诂"，"一千个读者就有一千个哈姆雷特"。文学作品存在着"作者意义""文本意义""读者意义"多重性意义和多元解读的问题。要准确解读出文本最优的"圣解"，还真是不易，我们只能尽量去贴近它。解读要到位，而不能曲解歪解错解。就"鉴赏"来说，应该教"你喜欢不喜欢这个文本、你喜欢文本的什么地方、文本的这个地方为什么好"（李海林语）。鉴赏的基础还是文本解读。如果解读错位，教学实效便无从谈起。

如，毋小利教授把议论文生硬划分为证明文和阐明文的所谓"议论文知识重构"，① 其观点不仅无益，甚至有害，遭到了戴继华②安杨华③等老师的批驳。

鉴赏与批判，是我对待教科书选文截然相反的两种基本态度。

"鉴赏"，意味着"肯定""接受""欣赏"等。好的文本就教学生看出它的好来。这是对待"经典""定篇"应取的态度。

语文教育担负着不可推卸的文化传承的任务，而愈演愈烈的应试教育已经使这个基本的教育目的异化，甚至变成了集体无意识。对待教科书中人类文化的优秀之作、经典之作，语文教师责无旁贷地应该思考如何传承的问题。如，我对《老王》《湖心亭看雪》等经典文本的解读和教学就是如此。

"批判"意味着"鉴定""辨别""论证"等。很多人认为批判性思维就是挑刺，这是完全错误的。"批判"是学习的基本形式，本就是阅读的应有之义。不好的文本就教学生看出它的不好来。"从阅读的本质上说，文本是拿来质疑、批判与超越的"（潘新和语）。当然，"批判"只是其中一种方式，不是阅读教学的常态。

可能有不好的"选文"，但没有不好的"课文"。作品不完美，没关系，怎么用？这才是我们应该着力思考和探索的问题。无论是"定篇"，还是"例文""样本""用件"，说到底"语文教材无非是个例子"（叶圣陶语）。教师要独具慧眼和匠心，努力选择一个角度，引导学生揭示其瑕疵、疏漏、缺陷和败笔等，这样才能真正做到"用教材"，使之更好地为语文学习服务。

事实上，语文教科书选进了一些并不优秀的作品，作为语文教师，我们应具有批判精神和人道情怀，善于对教材进行反思，思考语文教学中人的发展的问题，秉持质疑精神处理教材。切不可一味将其当作不可非议的"经典"和"定篇"鉴赏。如，我对《王几何》《斑羚飞渡》等课文的教学就是如此。

---

① 毋小利.《谈骨气》细读与议论文知识重构——兼与徐江、朱金恒老师商榷[J]. 语文建设，2015（7）.

② 戴继华.《谈骨气》：一篇地道的证明文——与毋小利老师商榷[J]. 语文知识，2015（9）.

③ 安杨华. 议论文知识不能如此重构——评析《〈谈骨气〉细读与议论文知识重构》[J]. 语文建设. 2015（8）.

如，《生物入侵者》一文，有必要让学生明白："入侵"是带有浓厚的人的思想意识和政治色彩的词汇，用来比喻生物的某种非自然的迁移衍生行为，是不妥当的。这是一种人本的自然价值观，而不是科学的自然价值观。标题似应给"入侵"加上引号。作者的定义也不够严谨：凭"一两只从未见过的甲虫"，就断定其为生物"移民""生物入侵者"；把所有的生物"移民"都认定为有破坏性的"生物入侵者"，这是武断的。并且，以"这种"假借的不确凿的例子作为被定义者，更是荒谬的。这一点我与严君老师的观点[①]不谋而合。

无论怎样的奇思妙想，无论怎样的与众不同，课教到最后，靠的是底蕴，最根本的还是对文本的研读。要力求有所突破，锲入文本最深处。深读难，深教更难。教师在备课上应深度研读，在教学上应适度教学。这一点，无须赘言。

对文本准确深入的解读，是上好一堂课的基本保证。文本解读靠的是硬碰硬的真功夫，除了努力提升自己的专业素养，自我修炼基本功，短时间里很难得到提升。离开教参能独立解读和鉴赏文本，甚至还有自己的创见，教学设计则水到渠成。

2. 教什么？

"教什么"，即教学内容。

这看似不是一个问题，却恰恰是语文教学中最大的一个问题，因为这是关于课程内容开发的问题。2011年版课程标准开宗明义："语文课程是一门学习语言文字运用的综合性、实践性课程。"语文教师守住本分很不容易。比如，我就听过不少这样的课，在短短的一节课的时间里，掌声响起来了，歌声唱起来了，音乐响起来了，画面动起来了……好不活泼热闹，而真语文却躲在角落暗自哂笑。穿靴戴帽，太闹、太花哨，这是不正常的语文课。外在的活动越多，离"语文"就会越远。语文课还是要用"语文"的方法去教，语文课上应该主要做"语文"的事。如果绕过了语言文字，语文课一定变味。

---

① 严君. 何谓"生物入侵者"？[J]. 语文学习，2015（6）.

王荣生教授说："在原则上，所教的是'语文'的内容，应该是语文课'好课'的底线。"[①] 把语文课上成语文课，把语文课上对，也即求真。方向远比方法重要。当方向错误的时候，背离教育的本质也就越远！有把语文课上错的吗？我身处教育最基层，见到的太多了。

请看一个发表课例的正标题：《树立忧患意识　维护生态平衡》[②]，这个定位已经不是在教语文了。正如点评者所说："这堂课主要以'情'取胜。"现实的课堂上，这样的例子比比皆是，且以今秋我市优质课评选为例。

有几个教师教学《罗布泊，消逝的仙湖》，搞偏了方向，上的似乎已经不是语文课，而成了环保课了。听课的时候我就在想，如果我教该文，如何切入语文知识呢？首先要明文体，这是一篇报告文学。那么，作者为什么要写这篇报告文学呢？可以先让学生谈谈阅读感受。之后，重点要考虑的是，本文为什么能给我们这样强烈的忧患之感？这就落脚在写法上了，如，引经据典、今昔对比、直抒胸臆、触目惊心的数字……依体而教，自然就有效避免了非语文课的嫌疑了吧？

一个教师教学《大自然的语言》，PPT打出了下面的问题：

1. 辨析下列物候现象属于哪些影响因素。（白居易《大林寺桃花》等，此略。）

2. 用物候知识解释下列农谚。（具体内容此略。）

显然，这是非语文的问题。这样处理如何：如果课文中作者要引用白居易《大林寺桃花》，把它放在哪里最合适呢？这才是语文问题。

一个教师教学《吆喝》，主要环节是：学学课文的吆喝声；学学本地的吆喝声。45分钟大部分时间都在干这个活。课堂上吆喝声此起彼伏，热热闹闹，文本被晾在一边了。学习该文，要学的是《吆喝》，还是"吆喝"？

一个教师教学《扁鹊见蔡桓公》，大谈医患关系，这哪跟哪啊？

还有，大部分教师自己范读，配音；学生朗读，不配音。这是为什么？

---

① 王荣生. 从教学内容角度观课评教 [J]. 语文学习, 2005 (6).
② 魏帮霞, 孙亚君, 孙嘉莉. 树立忧患意识　维护生态平衡——《罗布泊，消逝的仙湖》课堂实录与点评 [J]. 中学语文教学参考·中旬, 2014 (5).

你想展示的是谁？这背后还是理念问题：学生意识欠缺。

一个教师上《苏州园林》，学生学的不是《苏州园林》这一"文"，而主要是"苏州园林"这一事物了。这堂课跟着课文内容跑了。

遗憾的是，这种错位在下层并非个案，而是大规模的、集团性的、连续不断的。所以，上对语文课，极其重要。

由于我们对"教什么"没有正确的把握与定位，导致在教学内容的选择上出现比较大的偏差，从而影响了语文课程目标的有效达成。"教什么"比"怎么教"更重要，它是"语文"的"根"，是保证教学内容合宜和有效的前提。

像美国的母语课程，具体到每一篇课文的教学内容，都做出了明确、详实、全面的规定。而我们的母语课程，没有确切地告诉我们具体的文本该教什么。我即语文，教师其实就是课程本身。那么，我们可以试着独立开发点课程内容，这也是一项很富有创造意义的工作。一个语文教师的文化学养若要达到此等境界，非下苦功夫不可。

搞明白"教什么"，上对语文课，是提高教学实效的基本前提。

3. 怎么教？

"怎么教"，即教学方法。

想明白了"教什么"后，"怎么教"也同样重要。语文教师应当成为教学设计师。教学设计，是对文本的二度创作。教学设计上，要讲究方法的灵活新颖独特。简约，无疑是较为有效的途径。

一个好点子激活搅动一堂课。好的设计是一堂好课的前提。语文教师应该设计某种学生喜闻乐见的情境、语文活动，以达到教学目标。大道至简。教学设计上我更崇尚简约。要努力"减"下来，再"简"下来。"不蔓不枝"，切中肯綮，简约、实用，才是大境界。大境界需大智慧。当然，简约不是简单，而是与厚重统一。比如，删繁就简法，就是以一个主问题为抓手，以一种语文活动为支架，撑起整个学习过程。当然，要做到举重若轻，四两拨千斤，这就要求我们的活动设计要有"创意"。

如，窦桂梅老师教学《秋天的怀念》：感受"娘俩"的"好好儿活"——

探究"我俩"的"好好儿活"——思考"我们"的"好好儿活"。一言断流"好好儿活"！王君老师教学《散步》，咀嚼"我们"（人物）——咀嚼"田野"（景物）——咀嚼"散步"（事件）。用课文中的第一个句子提挈起整篇文章的教学……她们卓有成效的探索，无不是追求以简驭繁，其精神内涵是一致的。大道至简是公理，这是实践探索达到了一定教育理论境界之共识性的教育哲学，是她们在窥得语文之道后不约而同的选择。

如，学习《孤独之旅》，我就让学生替杜小康写放鸭日记。这个活动可以以写促读，以读促写。为了替杜小康写放鸭日记，学生对课文的时间、地点、人物、主要事件、故事脉络都要作整体的了解和清晰的把握。因为是第一人称，景物和细节的描写都要作调整，而且学生可以在心理描写方面有所发挥。这样一来，学生就非得认真地阅读和品味原文不可（下一个环节是质疑。岂止是《孤独之旅》，整部《草房子》都是有严重问题的[①]）。方法很简单，但真的激活了学生的思维。

以简驭繁，这样的方法就是语文教学的点金术。这类的设计，学习任务是挺艰深的，但也正是因为有挑战性，才有了更大的创造空间。哪些语文核心素养是学生必须具备的，即使有难度也要设计、要训练，不会因为有难度而降低对学生的要求？我们一定要有这个主心骨。

优化教学设计，把握文本的核心价值，是提高教学实效的基本保障。"大道至简""大音希声""大象无形"。我以为，最好的设计，是基于学生问题生成的设计，或者说是淡化设计（设计在心中，让人看不出设计的痕迹）。知易行难，这需要终生的修炼。

4. 怎么样？

"怎么样"，即教学效果，也即上述三者的旨归。

讲求实用和实效。反躬自问：我每天都有可以教给学生的新东西吗？要让学生感觉到上你的课有用，学生愿学乐学，才能提高教学实效。回顾自己的学习经历，自身的语文功底也多是自己读书读来的。语文课对学生语文水

[①] 杨先武. 从《孤独之旅》的教学看批判性思维的缺失——兼评曹文轩的《孤独之旅》[J]. 语文学习，2015（12）.

平的提高到底有多大的作用？语文教师的存在到底又有何意义？我上的这一节语文课对学生有什么用？我教的语文比学生自学能好在什么地方？如果没有什么差别，我这个语文教师不是没有用了吗？——这是我们应该着力思考和探索的问题。现实中不乏无效教学。

如，课前很多学生都有一个困惑：父亲和我告别时说"进去吧，里边没人"，火车厢里怎么可能没人呢？他为何要这么说？这节课，我们就来尝试解决这个问题①。——"里边没人"，言外之意，不就是照看好行李吗？这个问题与"父亲违反交通规则"一样的离题万里，教者却如获至宝（而且，教者"里边没人"开了个头，后面就扔掉了，并没有"尝试解决"，教者的思维够混乱的）。这是无效教学。

语文教师必须要有料，有干货，靠自己的力量，能够把问题说深说透说活说实，努力带给学生可学的内容，有学生在原生态的自然阅读状态下学不到的内容。教师首先得是一座富矿，能吸引和点燃学生，唤醒学生的思维。不然，学生觉得上前和上后并无多少不同，上不上无所谓，没有什么收获，语文教师就没有存在的必要。

如，教学《羚羊木雕》，我根本没有按照教科书"研讨与练习"（你如果遇到类似"我"那样的伤心事，会怎么处理？就这一场家庭矛盾冲突的是非展开辩论）这种架空"语文"的要求实施教学，而是拿来原文和课文进行比较阅读，引导学生实事求是地评鉴新旧两稿各自的优点和不足。在比较中切实进行了语文能力的培养，学生的收获实实在在。②

有料，有货，有用，基于文本的核心价值，培育语文核心素养，把课上实了，才能从根本上提高教学实效。

以上主要是就阅读教学来说的。那么，如何敲开作文教学的果壳，提高作文教学的实效呢？

---

① 王志成. 从"里边没人"说起 [J]. 语文学习，2015 (12).
② 李明哲. 那一只受伤的"羚羊"——《羚羊木雕》课文与原文的比较阅读 [J]. 语文学习，2009 (12).

二、回到写作的原点

写作是阅读技能的高级形式，写作能力是语文素养的综合体现。从个人发展来说，写作可能比阅读更重要。我同意潘新和教授的观点："所有的阅读，最后都要指向写作。""写作能力是语文能力的集中体现，最高呈现。"阅读是吸收，写作是倾吐。阅读是写作的基础，二者相辅相成，相互促进。阅读与写作简直是玻璃的两面，无论你看着哪一面，都意味着你也正在凝视另一面。读写一体，互助共生，相融共生。听、说、读，都要指向写的。为"写"而"读"，写作是语文教学最终的归宿。斯蒂芬·克拉生在《阅读的力量》中说："任何有写作形式的学习，结果都比只有读而完全没有写作要好。"美国的加州大学伯克来分校则提出了"学习通过写作"的口号。有些语文教师教《济南的冬天》，必写《家乡的冬天》……为写而写，这样的"写"与"读"是两张皮。很多语文教师在即将下课的时候，"虚晃一枪"，将"写"作为"读"的一个尾巴，这样的"写"流于表面。

搞明白为什么要写作。作文教学，重要的恰是不可教的东西。我的主张是：回到写作的原点。为做人而作文，以做人促作文。生态作文，生活作文，生命作文。情怀，才是第一位的，思想观点还位居其次，技巧是末事。写作意识的觉醒，其实是生命意识的觉醒。生命在场，记录生活的原生态。写作的天眼一旦打开，考试，真的不过是小儿科。

其关系如图所示：阅读 —————— 写作
　　　　　　　　　　　　＼　　　／
　　　　　　　　　　　　　做人

语文教师要有一种自省自觉的追求，关注学科教学的终极价值。我们的学生到了大学，有多少人母语的书面表达还不像样，而西方的小学生就能写有模有样的研究论文并能做像模像样的论文答辩了。"因为我们从来没有真正教过那种样式的阅读，那种样式的写作"。[①] 中学是学生心智渐趋成熟的阶段，语文教学也理应侧重理性化一些了。像高考作文"提篮春光看妈妈"，是，很

---

① 王荣生. 新课标与"语文教学内容"[M]. 南宁：广西教育出版社，2004.

有诗意；但，导致学生不会说理，后果才最为严峻。高考作文体现一个国家、一个民族对未来人才的心灵期待和精神描画。近年，我们的高考作文，考查理性思辨的因子也显现出了势头，这是一个可喜的进步。仍然任重道远。

　　作文教学，首先要建设一种理想的写作生态。我的做法是在根源——命题上就尽量杜绝假作文坏作文的萌生。把题目命到学生的心里去，命到学生的生活经验中去，不能把"真实性"仅仅局限在选材和写作主体真情实感的表达上，还应当与真实世界的需要和实践发生关联，皈依生活，在真实的写作情景与任务中，让作文训练与实际需求统一起来。

　　基于对上面提到的类似的典型普遍共性问题的思考，如何提高教学实效？往底线说，要读对文本，上对语文课；往稍高点说，要优化设计方案，上有用的语文课。"以学论教，注重实效"，这是教学评价一个重要的原则。许多教师过于沉浸于技巧和方法的追寻，反而忘记为什么而出发了。回到阅读和写作的原点，对学生终身有用，是语文课的理想境界，也是我所追求的语文教育生命图景。

　　"教什么"是个上位问题，对价值和意义的探寻应该是第一位的。目前大家关注较多的是"怎么教"的问题，这是操作层面的下位问题。我们不仅要考虑"怎么教"，更要思考"教什么"的问题。"教什么"是"目的地"，"怎么教"是"交通工具"。语文教学的精髓并不在于教学方法，"怎么教"服务于"教什么"，教学方法受制于教学内容。实际上，教学方法的努力，是为了更有效地实现教学内容。两者都很重要，贵在统一，而不能各执一隅、偏执一端。

　　有把文本读错的吗？有把语文课上错的吗？有无用的语文课吗？这应该是个伪命题，遗憾的是在现实中却是真实的存在。语文教学，要最大限度地避免负课堂，减少零课堂，努力增加有用的正课堂，从而提高教学实效。只有认识到位，行动上才能落到实处。

　　教而不研则罔，研而不教则殆。研究最好以写的形式呈现。叶澜教授说："一个教师写一辈子教案不一定成为名师，如果一个教师写三年的反思，就有可能成为名师。"提高了教学实效与否，还要想一想，为什么。这就是教学反思。

为什么制订这样的教学目标，制订的标准是什么；为什么确定这样的教学内容，确定的原则是什么；为什么选择这样的教学方法，选择的依据是什么；为什么会产生这样的教学结果，真正的原因是什么？

审问、慎思、明辨，结合具体课例，追索其学理依据，多问几个是什么、为什么，这样的教学反思，就是教学研究了。那么，前文第一个图示，可进一步改进为：

$$\left.\begin{array}{l}\text{是什么（教学目标）}\\ \text{教什么（教学内容）}\\ \text{怎么教（教学方法）}\end{array}\right\} \text{怎么样（教学效果）}$$

为什么（教学反思）

我怎么读写，就教学生怎么读写。就这么简单。敲开语文的果壳，还原读写的本相，"语文，不过如此"（熊芳芳语）。让我们走进语文之门，徜徉在言语之途。

（发表于《读写月报·语文教育版》2016年第10期，该文题目被列入封面要目。）

【附录】

怎一个"痴"字了得
——传奇教研员李明哲老师

新教育星火教师　阚久丽

2017年7月23日,第二届新教育星火教师研习班在镇江外国语学校拉开帷幕。第一天专业引领和业务研修后,我们迎来了李明哲老师的讲座"一片痴心在课堂"。

当看到李明哲这个名字,我的心情甚是激动。兴许是机缘巧合,之前,在《中学语文教学参考》上,我就读过他的文章,还做了摘录,对这位老师深深佩服。没想到,今天,能够在这里相逢,见到真身。

在看着李老师饱经风霜中还不失青春干练的脸庞时,我走进了他的讲座。听他一开始对自己的简单述说,像是在听一个不可思议的故事:他本是一名地理教师,已经具备十几年地理教学经验,却在不惑之年,改教语文。更惊奇的是仅用了十年时间,竟然在全国语文界站稳脚跟,且小有名气。正如一位教授的评价:"半路出家,他仅用十年时间完成从地理教师到教研员再到语文名师的华丽转身;上下求索,他以高端的课堂教学和卓越的道德文章书写一个草根教师的传奇人生。"

理念观点、观课评教、文本解读、实践反思、创意作文,有观点阐述,有案例举证,李老师的洞见,让人脑洞大开,给予我们有力的引领和示范。他重点谈的是自己的课堂实践。光看题目,就觉得别具一格,就知道他有多用心。如李老师今春先后上的四堂课:

挣脱隐身之衣　探寻言语密码——《老王》教学实录(发表于《读写月报·

语文教育版》2017年第6期)

  教解读就是教解写——《木兰诗》教学实录

  "看"与"被看"之间——《湖心亭看雪》教学实录

  请学生当一回编审——《女娲造人》教学实录

  他教学《老王》，用文本侦破法，让学生探寻"看起来平平淡淡"的文字中"本色的绚烂华丽"，引领学生读到了文字的背后，看到了冰山下面的八分之七。

  他教学《木兰诗》，自己没有想到，无意中竟然用到了十几种艺术手法，如：删除比较法、标点符号细读法、资料助读法等，让学生明白了《木兰诗》何以成为经典。

  他教学《湖心亭看雪》，同样如此，无意中竟然用到了"三十六计"的一半。而且他不抓"痴"字，转而抓"看"字，另辟蹊径，一字构课。这都是教学智慧。

  他教学《女娲造人》，用版本比较法，引导学生发现并修改了课文近百处语言表达上的问题。用李老师自己的话说，过了把"用教材教"的瘾。

  他对每一篇课文都是如琢如磨、如痴如醉。正如主持人星火教师李亮辉的评价："没有学生，李明哲导师借别人的学生来上课，结果，鱼台县的学生都成了李导的学生，这是费力不讨好的痴；别的教研员是躲开上课，避开课堂，李导是主动走进课堂，这是冒着风险的痴。可是就是这样痴痴的李导，在专业刊物上发表文章一百多篇，出版专著多部，最后成为了全国'新生代语文名师'。可见，痴人自有痴福！"又如特级教师王益民的评价："李老师课堂叙事的背后是理性的支撑与育人目标的具象化。优秀是突围的前提，坚守是更优秀的可能。"

  李老师每上一堂课，几乎都能拿出一篇课堂作品，这要付出多大的心血和汗水，才会取得如此丰硕的成果！

  扪心自问，我们大部分语文老师从事语文教学十几年甚至几十年，对语文课堂又有多少研究呢？拿到一篇文章，都没有自己的解读，年年给学生讲解的更多的是别人的解读，让自己的大脑总是成为别人思想的跑马场，实际上是在不断重复别人重复自己。

李明哲老师最后说：好的语文课，应如《安塞腰鼓》中所说："使冰冷的空气立即变得燥热了，使恬静的阳光立即变得飞溅了，使困倦的世界立即变得亢奋了。……容不得束缚，容不得羁绊，容不得闭塞。是挣脱了、冲破了、撞开了的那么一股劲！"

让我们像李明哲老师一样，抛开一切冗杂，做一名痴迷于课堂的语文老师吧！